中国旅游日
China Tourism Day

2017

# 中国旅游财务信息年鉴

中华人民共和国国家旅游局
NATIONAL TOURISM ADMINISTRATION
OF THE PEOPLE'S REPUBLIC OF CHINA

中国旅游出版社

THE YEARBOOK OF CHINA TOURISM FINANCIAL

# 前　言

《2017年中国旅游财务信息年鉴》是一本反映2016年度中国旅游企业财务信息的工具性、学术性年刊。本年鉴通过对年度旅游企业财务效益、资产营运、偿债能力和发展能力等主要财务指标，以及人均增加值、人均财政贡献等补充指标进行统计梳理和分析评价，希望能为广大旅游财务信息使用者提供行业平均参考数据，为管理决策、行业研究、产业发展贡献微薄的力量。

本年鉴由两部分组成，第一部分“研究报告”以财务信息年鉴数据、旅游类上市企业财务数据为样本，从资本结构、经营规模、财务效益、社会贡献等方面对当前旅游企业的发展形势进行研判。第二部分“行业数据”全面汇总了年度旅游企业财务信息数据，力求从多个维度客观反映旅游企业年度财务状况。

由于统计系统仍待完善，汇总企业数据还未能反映旅游业的全貌，加之时间和水平限制，年鉴编辑中难免会存在缺憾，敬请广大读者批评指正。

国家旅游局规划财务司

2017年11月

# 目　录

## 研究报告



## 行业数据

# 研究报告

# 2016年度中国旅游企业财务信息报告

反映2016年度全国旅游企业财务状况、经营成果的经济效益评价结果公布如下：

## 一、旅游企业基本概况

### （一）旅游业态

在2016年度全国旅游行业财务信息汇编工作中，成功上报财务信息的旅游企业一共有26067家。其中，旅行社16267家，占62.4%；旅游饭店6894家，占26.4%；旅游景区2335家，占9.0%；旅游集团115家，占0.4%；其他旅游企业456家，占1.7%（见图1）。相比上年，2016年旅游企业总体数量和旅游业态结构保持稳定。

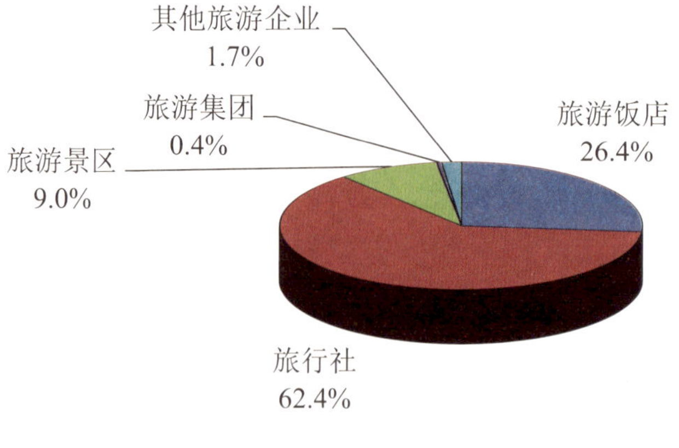


图1　按业态分2016年全国旅游企业结构

2016年各个业态中旅游企业的详细情况如下：

——旅游饭店中，五星级饭店635家，占9.2%；四星级饭店1766家，占25.6%；三星级饭店2840家，占41.2%;二星级饭店591家，占8.6%；一星级饭店11家，占0.2%；未评星级饭店975家，占14.1%。相比2015年，五星级饭店和三星级以下饭店数量和占比有小幅下降，四星级饭店数量和占比有小幅增加。

——旅行社中，经营出境游旅行社2217家，占13.6%；经营非出境游旅行社14007家，占86.1%；信息不明旅行社43家。相比2015年，经营非出境游旅行社企业所占比例有小幅上升。

——旅游景区中，5A级旅游景区92家，占3.9%；4A级旅游景区912家，占39.1%；3A级旅游景区651家，占27.9%；2A级旅游景区200家，占8.6%；1A级旅游景区24家，占1.0%；非A级旅游景区384家，占16.4%。相比2015年，4A级旅游景区所占比例有小幅增加。

## （二）经济类型

按经济类型划分，2016年国有控股企业4216家，占16.2%；集体企业1160家，占4.5%；联营企业292家，占1.1%；私营企业19523家，占

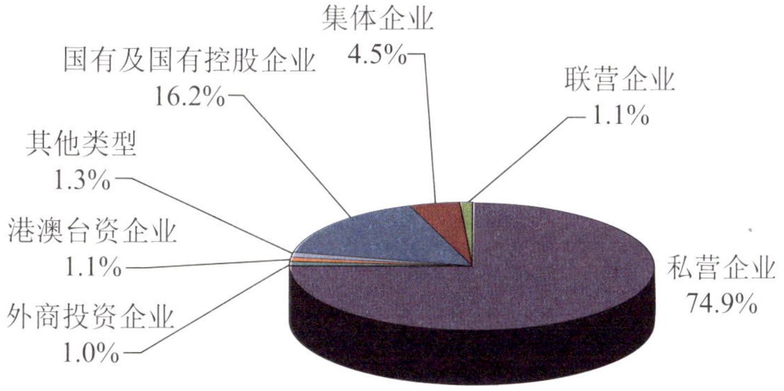


图 2　按经济类型分 2016 年全国旅游企业结构

74.9%；外商投资企业272家，占1.0%；港澳台资企业276家，占1.1%。相比2015年，各经济类型所占比例大致保持一致。

## （三）企业规模

按企业规模分，2016年全国旅游企业中，大型企业532家，占2.0%；中型企业3796家，占14.6%；小型企业18130家，占69.6%；规模不明企业3609家，占13.8%。相比2015年，大中小型企业结构比例相对稳定，中小型企业所占比例有小幅增加，旅游业仍然呈现以小型企业为主体的市场结构。

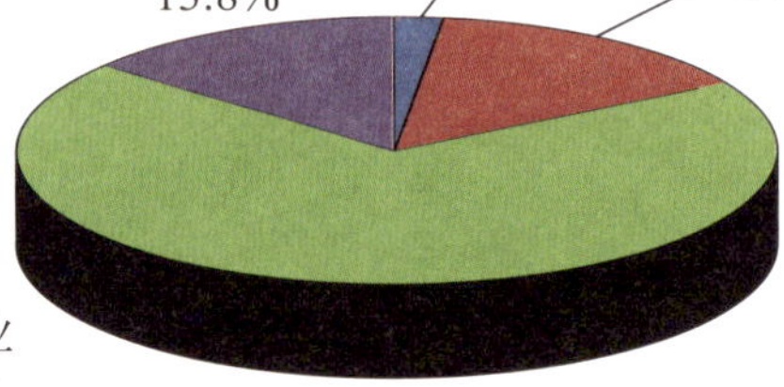


**图 3　按企业规模分 2016 年全国旅游企业结构**

## （四）地域分布

按各省、自治区、直辖市上报的有效旅游企业数量排名，2016年前十位的依次是浙江2278家（8.7%），广东1822家（7.0%），上海1707家（6.5%），江苏1633家（6.3%），山东1517家（5.8%），湖北1337家（5.1%），北京1309家（5.0%），河南1260家（4.8%），陕西1059家（4.1%），河北1043家（4.0%）。见图4。从旅游企业数量看，相比2015年，旅游企业区域分布基本保持一致，东部地区位居前列。

在实收资本净额区域分布方面，上海以12.95%的占比位居第一，广东紧随其后，占比为10.44%，江苏和北京位居第三和第四，所占比例分别为9.72%和8.99%。旅游企业资本前十位的省份与2015年相比基本一致，详细数据如表1所示。

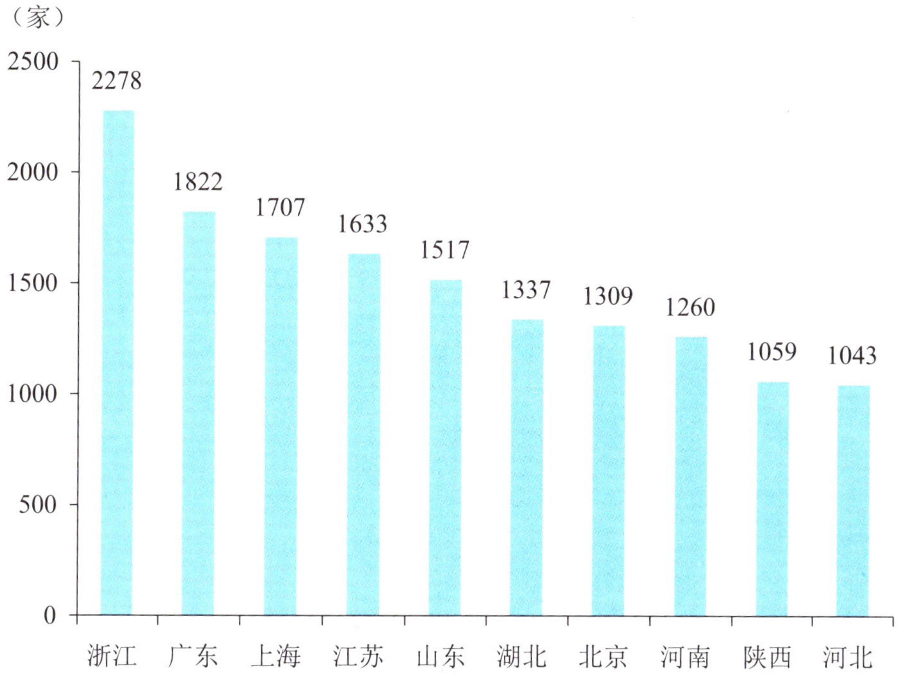


图4 按地域分2016年前十位的旅游企业数量

表1 2016年旅游企业实收资本净额区域分布对比 单位：%

| 区域 | 旅游企业实收资本净额占全国实收资本净额比例 | |
|---|---|---|
| | 2016年 | 2015年 |
| 上　海 | 12.95 | 9.05 |
| 广　东 | 10.44 | 9.75 |
| 江　苏 | 9.72 | 11.52 |
| 北　京 | 8.99 | 9.33 |
| 浙　江 | 8.30 | 8.92 |
| 山　东 | 4.36 | 4.94 |
| 湖　北 | 4.03 | 4.29 |
| 福　建 | 3.76 | 4.33 |

续表

| 区域 | 旅游企业实收资本净额占全国实收资本净额比例 | |
|---|---|---|
| | 2016年 | 2015年 |
| 四　川 | 3.56 | 3.09 |
| 陕　西 | 3.51 | 3.87 |
| 河　南 | 3.20 | 2.56 |
| 重　庆 | 2.81 | 2.35 |
| 海　南 | 2.43 | 2.66 |
| 云　南 | 2.18 | 2.71 |
| 贵　州 | 2.16 | 1.05 |
| 河　北 | 1.96 | 1.63 |
| 湖　南 | 1.88 | 2.15 |
| 广　西 | 0.80 | 2.14 |
| 内蒙古 | 0.99 | 1.83 |
| 安　徽 | 1.55 | 1.60 |
| 山　西 | 1.52 | 1.40 |
| 甘　肃 | 1.50 | 1.52 |
| 江　西 | 1.37 | 1.57 |
| 新　疆 | 1.16 | 1.35 |
| 吉　林 | 1.10 | 1.07 |
| 辽　宁 | 1.07 | 0.86 |
| 天　津 | 0.97 | 1.23 |
| 青　海 | 0.63 | 0.48 |
| 宁　夏 | 0.60 | 0.50 |
| 西　藏 | 0.30 | 0.02 |
| 黑龙江 | 0.22 | 0.21 |

## 二、旅游企业资本结构情况

2016年是“十三五”规划开局年，我国全面深化改革持续推进，经济新常态特征进一步显现，《十三五旅游业发展规划》上升为国家层面，宏观旅游经济维持高速发展态势，旅游已融入经济社会发展全局，成为“稳增长、调结构、惠民生”的重要力量。

宏观市场层面，大众旅游时代来临，旅游供给侧结构性改革、全域旅游等战略加速推进，旅游政策红利持续释放，旅游业迎来新一轮发展周期。2016年国内旅游人数44.4亿人次，比上年增长11.0%；旅游总收入4.69万亿元，比上年增长13.6%；入境旅游人数1.38亿人次，比上年增长3.5%；中国公民出境旅游人数1.22亿人次，比上年增长4.3%。

旅游投资层面，2016年全国旅游投资继续维持高位，各类能源、地产、水利、电器、农业、保险等企业集团开始进入旅游，投资规模不断刷新历史纪录。从总量上看，2016年全国旅游业实际完成投资1.29万亿元，比上年增长29%，比第三产业和固定资产投资增速分别高18个和21个百分点。旅游成为经济新常态下社会投资热点和最具潜力的投资领域。

资本规模方面，全国旅游企业平均实收资本净额规模继续保持快速增长态势，2016年平均为1429.8万元。从旅游单体投资规模上看，2016年投资额100亿元以上的旅游项目222个，实际完成投资2479亿元，比上年增长55.2%。旅游投资热点集中在旅游景区、旅游饭店、旅游演艺、休闲度假、在线旅游等方面。其中，旅游饭店和旅游景区平均吸纳旅游投资最多，所占比例分别为43.5%和34.3%。从时间纵向看，旅游景区吸纳投资所占比例有大幅增加，越来越多的资本进入到旅游景区中，旅游景区成为旅游投资的重要方向和热点之一。

资本结构方面，整体继续呈现“政府投资、国企投资、民营投资”的多主体格局，大型央企和私营企业更多介入旅游投资，参与各类旅游PPP项目。2016年各省区市旅游企业资本构成主要以国家资本和法人资本为主（大部分省区市这两类资本所占比例在60%以上），其中国家资本为主企业所占比例从2015年的25%增加到2016年的31%。旅游企业数量上，2016年民营企业旅游投资达7628亿元，占全国旅游投资的58.7%，主要集中于大型综合类文化旅游项目投资。在这之下，全国旅游企业数量占比达74.9%，其中宁夏、安徽、山西三地个人资本所占比例在30%左右（分别为35%、30%、29%）。

### （一）旅游企业资本构成

从纳入编报范围的旅游企业资本构成来看，2016年全国旅游企业资本主要以法人资本和国家资本为主，其所占的比例分别为39%和31%。与2015年相比，旅游企业国家资本所占比例增加明显，相比2015年的25%增加了6个百分点，法人资本相比有小幅下滑，其他资本类型所占比例基本保持不变（详细数据如图5、表2和表3所示）。

旅游业态方面，2016年不同业态的旅游企业内部的资本构成也呈现一些不同的特征：

——旅游集团仍然以国家资本为主，其所占比例为60%，相比2015年国家资本所占比例增加10个百分点，为其核心控股资本。

——旅游饭店、旅游景区内部资本结构大致以法人资本和国家资本为主，在这两个业态企业中，法人资本所占比例分别为45%和37%，国家资本所占比例分别为25%和30%。相比2015年，旅游饭店和旅游景区类企业国家资本所占比例均有小幅增加，分别增加4个和8个百分点，法人资本所占比例则相对有小幅下降。

——旅行社主要以法人资本和个人资本为主，法人资本为最主要资本类型，其所占比例为42%，个人资本所占比例居其次，为39%，相对来说国家资本所占比例仅为15%。

——在各业态中，外商资本在旅游饭店中所占的比例最高，2016年平均为11%，旅游景区居其次，平均为10%；个人资本在旅行社所占比例最高，2016年平均为39%，远高于其他业态；国家资本在旅游集团所占比例最高，平均为60%。

区域分布方面，2016年各地旅游企业内部的资本结构也呈现出一些分布特征：

——各省区市旅游企业资本构成主要以国家资本和法人资本为主，大部分省区市这两类资本所占比例在50%以上（河北国家资本和法人资本所占比例为52%，辽宁国家资本和法人资本所占比例为50%，河南国家资本和法人资本所占比例为56%，广东国家资本和法人资本所占比例为59%，广西国家资本和法人资本所占比例为56%，宁夏国家资本和法人资本所占比例为55%）。

——各省区市旅游企业中个人资本占据重要地位，其中宁夏、安徽、山西三地个人资本所占比例最高（分别为35%、30%、29%），河北，江西、广东、云南、河南等地个人资本所占比例也都在25%以上，内蒙古、吉林、黑龙江、福建、湖北、湖南、四川等地个人资本所占比例也都达到20%以上。

——旅游企业中，外商资本主要集中在东部沿海地区，其中辽宁旅游企业中外商资本所占比例最高，达32%，上海、广西等地外商资本所占比例则达20%以上，河北、福建、广东等东部沿海地区外商资本所占比例也在10%以上。

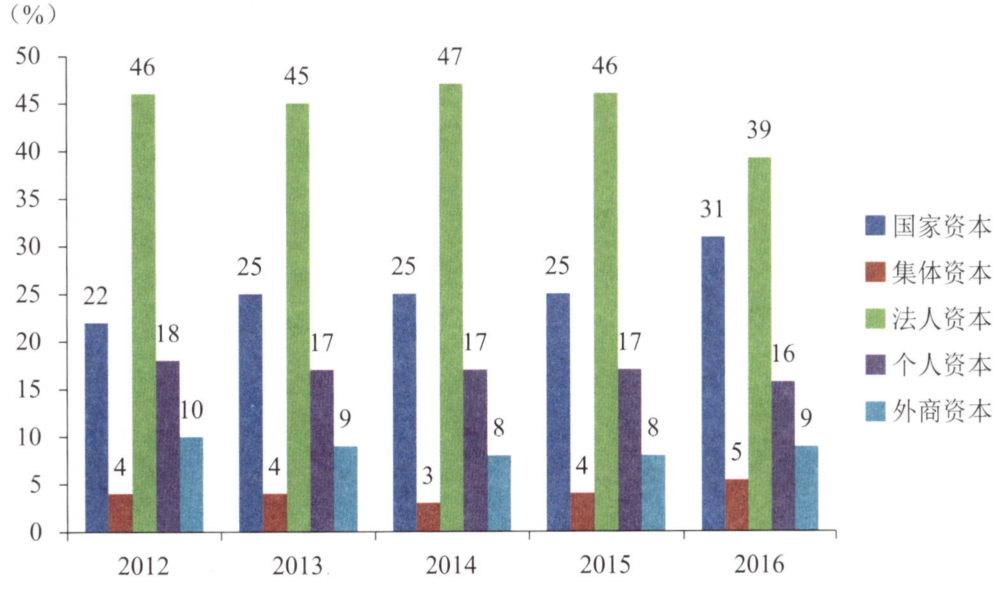


图 5　2012~2016 年全国旅游企业资本结构

表2　2016年旅游企业资本构成比例　　单位：%

| 企业类别 | | 国家资本 | 集体资本 | 法人资本 | 个人资本 | 外商资本 |
|---|---|---|---|---|---|---|
| 旅游企业 | 旅游饭店 | 25 | 4 | 45 | 15 | 11 |
| | 旅行社 | 15 | 3 | 42 | 39 | 1 |
| | 旅游景区 | 30 | 10 | 37 | 14 | 10 |
| | 旅游集团 | 60 | 1 | 27 | 11 | 1 |
| | 其他旅游企业 | 40 | 0 | 30 | 21 | 9 |
| 旅游饭店 | 五星级饭店 | 22 | 3 | 46 | 7 | 22 |
| | 四星级饭店 | 24 | 4 | 46 | 19 | 6 |
| | 三星级饭店 | 30 | 6 | 39 | 23 | 3 |
| | 二星级饭店 | 30 | 5 | 31 | 33 | 1 |
| | 一星级饭店 | 25 | — | 34 | 41 | — |
| | 未评星级饭店 | 28 | 3 | 46 | 13 | 11 |
| 旅行社 | 经营出境游旅行社 | 23 | 3 | 42 | 31 | 1 |
| | 经营非出境游旅行社 | 7 | 3 | 41 | 47 | 2 |
| 旅游景区 | 5A级景区 | 20 | 9 | 63 | 6 | 3 |
| | 4A级景区 | 34 | 5 | 41 | 14 | 6 |
| | 3A级景区 | 23 | 12 | 44 | 19 | 1 |
| | 2A级景区 | 11 | 17 | 33 | 39 | 0 |
| | 1A级景区 | 40 | 2 | 11 | 47 | 0 |
| | 非A级景区 | 31 | 13 | 26 | 11 | 19 |

表3　2016年各地旅游企业资本构成比例（按区域）　　单位：%

| 区域 | 国家资本 | 集体资本 | 法人资本 | 个人资本 | 外商资本 |
|---|---|---|---|---|---|
| 北 京 | 29 | 2 | 54 | 6 | 9 |
| 天 津 | 15 | 3 | 69 | 9 | 4 |
| 河 北 | 15 | 2 | 37 | 27 | 19 |

续表

| 区域 | 国家资本 | 集体资本 | 法人资本 | 个人资本 | 外商资本 |
|---|---|---|---|---|---|
| 山 西 | 22 | 6 | 44 | 29 | 0 |
| 内蒙古 | 50 | 5 | 20 | 21 | 5 |
| 辽 宁 | 13 | 3 | 37 | 15 | 32 |
| 吉 林 | 22 | 2 | 47 | 23 | 5 |
| 黑龙江 | 2 | 5 | 66 | 24 | 2 |
| 上 海 | 47 | 3 | 20 | 6 | 24 |
| 江 苏 | 19 | 25 | 47 | 7 | 2 |
| 浙 江 | 25 | 3 | 50 | 17 | 5 |
| 安 徽 | 20 | 4 | 45 | 30 | 1 |
| 福 建 | 16 | 3 | 47 | 21 | 13 |
| 江 西 | 27 | 5 | 39 | 27 | 2 |
| 山 东 | 28 | 4 | 47 | 16 | 5 |
| 河 南 | 29 | 15 | 27 | 26 | 3 |
| 湖 北 | 20 | 4 | 49 | 22 | 5 |
| 湖 南 | 20 | 3 | 55 | 20 | 2 |
| 广 东 | 29 | 2 | 30 | 25 | 14 |
| 广 西 | 6 | 2 | 50 | 17 | 25 |
| 海 南 | 49 | 5 | 34 | 7 | 6 |
| 重 庆 | 49 | 1 | 29 | 18 | 3 |
| 四 川 | 39 | 2 | 32 | 21 | 5 |
| 贵 州 | 63 | 1 | 25 | 10 | 1 |
| 云 南 | 29 | 2 | 42 | 26 | 2 |
| 陕 西 | 41 | 3 | 36 | 15 | 6 |
| 甘 肃 | 34 | 6 | 41 | 17 | 2 |
| 青 海 | 38 | 1 | 54 | 7 | 0 |
| 宁 夏 | 12 | 2 | 43 | 35 | 8 |
| 新 疆 | 44 | 9 | 36 | 10 | 0 |
| 西 藏 | 70 | 1 | 9 | 20 | 0 |

## （二）旅游企业实收资本净额

从纳入编报范围的旅游企业来看，2016年全国旅游企业实收资本净额平均为1429.8万元，相比2015年继续保持快速增长态势（2015年旅游企业平均实收资本净额为1284万元）。

从业态细分看，2016年旅游集团平均实收资本净额为38157.67万元，相比2015年有小幅减少（2015年为49027.99万元）。旅游景区平均实收资本净额为3828.42万元，相比2015年也有小幅减少（2015年为4163.37万元）。旅游饭店和旅行社企业平均实收资本净额有小幅增长。详细数据如表4所示。

从资本结构看，旅游企业吸纳的投资资本主要分布在旅游饭店中，其所占比例为43.5%,相比2015年有小幅下降（2015年为50.5%），其次是旅游景区，其吸纳旅游投资所占比例为34.3%，旅游集团吸纳旅游投资所占比例为12.2%，旅行社吸纳旅游投资比例最低，仅为6%。详细数据如表5所示。

从时间纵向发展看，2016年旅游饭店吸纳投资所占比例持续有小幅下降，而旅游景区吸纳投资所占比例则有大幅增加，越来越多资本进入旅游景区，旅游景区成为旅游投资的重要方向和热点之一。

**表4　全国旅游企业实收资本净额对比**　　单位：万元

| 企业类别 | | 企业平均实收资本净额 | |
|---|---|---|---|
| | | 2016年 | 2015年 |
| 全国旅游企业 | | 1 429.80 | 1 284.00 |
| 旅游企业 | 旅游饭店 | 2 445.34 | 2 307.15 |
| | 旅行社 | 142.72 | 130.96 |
| | 旅游景区 | 3 828.42 | 4 163.37 |
| | 旅游集团 | 38 157.67 | 49 027.99 |
| | 其他旅游企业 | 3 787.98 | 2 746.50 |

续表

| 企业类别 | | 企业平均实收资本净额 | |
|---|---|---|---|
| | | 2016年 | 2015年 |
| 旅游饭店 | 五星级饭店 | 9 608.11 | 8 648.77 |
| | 四星级饭店 | 3 297.24 | 3 274.04 |
| | 三星级饭店 | 946.87 | 1 046.16 |
| | 二星级饭店 | 437.20 | 370.88 |
| | 一星级饭店 | 194.58 | 274.33 |
| | 未评星级饭店 | 2 073.14 | 1 532.40 |
| 旅行社 | 经营出境游旅行社 | 554.09 | 467.60 |
| | 经营非出境游旅行社 | 77.23 | 67.19 |
| 旅游景区 | 5A级景区 | 6 701.57 | 13 149.25 |
| | 4A级景区 | 3 787.96 | 4 734.97 |
| | 3A级景区 | 1 741.30 | 1 855.48 |
| | 2A级景区 | 997.68 | 1 125.33 |
| | 1A级景区 | 581.77 | 2 290.00 |
| | 非A级景区 | 8 538.75 | 5 311.18 |

**表5　全国旅游企业实收资本净额所占比例对比**　　单位：%

| 企业类别 | | 旅游企业实收资本净额占全国实收资本净额比例 | |
|---|---|---|---|
| | | 2016年 | 2015年 |
| 旅游企业 | 旅游饭店 | 43.55 | 50.48 |
| | 旅行社 | 5.97 | 6.33 |
| | 旅游景区 | 34.32 | 25.80 |
| | 旅游集团 | 12.23 | 14.23 |
| | 其他旅游企业 | 3.95 | 3.16 |

续表

| 企业类别 | | 旅游企业实收资本净额占全国实收资本净额比例 | |
|---|---|---|---|
| | | 2016年 | 2015年 |
| 旅游饭店 | 五星级饭店 | 15.59 | 18.72 |
| | 四星级饭店 | 14.94 | 18.24 |
| | 三星级饭店 | 7.09 | 10.36 |
| | 二星级饭店 | 0.71 | 1.03 |
| | 一星级饭店 | 0.01 | 0.03 |
| | 未评星级饭店 | 5.22 | 2.11 |
| 旅行社 | 经营出境游旅行社 | 3.18 | 3.60 |
| | 经营非出境游旅行社 | 2.79 | 2.73 |
| 旅游景区 | 5A级景区 | 2.64 | 4.95 |
| | 4A级景区 | 12.58 | 13.43 |
| | 3A级景区 | 4.63 | 3.30 |
| | 2A级景区 | 0.91 | 0.57 |
| | 1A级景区 | 0.06 | 0.13 |
| | 非A级景区 | 13.51 | 3.42 |

## 三、旅游企业基本规模情况

大众旅游时代来临，宏观层面旅游市场的持续爆发，全域旅游战略的深入推进，旅游投资的火热，使得微观层面旅游企业规模持续扩大，旅游产业发展的微观基础更加坚实。2016年，旅游企业总资产规模、固定资产净值、营业总收入均有较大增长。2016年全国旅游企业平均总资产为6196.43万元，平均固定资产净值为1487.51万元，平均营业总收入为2666.90万元，相比2015年均有所增加，旅游企业实力日渐壮大。

## （一）旅游企业资产规模

1. 旅游企业总资产

2016年纳入编报范围的全国旅游企业平均总资产为6196.43万元，比2015年增加754.11万元，旅游企业总资产继续保持较大增幅。

其中，2016年旅游集团平均总资产规模最大，为519422.70万元，远超过旅游企业平均水平；其次是旅游景区，其平均总资产为14472.96万元；再次是旅游饭店，其平均总资产为5366.40万元。旅行社企业总资产规模最小，平均总资产仅为501.04万元。与2015年相比，旅游饭店类旅游企业平均资产规模有小幅增加，其他类型旅游企业平均资产规模则呈现小幅下降态势。

旅游饭店企业平均总资产规模呈现小幅增长，2016年增幅为7万元。其中，五星级饭店平均总资产规模保持增长态势，从2015年的21612.03万元增长到2016年的22162.92万元。详细数据如表6所示。

**表6　2016年旅游企业平均总资产对比**　　单位：万元

| 企业类别 | | 平均总资产 | |
|---|---|---|---|
| | | 2016年 | 2015年 |
| 全国旅游企业 | | 6 196.43 | 5 442.32 |
| 旅游企业 | 旅游饭店 | 5 366.40 | 5 358.51 |
| | 旅行社 | 501.04 | 517.86 |
| | 旅游景区 | 14 472.96 | 18 027.89 |
| | 旅游集团 | 519 422.70 | 532 536.74 |
| | 其他旅游企业 | 19 893.56 | 13 281.63 |
| 旅游饭店 | 五星级饭店 | 22 162.92 | 21 612.03 |
| | 四星级饭店 | 6 959.06 | 7 563.95 |
| | 三星级饭店 | 1 992.65 | 2 211.04 |
| | 二星级饭店 | 868.68 | 848.25 |
| | 一星级饭店 | 431.15 | 543.23 |
| | 未评星级饭店 | 4 665.58 | 2 931.32 |

续表

| 企业类别 | | 平均总资产 | |
|---|---|---|---|
| | | 2016年 | 2015年 |
| 旅行社 | 经营出境游旅行社 | 2 599.45 | 2 574.40 |
| | 经营非出境游旅行社 | 166.96 | 128.30 |
| 旅游景区 | 5A级旅游景区 | 46 320.16 | 72 425.13 |
| | 4A级旅游景区 | 16 528.53 | 20 876.79 |
| | 3A级旅游景区 | 8 298.16 | 6 389.92 |
| | 2A级旅游景区 | 3 103.35 | 2 845.96 |
| | 1A级旅游景区 | 2 106.95 | 3 868.68 |
| | 非A级旅游景区 | 19 930.13 | 18 963.42 |

2. 旅游企业固定资产净值

2016年纳入编报范围的全国旅游企业平均固定资产净值为1487.51万元，相比2015年的1437.66万元有小幅增长。

其中，2016年旅游集团的企业平均固定资产净值最大，为86500.81万元，远超过旅游企业的平均水平。其次是旅游景区和旅游饭店，其平均固定资产净值分别为3767.93万元和2096.68万元，旅行社类旅游企业的平均固定资产净值最小，为45.73万元。

与2015年相比，总体上旅游企业的平均固定资产净值呈现小幅增长，反映出旅游企业调整之后开始进入新的增长阶段。不同业态旅游企业呈现增长差异，旅行社平均固定资产净值呈现小幅增长，经营出境游和非出境游旅行社均有所增长。其他业态旅游企业的平均固定资产净值有小幅下降。旅游饭店各业态内，除了五星级饭店外，其他各等级饭店平均固定资产净值均出现下降。详细数据如表7所示。

表7　2016年旅游企业平均固定资产净值对比　　单位：万元

| 企业类别 | | 平均固定资产净值 | |
|---|---|---|---|
| | | 2016年 | 2015年 |
| 全国旅游企业 | | 1 487.51 | 1 437.66 |
| 旅游企业 | 旅行社 | 45.73 | 44.61 |
| | 旅游饭店 | 2 096.68 | 2 104.11 |
| | 旅游集团 | 86 500.81 | 105 427.94 |
| | 旅游景区 | 3 767.93 | 4 865.10 |
| | 其他旅游企业 | 3 168.15 | 2 629.19 |
| 旅游饭店 | 五星级饭店 | 8 109.13 | 8 037.73 |
| | 四星级饭店 | 2 784.28 | 2 959.47 |
| | 三星级饭店 | 851.48 | 913.28 |
| | 二星级饭店 | 407.77 | 408.83 |
| | 一星级饭店 | 136.28 | 358.61 |
| | 未评星级饭店 | 1 799.13 | 1 412.32 |
| 旅行社 | 经营出境游旅行社 | 201.09 | 181.55 |
| | 经营非出境游旅行社 | 21.00 | 18.67 |
| 旅游景区 | 5A级景区 | 13 141.11 | 21 577.72 |
| | 4A级景区 | 4 391.60 | 5 533.37 |
| | 3A级景区 | 1 626.48 | 1 604.27 |
| | 2A级景区 | 727.41 | 855.35 |
| | 1A级景区 | 286.39 | 2 140.09 |
| | 非A级旅游景区 | 5 693.84 | 4 536.81 |

## （二）旅游企业营业总收入

2016年纳入编报范围的全国旅游企业的平均营业总收入为2666.90万元，比2015年有小幅增长（2015年为2655.35万元），显示出旅游企业经营市场有所好转。

从绝对规模上看，不同业态内部，旅游集团企业经营水平仍然具有绝对优势，2016旅游集团的平均营业总收入明显高于平均水平，远高于其他业态旅游企业，平均为179138.73万元。相对来说，旅游景区、旅游饭店和旅行社的经营规模较小，旅游景区平均营业收入为2005.27万元，旅游饭店和旅行社平均营业收入不足2000万元，分别为1836.92万元和1698.21万元。

从时间纵向来看，2016年除旅游饭店外，其他各类业态旅游企业的平均营业总收入均有不同程度下降。旅游饭店平均营业收入从2015年的1785.40万元增长至2016年的1836.92万元。旅游集团平均营业总收入下降幅度较大，从2015年的221318.40万元下降至2016年的179138.73万元，旅行社和旅游景区平均营业总收入也有小幅下降。

旅游饭店内部，除五星级饭店平均营业总收入呈现增长之外，其他各星级饭店平均营业收入均出现小幅下滑。其中五星级饭店平均营业总收入从2015年的6754.23万元增长至2016年的6948.26万元。旅游景区也存在类似问题，除3A和2A级旅游景区之外，其他等级的旅游景区平均营业总收入也均出现下滑，其中5A级旅游景区平均营业总收入下降幅度达4871.76万元。相对来说，无论是经营出境游旅行社，还是经营非出境游旅行社平均营业总收入都呈现增长态势。详细数据如表8所示。

**表8　2016年旅游企业平均营业总收入**　　单位：万元

| 企业类别 | | 平均营业总收入 | |
|---|---|---|---|
| | | 2016年 | 2015年 |
| 全国旅游企业 | | 2 666.90 | 2 655.35 |
| 旅游企业 | 旅游饭店 | 1 836.92 | 1 785.40 |
| | 旅行社 | 1 698.21 | 1 717.67 |
| | 旅游景区 | 2 005.27 | 2 535.48 |
| | 旅游集团 | 179 138.73 | 221 318.40 |
| | 其他旅游企业 | 7 148.48 | 4 092.30 |

续表

| 企业类别 | | 平均营业总收入 | |
|---|---|---|---|
| | | 2016年 | 2015年 |
| 旅游饭店 | 五星级饭店 | 6 948.26 | 6 754.23 |
| | 四星级饭店 | 2 366.06 | 2 499.66 |
| | 三星级饭店 | 784.13 | 828.62 |
| | 二星级饭店 | 390.01 | 393.56 |
| | 一星级饭店 | 302.08 | 426.74 |
| | 未评星级饭店 | 1 672.09 | 860.22 |
| 旅行社 | 经营出境游旅行社 | 9 298.56 | 8 765.33 |
| | 经营非出境游旅行社 | 488.19 | 382.66 |
| 旅游景区 | 5A级景区 | 6 928.45 | 11 800.21 |
| | 4A级景区 | 2 224.86 | 2 749.40 |
| | 3A级景区 | 1 465.63 | 996.39 |
| | 2A级景区 | 661.93 | 540.57 |
| | 1A级景区 | 431.74 | 648.28 |
| | 非A级景区 | 2 097.93 | 1 169.28 |

### （三）旅游企业平均从业人员

从纳入编报范围的旅游企业的从业人数和旅游企业的职工人数来看，2016年全国旅游企业大都为小型经营的企业，旅游企业年末从业人数平均大致为54人。与2015年相比，旅游企业平均从业人数保持不变，平均职工人数有小幅下降（2015年为56人）。

1. 旅游企业年末从业人数

2016年全国旅游企业年末从业人数平均为54人，其中，旅游集团年末从业人数平均为2811人，旅游饭店和旅游景区年末从业人数平均分别为93人和68人，旅行社年末从业人数最少，平均仅为12人，与2015年相比从业人数均有小幅下降。

2. 旅游企业年平均职工人数

2016年全国旅游企业平均职工人数为54人，相比2015年增长1人（2015年为53人）。其中，2016年旅游集团年平均职工人数为2732人，旅游饭店和旅游景区年平均职工人数分别为91人、67人，旅行社年平均职工人数最少，仅为14人。相比2015年，旅行社平均职工人数有小幅增加，其他类型的旅游企业职工人数有小幅减少。

从各个业态内部来看，其他各类旅游饭店的平均从业人员均呈现下降态势，五星级饭店平均从业人员从2015年的264人下降至262人；5A级、4A级旅游景区平均从业人员也出现不同程度的减少。旅游企业平均职工人数也大致存在类似的特征。这显示出，经济新常态下，旅游企业为压缩成本，旅游企业雇员员工数量继续呈减少趋势。详细数据如表9所示。

**表9　旅游企业年末从业人数和年平均职工人数对比**　　单位：人

| 企业类别 | | 企业年末从业人数 | | 企业年平均职工人数 | |
|---|---|---|---|---|---|
| | | 2016年 | 2015年 | 2016年 | 2015年 |
| 全国旅游企业 | | 54 | 56 | 54 | 53 |
| 旅游企业 | 旅游饭店 | 93 | 99 | 91 | 93 |
| | 旅行社 | 12 | 13 | 14 | 12 |
| | 旅游景区 | 68 | 98 | 67 | 98 |
| | 旅游集团 | 2 811 | 2 960 | 2 732 | 2 812 |
| | 其他旅游企业 | 106 | 80 | 101 | 79 |
| 旅游饭店 | 五星级饭店 | 262 | 264 | 255 | 252 |
| | 四星级饭店 | 123 | 144 | 120 | 132 |
| | 三星级饭店 | 58 | 62 | 57 | 60 |
| | 二星级饭店 | 31 | 38 | 30 | 32 |
| | 一星级饭店 | 23 | 29 | 23 | 28 |
| | 未评星级饭店 | 77 | 49 | 73 | 46 |

续表

| 企业类别 | | 企业年末从业人数 | | 企业年平均职工人数 | |
|---|---|---|---|---|---|
| | | 2016年 | 2015年 | 2016年 | 2015年 |
| 旅行社 | 经营出境游旅行社 | 50 | 49 | 50 | 48 |
| | 经营非出境游旅行社 | 6 | 6 | 8 | 6 |
| 旅游景区 | 5A级景区 | 204 | 350 | 207 | 344 |
| | 4A级景区 | 81 | 109 | 80 | 110 |
| | 3A级景区 | 42 | 53 | 41 | 53 |
| | 2A级景区 | 28 | 28 | 29 | 28 |
| | 1A级景区 | 22 | 40 | 21 | 39 |
| | 非A级景区 | 74 | 87 | 74 | 87 |

## 四、旅游企业财务效益情况

2016年,全面深化改革持续推进，经济新常态特征更加显现，旅游宏观经济持续保持高位运行态势。在这种情况下，微观旅游企业加快结构性改革，旅游企业经营效益改善明显，呈现出宏观与微观同步向好态势，具体说来呈现以下几个特征：

一是旅游企业效益回升明显，迎来旅游发展新周期。大众旅游时代，旅游企业推进供给侧结构性改革，调整经营模式，经营效益显著回升。2016年我国旅游企业净资产收益率、总资产报酬率、销售利润率、净利润率、成本费用利润率等效益指标都呈现增长趋势，企业盈利能力大幅改善，进入增长的新周期。2016年全国旅游企业净资产收益率平均为4.37%，与2015年相比，旅游企业的净资产收益率大幅回升（2015年旅游企业的净资产收益率为3.52%），正从2013年的谷底向上提升，处于回升通道之中，趋近2012年的企业盈利水平（2012年和2011年净资产收益率分别为5.06%和5.42%）。

二是旅游行业步入结构性调整阶段。总体上，旅游行业仍处于上升发展的长周期中。不过，随着这一轮旅游行业结构性改革的深入推进，部分业态扩张速度有所放缓。2016年我国旅游企业平均销售增长率相比2015年下滑明显，总资产增长率、资本积累率的增长速度也有小幅下滑。2016年全国旅游企业销售增长率平均为4.81%（2015年为10.09%），其中旅游景区和旅行社企业的销售增长率下降显著。2016年，全国旅游企业资本积累率为10.68%（2015年为12.85%），总资产增长率平均为12.96%（2015年为13.22%），其中旅游集团资本积累率为12.69%，与2015年相比减少了一半，扩张态势放缓。

三是旅游企业资产运营能力有待提升。总体上旅游企业资产运营质量和利用效率较为良好，但需要提醒注意的是，反映其资产经营效率的相关指标连续3年出现下降。2016年全国旅游企业总资产周转率平均为45.66%，流动资产周转率平均为101.97%，平均存货周转率为1.04次，应收账款周转率平均为14.25次，这些指标均连续3年呈现出下降趋势。当前资产运营指标总体仍在较高水平，未来旅游企业应注意旅游企业资产运营的风险。

四是旅游企业杠杆率水平呈现趋势性上升。旺盛的旅游消费需求和火热的旅游投资，使旅游企业进入加杠杆过程，旅游企业杠杆率水平呈现趋势性上升。2016年全国旅游企业资产负债率平均为58.14%，连续3年保持上升态势。其中旅行社资产负债率最高，为65.88%，其次是旅游集团，为61.08%；旅游景区和旅游饭店资产负债率分别为57.78%和50.35%。旅游企业杠杆率水平的提升反映出这些旅游企业正处于加速扩展过程之中，与当前旅游业宏观大发展相适应，整体负债水平仍处于可控发展空间。2016年全国旅游企业流动比率平均为122.30%，速动比率平均为96.05%，旅游企业流动性较好，企业短期偿债能力较强。但随着资产负债率的持续提升，旅游企业也应有所警示。

五是国企改革深度推进，旅游集团引领行业发展。2016年旅游企业之间整合步伐加快，国有旅游企业深度推进，相继形成了一批多元化的旅游集团，成为旅游产业的领军力量，正重塑当前旅游竞争格局。2016年，中国国旅整体并入港中旅集团组建中国旅游集团这一大型央企，锦江集团、华侨城等也加快重组和收购步伐，旅游集团经营能力不断提升。旅游集团2016年平均营业利润和净利润达1.29亿元和1.02亿元，旅游集团净资产收益率6.65%，远高于其他旅游业态企业。

六是旅游饭店市场回暖，步入盈利上升通道。自2015年旅游饭店复苏之后，2016年旅游饭店摆脱触底走势，财务效益进一步好转，市场回暖明显。旅游饭店平均营业收入从2015年的1785.40万元增长至2016年的1836.92万元，平均营业利润和净利润均增长了47.99万元，增幅达一倍多。旅游饭店销售（营业）利润率从2015年的1.79%增加到2016年的4.36%，净资产收益率从2015年的1.01%增长至2016年的2.80%，这显示出旅游饭店营业状况有所好转，盈利能力正在回升。具体来看，这首先得益于整体旅游消费市场的回暖；其次是“营改增”政策全面实施降低了旅游饭店整体税负水平；再次是旅游饭店推进结构性改革，加快兼并重组部分，推进“去库存”；最后是旅游饭店微观层面在管理模式、产品形态、服务方式的创新。尽管行业数字上看，旅游饭店市场回暖明显，但整体旅游饭店业仍面临产能过剩、竞争激烈、成本高企、用工不足、互联网冲击、服务方式落后等问题，亟待改革与创新的推进。

七是旅行社保持增长态势，但内部分化差异明显。2016年旅行社仍处于上升发展阶段，旅行社平均营业利润和净利润仅为12.01万元和10.76万元，同比分别有1.96万元和1.13万元的增幅；旅行社净资产收益率和总资产报酬率均有小幅增加，净资产收益率从2015年的6.29%增长至2016年的6.53%。但经营出境游旅行社和经营非出境游旅行社呈现分化发展特征，经营出境游旅行社经营状况出现下滑。盈利指标上，经营非出境游旅行社净资产收益率从2015年的3.33%增长至2016年的4.97%，但经营出境游旅行社净资产收益率有小幅下降，从2015年的7.75%下降至2016年的7.50%。发展速度上，2016年经营出境游旅行社销售增长率为负，从2015年的15.87%下降到2016年的-2.58%，经营非出境游旅行社的销售增长率2016年小幅下滑，从2015年的15.10%下降至2016年的10.42%，但总体仍保持了较快的增长速度。旅行社总资产增长率也类似，2016年经营出境游旅行社总资产增长率下降明显，从2015年的18.18%下降到2016年的2.97%，相比来说经营非出境游旅行社增长迅速，从2015年的6.33%增加到2016年的14.94%。经营出境游旅行社经营状况出现下滑主要是与整体出境旅游市场增速放缓相关。受经济下行态势、汇率波动、欧洲暴恐、美国大选、韩国萨德事件等不确定因素的影响，2016年我国出境旅游从高速增长步入稳定增长阶段，中国内地公民出境旅游为1.22亿人次，同比增长4.3%，增长速度下降明显，这导致经营出境游旅行社增长乏力。对于这类旅行社来说，如何进一步延伸旅游产品，提供综合性出境旅游服务则成为提升竞争力的关键所在。

八是旅游景区效益小幅下滑，但总体仍然稳健。2016年旅游景区经营效益有小幅下降，旅游景区2016年平均营业利润和净利润出现小幅下滑，同比减少71.4万元和91.75万元，净资产收益率均呈现小幅下降态势，从2015年的3.64%下降至2016年的3.27%，销售（营业）利润率和成本费用利润率呈现小幅下降。但总体上基于其自身资源优势，旅游景区经营仍然稳健，有着较高的毛利率水平，仍然是旅游投资的热点之一。

## （一）旅游企业盈利能力

与2015年相比，2016年纳入编报范围的旅游企业盈利能力有所回升，旅游企业营业利润、净利润、旅游企业净资产收益率、总资产报酬率、营业利润率、成本费用利润率等均有不同程度增加。

### 1. 旅游企业营业利润和净利润

2016年旅游企业平均营业利润和平均净利润均实现较大增长，分别为116.04万元和100.58万元(2015年分别为91.15万元和73.76万元)。旅游饭店和旅行社营业利润和净利润呈现增长态势，特别是旅游饭店企业平均营业利润和净利润实现了大幅增长。

从绝对规模上看，旅游集团、旅游景区等旅游企业经营水平仍然具有绝对优势，2016年这两类旅游企业的营业利润和净利润明显高于整体平均水平，特别是旅游集团2016年平均营业利润和净利润更是达到1.29亿元和1.02亿元，旅游景区平均营业利润和净利润也达195.7万元和187.11万元。相对来说，旅行社和旅游饭店营业利润仍然较低，平均在100万元以下，特别是旅行社平均营业利润和净利润仅为12.01万元和10.76万元。

从时间纵向看，2016年，旅游饭店和旅行社平均营业利润和净利润呈现增长态势，特别是旅游饭店企业平均营业利润和净利润实现大幅增长。旅游饭店平均营业利润和净利润2016年均增长了47.99万元，增幅达一倍多（分别从2015年的32.03万元和25.47万元增长到2016年的80.02万元和73.46万元）。旅行社平均营业利润和净利润2016年也有1.96万元和1.13万元的增幅。旅游集团的平均营业收入虽然相比2015年有所减少，但是平均净利润实现了977.5万元的增长，盈利能力提升明显。旅游景区2016年平均营业利润和净利润出现小幅下滑，同比减少71.4万元和91.75万元。

旅游饭店平均营业利润和净利润2016年大幅增加，旅游饭店营业状况有所好转，整体盈利状况得到改善。营业利润方面，除三星级饭店之外，其他等级饭店均实现盈余；净利润方面，各个等级饭店均实现盈利。其中，五星级饭店盈利能力最高，平均营业利润和净利润分别为605.66万元和528.97万元。相对来说，其他低星级饭店盈利能力较差。从时间纵向比较看，相比2015年各等级饭店的营业利润和净利润均出现大幅增长，反映出饭店经营状况的大幅改善。

相比2015年，经营出境游旅行社和非出境游旅行社营业利润和净利润均实现了小幅增长，其中经营出境游旅行社盈利水平高于经营非出境游旅行社。

相比2015年，2016年旅游景区的盈利水平出现小幅下滑。5A级景区平均营业利润和净利润出现较大下降，但4A及以下景区的平均营业利润和净利润均有不同程度的增长。不同景区类型比较来看，5A级景区2016年平均净利润为1358.32万元，远高于其他等级类型景区的盈利规模。详细数据如表10所示。

**表10　旅游企业平均营业利润和净利润对比**　　单位：万元

| 企业类别 | | 平均营业利润 | | 平均净利润 | |
|---|---|---|---|---|---|
| | | 2016年 | 2015年 | 2016年 | 2015年 |
| 全国旅游企业 | | 116.04 | 91.15 | 100.58 | 73.76 |
| 旅游企业 | 旅游饭店 | 80.02 | 32.03 | 73.46 | 25.47 |
| | 旅行社 | 12.01 | 10.05 | 10.76 | 9.63 |
| | 旅游景区 | 195.70 | 267.10 | 187.11 | 278.86 |
| | 旅游集团 | 12 981.29 | 13 565.47 | 10 293.31 | 9 315.81 |
| | 其他旅游企业 | 264.66 | 277.48 | 289.50 | 251.45 |
| 旅游饭店 | 五星级饭店 | 605.66 | 427.30 | 528.97 | 353.17 |
| | 四星级饭店 | 29.65 | –14.88 | 21.85 | –18.60 |
| | 三星级饭店 | –4.49 | –10.00 | 3.42 | –7.78 |
| | 二星级饭店 | 0.91 | 1.16 | 6.99 | 3.00 |
| | 一星级饭店 | 24.48 | –30.52 | 34.38 | 8.72 |
| | 未评星级饭店 | 134.88 | –30.72 | 124.38 | –25.90 |
| 旅行社 | 经营出境游旅行社 | 64.55 | 52.57 | 55.45 | 49.88 |
| | 经营非出境游旅行社 | 3.64 | 2.00 | 3.65 | 2.00 |
| 旅游景区 | 5A级景区 | 1 577.59 | 2 785.08 | 1 358.32 | 2 588.46 |
| | 4A级景区 | 268.01 | 155.26 | 275.38 | 184.97 |
| | 3A级景区 | 33.29 | 32.80 | 18.40 | 51.45 |
| | 2A级景区 | 69.91 | 31.61 | 60.85 | 35.47 |
| | 1A级景区 | –6.91 | 14.29 | –20.69 | 4.15 |
| | 非A级景区 | 58.13 | 141.36 | 79.67 | 185.00 |

2. 旅游企业净资产收益率

净资产收益率是指企业一定时期内的净利润同平均净资产的比率，充分体现了投资者投入企业的自有资本获取净收益的能力，突出反映了投资与报酬的关系，是评价企业资本经营效益的核心指标。

2016年全国旅游企业净资产收益率平均为4.37%，与2015年相比，旅游企业的净资产收益率大幅回升（2015年旅游企业的净资产收益率为3.52%），整体来看，全国旅游企业净资产收益率正从2013年的谷底向上提升，处于回升通道之中，趋近2012年的企业盈利水平（2012年和2011年净资产收益率分别为5.06%和5.42%）。

具体到不同类型旅游企业，2016年旅游集团净资产收益率最高，为6.65%，其次是旅行社，为6.53%，旅游景区净资产收益率为3.27%。相对来说，旅游饭店净资产收益率最低，仅为2.80%。

时间纵向比较看，相比2015年，除旅游景区净资产收益率有小幅下滑外，其他业态旅游企业的净资产收益率均出现了不同程度的增长。

2016年旅游饭店的净资产收益率继续反弹回升，从2015年的1.01%增长至2016年的2.80%，反映出旅游饭店经营状况持续好转。其中，五星级饭店净资产收益率增加了1.29个百分点，四星级饭店和三星级饭店净资产收益率由负转正，进入盈利通道，反映出旅游饭店的盈利能力正在回升。

旅游景区的净资产收益率呈现小幅下降态势，从2015年的3.64%下降至2016年的3.27%，低于旅游企业平均水平。相比之下，4A级景区和2A级景区净资产收益率有所增加，2016年分别增加了2.21个和2.46个百分点。5A级景区净资产收益率虽有下滑，但整体盈利能力较好，2016年5A级景区净资产收益为5.77%，领先于其他等级的旅游景区。

旅行社净资产收益率有小幅增加，从2015年的6.29%增长至2016年的

6.53%，其中经营非出境游旅行社净资产收益率从2015年的3.33%增长至2016年的4.97%，但经营出境游旅行社净资产收益率有小幅下降，从2015年的7.75%下降至2016年的7.50%。详细数据如表11所示。

**表11　旅游企业净资产收益率对比**　　单位：%

| 企业类别 | | 净资产收益率 | |
|---|---|---|---|
| | | 2016年 | 2015年 |
| 全国旅游企业 | | 4.37 | 3.52 |
| 旅游企业 | 旅行社 | 6.53 | 6.29 |
| | 旅游饭店 | 2.80 | 1.01 |
| | 旅游集团 | 6.65 | 5.84 |
| | 旅游景区 | 3.27 | 3.64 |
| | 其他旅游企业 | 4.57 | 4.37 |
| 旅游饭店 | 五星级饭店 | 4.71 | 3.42 |
| | 四星级饭店 | 0.68 | −0.53 |
| | 三星级饭店 | 0.35 | −0.75 |
| | 二星级饭店 | 1.48 | 0.68 |
| | 一星级饭店 | 14.18 | 2.50 |
| | 未评星级饭店 | 5.50 | −1.74 |
| 旅行社 | 经营出境游旅行社 | 7.50 | 7.75 |
| | 经营非出境游旅行社 | 4.97 | 3.33 |
| 旅游景区 | 5A级景区 | 5.77 | 7.19 |
| | 4A级景区 | 4.41 | 2.20 |
| | 3A级景区 | 0.55 | 1.79 |
| | 2A级景区 | 4.75 | 2.29 |
| | 1A级景区 | −3.00 | 0.21 |
| | 非A级景区 | 1.13 | 2.91 |

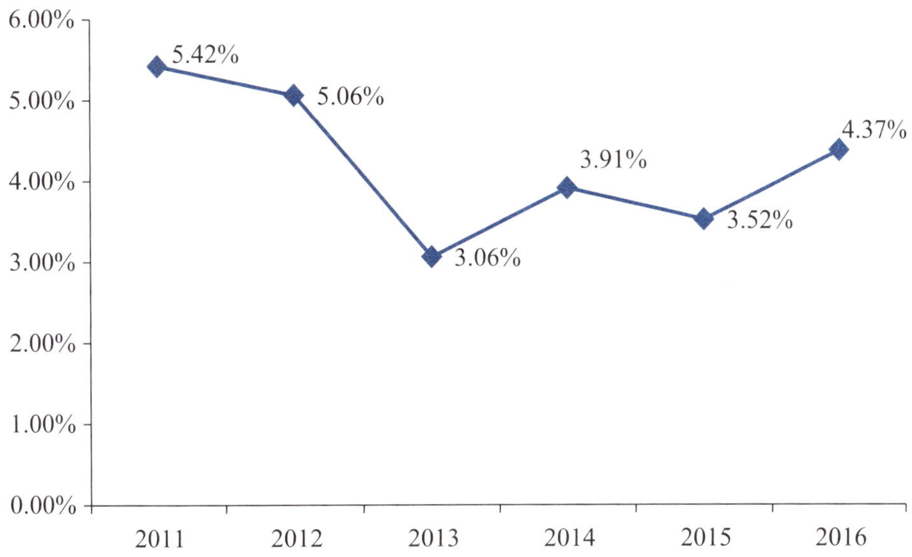


**图 6　2011~2016 年旅游企业平均净资产收益率**

3. 旅游企业总资产报酬率

总资产报酬率表示企业包括净资产和负债在内的全部资产的总体获利能力，是评价企业资产运营效益的重要指标。

2016年全国旅游企业总资产报酬率平均为3.57%，与2015年相比有小幅减少（2015年为3.50%）。其中，旅游集团总资产报酬率最高，平均为4.70%；其次是旅行社，总资产报酬率平均为3.23%；旅游景区总资产报酬率平均为2.92%；旅游饭店的总资产报酬率最低，仅为2.56%。

与2015年相比，旅行社和旅游饭店平均总资产报酬率有所增加。旅游饭店的总资产报酬率从2015年的1.77%增长至2016年2.56%，其中除一星级饭店之外，其他各星级饭店的总资产报酬率均出现小幅上升，显示出旅游饭店盈利状况开始好转。

旅行社平均总资产报酬率小幅上升，从2015年的2.98%增加至2016年的3.23%，其中经营出境游旅行社和经营非出境游旅行社的总资产报酬率均有不同程度增加。

旅游景区和旅游集团平均总资产报酬率同比有所下降。旅游集团平均总资产报酬率从2015年的5.34%下降到2016年的4.70%。旅游景区平均总资产报酬率从2015年的3.09%下降到2016年的2.92%，但大体保持在一致水平之上。详细数据如表12所示。

**表12　旅游企业总资产报酬率对比**　　单位：%

| 企业类别 | | 总资产报酬率 | |
|---|---|---|---|
| | | 2016年 | 2015年 |
| 全国旅游企业 | | 3.57 | 3.50 |
| 旅游企业 | 旅行社 | 3.23 | 2.98 |
| | 旅游饭店 | 2.56 | 1.77 |
| | 旅游集团 | 4.70 | 5.34 |
| | 旅游景区 | 2.92 | 3.09 |
| | 其他旅游企业 | 4.04 | 3.42 |
| 旅游饭店 | 五星级饭店 | 3.78 | 3.14 |
| | 四星级饭店 | 1.47 | 1.03 |
| | 三星级饭店 | 1.19 | 0.71 |
| | 二星级饭店 | 1.71 | 1.40 |
| | 一星级饭店 | 9.52 | 10.34 |
| | 未评星级饭店 | 3.68 | -0.39 |
| 旅行社 | 经营出境游旅行社 | 3.20 | 3.11 |
| | 经营非出境游旅行社 | 3.29 | 2.51 |
| 旅游景区 | 5A级景区 | 4.81 | 5.68 |
| | 4A级景区 | 3.11 | 2.41 |
| | 3A级景区 | 2.75 | 1.74 |
| | 2A级景区 | 3.34 | 1.73 |
| | 1A级景区 | -0.67 | 0.71 |
| | 非A级景区 | 1.60 | 2.14 |

4. 旅游企业利润率

（1）销售（营业）利润率

旅游企业销售（营业）利润率是指旅游企业一定时期内营业利润同营业收入净额的比率。2016年全国旅游企业销售（营业）利润率平均为4.35%，其中旅游景区销售（营业）利润率最高，为9.76%，其次是旅游集团，为7.25%，旅游饭店为4.36%，旅行社最低，仅为0.71%。

总体上看，旅游企业销售（营业）利润率与2015年（3.43%）相比有大幅增加。这其中，旅游饭店销售（营业）利润率增幅最为明显，从2015年的1.79%增加到2016年的4.36%，增加了一倍多。除三星级饭店销售（营业）利润率仍然为负数外，其他类型饭店销售（营业）利润率仍然均为正数，五星级饭店销售（营业）利润率更是从2015年的6.33%增加到2016年的8.72%，旅游饭店的盈利能力增强。

旅行社和旅游集团销售（营业）利润率相比2015年也有小幅增加。旅游集团销售（营业）利润率从2015年的6.13%增加到2016年的7.25%。旅行社销售（营业）利润率也有小幅上升，其中经营出境游旅行社和经营非出境游旅行社都有不同程度增加，但整体盈利能力相对较低。

相对来看，旅游景区销售（营业）利润率呈现小幅下降，其中5A级景区销售（营业）利润率最高，从2015年的23.06%下降至2016年的22.77%。但4A级景区和2A级景区销售（营业）利润率有大幅增加，4A级景区销售（营业）利润率增至12.05%，但与5A级景区的盈利水平仍然有较大差距。

（2）成本费用利润率

旅游企业成本费用利润率是指旅游企业一定时期内营业利润与企业成本费用总额的比例，表示企业为取得利润而付出的代价或者每一单位的成本费用能够获得的利润。成本费用利润率越高，企业成本费用控制得越好，显示企业获利能力越强。

2016年全国旅游企业成本费用利润率平均为5.69%，比2015年的4.57%相比有小幅增加，反映企业获利能力增强。

其中，2016年旅游景区的成本费用利润率最高，平均为14.30%，显示出较强的成本控制能力和盈利能力，但相比2015年（16.09%）有所减少；其次是旅游集团，平均成本费用利润率为9.49%，相比2015年有小幅增加；旅游饭店成本费用利润率为5.37%，相比2015年（2.37%）有显著增长，反映出旅游饭店盈利能力改善明显；旅行社的成本费用利润率最低，仅为0.86%，但相比2015年也有小幅增加。详细数据如表13所示。

**表13　旅游企业销售(营业)利润率、成本费用利润率对比**　单位：%

| 企业类别 | | 销售（营业）利润率 | | 成本费用利润率 | |
|---|---|---|---|---|---|
| | | 2016年 | 2015年 | 2016年 | 2015年 |
| 全国旅游企业 | | 4.35 | 3.43 | 5.69 | 4.57 |
| 旅游企业 | 旅游饭店 | 4.36 | 1.79 | 5.37 | 2.37 |
| | 旅行社 | 0.71 | 0.59 | 0.86 | 0.76 |
| | 旅游景区 | 9.76 | 10.53 | 14.30 | 16.09 |
| | 旅游集团 | 7.25 | 6.13 | 9.49 | 8.12 |
| | 其他旅游企业 | 3.70 | 6.78 | 5.92 | 8.27 |
| 旅游饭店 | 五星级饭店 | 8.72 | 6.33 | 9.91 | 6.77 |
| | 四星级饭店 | 1.25 | –0.60 | 2.03 | 0.12 |
| | 三星级饭店 | –0.57 | –1.21 | 1.29 | –0.18 |
| | 二星级饭店 | 0.23 | 0.29 | 2.51 | 1.75 |
| | 一星级饭店 | 8.10 | –7.15 | 12.20 | 2.69 |
| | 未评星级饭店 | 8.07 | –3.57 | 9.15 | –3.30 |
| 旅行社 | 经营出境游旅行社 | 0.69 | 0.60 | 0.82 | 0.77 |
| | 经营非出境游旅行社 | 0.75 | 0.52 | 1.00 | 0.74 |

续表

| 企业类别 | | 销售（营业）利润率 | | 成本费用利润率 | |
|---|---|---|---|---|---|
| | | 2016年 | 2015年 | 2016年 | 2015年 |
| 旅游景区 | 5A级景区 | 22.77 | 23.60 | 30.22 | 34.79 |
| | 4A级景区 | 12.05 | 5.65 | 17.96 | 10.42 |
| | 3A级景区 | 2.27 | 3.29 | 5.49 | 7.19 |
| | 2A级景区 | 10.56 | 5.85 | 14.05 | 7.49 |
| | 1A级景区 | -1.60 | 2.20 | -4.62 | 2.24 |
| | 非A级景区 | 2.77 | 6.55 | 6.84 | 12.86 |

## （二）旅游企业资产运营能力

与2015年相比，2016年纳入编报范围的旅游企业总资产周转率、流动资产周转率和应收账款周转率均下降明显。

1. 旅游企业总资产周转率

旅游企业总资产周转率是指企业一定时期内营业收入净额同平均资产总额的比率，是综合评价企业全部资产经营质量和利用效率的重要指标。2016年全国旅游企业总资产周转率平均为45.66%，连续3年呈现出下降趋势，反映出旅游企业的经营效率有待提升。

其中，旅行社的总资产周转率最高，平均为349.04%，远高于其他类型的旅游企业；其次是旅游集团，平均总资产周转率为37.45%；旅游景区和旅游饭店的总资产周转率分别为14.70%和34.52%，旅游集团、旅游饭店、旅游景区的总资产周转率均低于全国旅游企业平均水平。

与2015年相比，各类旅游企业的总资产周转率大多出现不同程度的下降。详细数据如表14所示。

表14　旅游企业总资产周转率对比　　单位：%

| 企业类别 | | 总资产周转率 | |
|---|---|---|---|
| | | 2016年 | 2015年 |
| 全国旅游企业 | | 45.66 | 51.81 |
| 旅游企业 | 旅游饭店 | 34.52 | 33.50 |
| | 旅行社 | 349.04 | 355.54 |
| | 旅游景区 | 14.70 | 14.94 |
| | 旅游集团 | 37.45 | 46.07 |
| | 其他旅游企业 | 41.66 | 32.49 |
| 旅游饭店 | 五星级饭店 | 31.61 | 31.58 |
| | 四星级饭店 | 34.18 | 33.08 |
| | 三星级饭店 | 39.27 | 37.56 |
| | 二星级饭店 | 45.68 | 46.51 |
| | 一星级饭店 | 79.78 | 77.14 |
| | 未评星级饭店 | 36.95 | 29.61 |
| 旅行社 | 经营出境游旅行社 | 362.94 | 368.85 |
| | 经营非出境游旅行社 | 312.73 | 307.40 |
| 旅游景区 | 5A级景区 | 15.54 | 17.51 |
| | 4A级景区 | 14.28 | 13.86 |
| | 3A级景区 | 19.34 | 16.82 |
| | 2A级景区 | 21.79 | 19.29 |
| | 1A级景区 | 20.93 | 20.07 |
| | 非A级景区 | 11.10 | 12.18 |

2. 旅游企业流动资产周转率

旅游企业流动资产周转率是指企业一定时期营业收入净额同平均流动资产总额的比率。2016年全国旅游企业流动资产周转率平均为101.97%，流动资产周转率相对较高，资产利用效率表现良好，但比2015年的119.59%有小幅下降，连续3年出现下滑。

其中，2016年旅行社企业流动资产周转率最高，平均为437.45%，远高于其他类型的旅游企业；其次是旅游集团和旅游饭店，分别为75.59%和88.19%，旅游景区的流动资产周转率相对偏低，平均为39.42%。与2015年相比，除旅游饭店流动资产周转率有小幅上升外，旅游集团、旅行社、旅游景区等企业流动资产周转率均有小幅下降。详细数据如表15所示。

**表15　旅游企业流动资产周转率对比**　　单位：%

| 企业类别 | | 流动资产周转率 | |
|---|---|---|---|
| | | 2016年 | 2015年 |
| 全国旅游企业 | | 101.97 | 119.59 |
| 旅游企业 | 旅游饭店 | 88.19 | 84.45 |
| | 旅行社 | 437.45 | 446.36 |
| | 旅游景区 | 39.42 | 41.54 |
| | 旅游集团 | 75.59 | 97.76 |
| | 其他旅游企业 | 74.15 | 86.11 |
| 旅游饭店 | 五星级饭店 | 82.26 | 76.98 |
| | 四星级饭店 | 86.89 | 85.45 |
| | 三星级饭店 | 100.21 | 94.31 |
| | 二星级饭店 | 117.99 | 124.70 |
| | 一星级饭店 | 152.34 | 256.74 |
| | 未评星级饭店 | 90.70 | 88.00 |
| 旅行社 | 经营出境游旅行社 | 456.18 | 460.11 |
| | 经营非出境游旅行社 | 388.94 | 394.95 |
| 旅游景区 | 5A级景区 | 49.85 | 59.28 |
| | 4A级景区 | 38.20 | 38.54 |
| | 3A级景区 | 54.62 | 41.34 |
| | 2A级景区 | 38.93 | 43.67 |
| | 1A级景区 | 38.32 | 56.89 |
| | 非A级景区 | 27.86 | 27.04 |

3. 存货周转率

存货周转率是指企业一定时期内销售成本与平均存货的比率，是对流动资产周转率的补充说明。2016年全国旅游企业平均存货周转率为1.04次，比2015年下降明显（2015年为2.06次）。其中，旅游饭店的平均存货周转率为1.01次，旅游景区和旅游集团的平均存货周转率分别为1.06次和1.04次，相比2015年各旅游企业存货周转率都有所降低。

4. 旅游企业应收账款周转率

旅游企业应收账款周转率是指一定时期内企业营业收入净额同平均应收账款余额的比率。2016年全国旅游企业应收账款周转率平均为14.25次，应收账款周转速度较快，能够有效地将旅游企业的应收账款转为现金，减少坏账损失。与2015年相比（2015年为15.99次）有所下滑，已连续两年呈现小幅下降。

其中，旅行社应收账款周转率最高，为21.88次；旅游集团应收账款周转率为14.78次；旅游饭店应收账款周转率为10.78次。旅游景区应收账款周转率相对偏低，为7.91次。相比2015年，旅行社、旅游集团和旅游饭店应收账款周转率均有所下降，旅游景区应收账款周转率与2015年持平。详细数据如表16所示。

**表16　旅游企业应收账款周转率对比**　　单位：次

| 企业类别 | | 应收账款周转率 | |
|---|---|---|---|
| | | 2016年 | 2015年 |
| 全国旅游企业 | | 14.25 | 15.99 |
| 旅游企业 | 旅游饭店 | 10.78 | 11.04 |
| | 旅行社 | 21.88 | 23.37 |
| | 旅游景区 | 7.91 | 7.90 |
| | 旅游集团 | 14.78 | 18.34 |
| | 其他旅游企业 | 10.73 | 12.19 |
| 旅游饭店 | 五星级饭店 | 10.55 | 9.99 |
| | 四星级饭店 | 14.40 | 14.84 |
| | 三星级饭店 | 8.63 | 8.85 |
| | 二星级饭店 | 8.18 | 8.27 |
| | 一星级饭店 | 6.81 | 17.24 |
| | 未评星级饭店 | 9.05 | 14.98 |

续表

| 企业类别 | | 应收账款周转率 | |
|---|---|---|---|
| | | 2016年 | 2015年 |
| 旅行社 | 经营出境游旅行社 | 25.36 | 26.11 |
| | 经营非出境游旅行社 | 15.44 | 16.03 |
| 旅游景区 | 5A级景区 | 23.87 | 27.61 |
| | 4A级景区 | 6.91 | 6.64 |
| | 3A级景区 | 7.08 | 3.26 |
| | 2A级景区 | 6.71 | 7.61 |
| | 1A级景区 | 11.72 | 5.40 |
| | 非A级景区 | 7.40 | 19.54 |

## （三）旅游企业偿债能力

2016年纳入编报范围的旅游企业的资产负债率和流动比率持续增加，旅游企业的速动比率大致不变，但偿债能力总体上处于较为健康状态。

1. 旅游企业资产负债率

旅游企业资产负债率是指旅游企业一定时期内负债总额同资产总额的比率，是评价企业负债水平的综合指标。

2016年全国旅游企业资产负债率平均为58.14%，与2015年相比，旅游企业资产负债率呈现小幅增长（2015年为56.67%），连续3年保持上升态势。其中，旅行社资产负债率最高，为65.88%，其次是旅游集团，为61.08%；旅游景区和旅游饭店资产负债率分别为57.78%和50.35%。反映出旅游企业正处于扩展过程之中，特别是非传统旅游企业资产负债率增加明显，从2015年的53.42%，增加到2016年的64.82%。旅游企业资产负债率的增加，是与当前旅游业宏观大发展相适应的，整体负债水平仍处于可控的发展空间。详细数据如表17所示。

**表17　旅游企业资产负债率对比**　　单位：%

| 企业类别 | | 资产负债率 | |
|---|---|---|---|
| | | 2016年 | 2015年 |
| 全国旅游企业 | | 58.14 | 56.67 |
| 旅游企业 | 旅游饭店 | 50.35 | 52.72 |
| | 旅行社 | 65.88 | 68.45 |
| | 旅游景区 | 57.78 | 55.43 |
| | 旅游集团 | 61.08 | 58.97 |
| | 其他旅游企业 | 64.82 | 53.42 |
| 旅游饭店 | 五星级饭店 | 48.56 | 51.83 |
| | 四星级饭店 | 52.99 | 53.93 |
| | 三星级饭店 | 50.06 | 53.44 |
| | 二星级饭店 | 44.98 | 47.37 |
| | 一星级饭店 | 39.52 | 36.36 |
| | 未评星级饭店 | 49.80 | 49.87 |
| 旅行社 | 经营出境游旅行社 | 70.51 | 72.81 |
| | 经营非出境游旅行社 | 54.39 | 51.90 |
| 旅游景区 | 5A级景区 | 46.73 | 46.92 |
| | 4A级景区 | 59.34 | 58.46 |
| | 3A级景区 | 55.47 | 51.06 |
| | 2A级景区 | 58.05 | 44.73 |
| | 1A级景区 | 65.22 | 37.71 |
| | 非A级景区 | 63.02 | 65.39 |

2. 旅游企业资产流动性

旅游企业流动比率是指旅游企业一定时期内流动资产同流动负债的比率，用以衡量企业短期债务偿还能力。旅游企业速动比率是指旅游企业一定时期的速动资产同流动负债的比率，用以衡量企业的短期偿债能力。

2016年全国旅游企业流动比率平均为122.30%，速动比率平均为

96.05%，相比2015年旅游企业流动比率有小幅增加，速动比率则大致持平。总体上，旅游企业的流动性较好，企业短期偿债能力较强。具体各个业态方面来看：

流动比率方面，旅游集团流动比率最大，平均为129.23%；其次是旅行社，流动比率平均为127.42%；旅游景区和旅游饭店的平均流动比率分别为116.20%和113.53%。相比2015年，除旅游集团外，其他各业态旅游企业的流动比率均有不同程度增加。

速动比率方面，2016年旅行社企业速动比率最大，平均为126.38%；旅游饭店速动比率为107.62%，旅游景区速动比率为96.82%，旅游集团的速动比率为80.14%。相比2015年，除旅游集团外，其他各业态旅游企业的速动比率均有不同程度增加。详细数据如表18所示。

**表18 旅游企业流动比率与速动比率对比**　　单位：%

| 企业类别 | | 流动比率 | | 速动比率 | |
|---|---|---|---|---|---|
| | | 2016年 | 2015年 | 2016年 | 2015年 |
| 全国旅游企业 | | 122.30 | 118.89 | 96.05 | 96.20 |
| 旅游企业 | 旅游饭店 | 113.53 | 111.06 | 107.62 | 105.69 |
| | 旅行社 | 127.42 | 119.59 | 126.38 | 119.17 |
| | 旅游景区 | 116.20 | 109.03 | 96.82 | 93.45 |
| | 旅游集团 | 129.23 | 130.90 | 80.14 | 84.13 |
| | 其他旅游企业 | 127.83 | 121.67 | 110.77 | 94.77 |
| 旅游饭店 | 五星级饭店 | 129.81 | 132.39 | 124.90 | 127.95 |
| | 四星级饭店 | 103.43 | 103.81 | 97.21 | 98.35 |
| | 三星级饭店 | 98.26 | 93.82 | 92.19 | 87.18 |
| | 二星级饭店 | 102.92 | 91.00 | 95.66 | 83.52 |
| | 一星级饭店 | 150.09 | 96.36 | 132.84 | 77.87 |
| | 未评星级饭店 | 123.68 | 92.13 | 116.42 | 87.47 |

续表

| 企业类别 | | 流动比率 | | 速动比率 | |
|---|---|---|---|---|---|
| | | 2016年 | 2015年 | 2016年 | 2015年 |
| 旅行社 | 经营出境游旅行社 | 117.94 | 111.94 | 117.15 | 111.63 |
| | 经营非出境游旅行社 | 158.51 | 162.78 | 156.68 | 161.78 |
| 旅游景区 | 5A级景区 | 139.20 | 132.23 | 109.29 | 112.90 |
| | 4A级景区 | 102.46 | 102.77 | 89.77 | 91.58 |
| | 3A级景区 | 117.62 | 97.71 | 100.17 | 81.50 |
| | 2A级景区 | 116.76 | 120.39 | 88.74 | 86.20 |
| | 1A级景区 | 125.70 | 84.60 | 120.21 | 66.46 |
| | 非A级景区 | 133.19 | 115.80 | 104.44 | 89.01 |

3. 长期资产适合率

长期资产适合率是指企业所有者权益与长期负债之和同固定资产与长期投资之和的比率，从企业资源配置结构方面反映了企业财务结构的稳定程度以及财务风险的大小。2016年全国旅游企业长期资产适合率为199.76%，与2015年相比有所增加（2015年为183.16%），总体上旅游企业的长期负债能力相对保持在可以控制的范围之内。

其中，旅行社长期资产适合率为216.12%，经营出境游旅行社为181.92%，经营非出境游旅行社为313.08%。

旅游饭店长期资产适合率为147.84%。其中，五星级饭店为166.82%，四星级饭店为133.49%，三星级饭店为130.56%，二星级饭店为126.85%，一星级饭店为199.93%，未评星级饭店为159.92%。

旅游集团长期资产适合率为226.34%。

旅游景区长期资产适合率为214.02%，其中，自然类旅游景区为239.64%，文物类旅游景区为339.79%，主题类旅游景区为172.20%。

其他旅游企业长期资产适合率为268.48%。

## （四）旅游企业发展能力

总体上看，2016年纳入编报范围的旅游企业销售增长率下滑明显，总资产增长率、资本积累率也都有小幅下降，虽然总体仍保持了较快发展速度，旅游业整体处于上升周期之中，但部分业态增长速度放缓。

1. 销售增长率

销售增长率是指旅游企业本年度营业收入增长额同上年营业收入总额的比率，是评价企业成长状况和发展能力的重要指标。2016年全国旅游企业销售增长率平均为4.81%，相比2015年下滑明显（2015年为10.09%）。

其中，旅游集团销售增长率最高，平均为11.74%，与2015年的10.40%相比有小幅增加。其次是旅游景区，平均为4.74%，与2015年相比下降明显（2015年为10.73%）。其中5A级景区、4A级景区等高等级旅游景区销售增长率相比2015年下降明显，分别减少了10.47个和5.76个百分点，3A级景区销售增长率有小幅增加。

与旅游景区类似，旅行社2016年销售增长率为0.35%，相比2015年有大幅下降（2015年为15.72%），这主要是受经营出境业务旅行社发展放缓所致。2016年经营出境业务旅行社销售增长率为负，从2015年的15.87%下降到2016年的-2.58%。与之对应的是，经营非出境业务旅行社的销售增长率2016年小幅下滑，从2015年的15.10%下降至2016年的10.42%，但总体仍保持了较快的增长速度。

旅游饭店继续呈现复苏增长态势，2016年旅游饭店销售增长率由负转正，平均为0.76%（2015年为-0.81%），显示出良好的发展态势。其中五星级饭店2016年销售增长率达1.91%，相比2015年增长明显。但四星级、三星级和二星级的饭店销售增长率仍为负数。

详细数据如表19所示。

表19 旅游企业销售增长率对比 单位：%

| 企业类别 | | 销售增长率 | |
|---|---|---|---|
| | | 2016年 | 2015年 |
| 全国旅游企业 | | 4.81 | 10.09 |
| 旅游企业 | 旅游饭店 | 0.76 | -0.81 |
| | 旅行社 | 0.35 | 15.72 |
| | 旅游景区 | 4.74 | 10.73 |
| | 旅游集团 | 11.74 | 10.40 |
| | 其他旅游企业 | 19.69 | 9.50 |
| 旅游饭店 | 五星级饭店 | 1.91 | -1.12 |
| | 四星级饭店 | -0.80 | -0.80 |
| | 三星级饭店 | -0.91 | -1.01 |
| | 二星级饭店 | -0.82 | 2.96 |
| | 一星级饭店 | 1.85 | 5.91 |
| | 未评星级饭店 | 4.48 | 0.84 |
| 旅行社 | 经营出境游旅行社 | -2.58 | 15.87 |
| | 经营非出境游旅行社 | 10.42 | 15.10 |
| 旅游景区 | 5A级景区 | 3.11 | 13.58 |
| | 4A级景区 | 4.08 | 9.84 |
| | 3A级景区 | 8.60 | 8.25 |
| | 2A级景区 | -3.42 | -10.23 |
| | 1A级景区 | 0.95 | 12.07 |
| | 非A级景区 | 4.86 | 15.37 |

2. 资本积累率

资本积累率是指企业本年所有者权益增长额同年初所有者权益的比率，表示企业当年资本的积累能力，是评价企业发展潜力的重要指标。2016年全国旅游企业资本积累率为10.68%，相比2015年有小幅下降（2015

年为12.85%），但仍保持在较快的增长速度。其中：

——旅游景区资本积累率为14.46%,相比2015年增长显著（2015年为10.21%）。旅游景区显示出快速增长态势。从景区类型看，文物类景区、主题类景区、自然类景区相比2015年均呈现快速增长态势，特别是文物类和自然类景区资本积累率均分别达19.17%和19.26%。从景区等级看，4A级景区和3A级景区资本积累率增幅明显，2016年均超过20%。相对来说，5A级景区资本积累率有小幅下降，2016年下降至9.93%。

——旅游集团资本积累率为12.69%，与2015年相比减少了一半还多，降幅明显（2015年为28.83%）。

——旅行社资本积累率为7.67%，相比2015年也下降明显（2015年为14.52%）。

——旅游饭店资本积累率继续大幅回升，2016年上升至3.02%（2015年为0.18%），显示出良好的增长态势。具体到不同类型饭店，各个类型饭店的资本积累率都增加明显，其中四星级饭店、五星级饭店资本积累率分别达2.67%和3.05%。

——其他旅游企业资本积累率为23.54%。

详细数据如表20所示。

**表20　旅游企业资本积累率对比**　　单位：%

| 企业类别 | | 资本积累率 | |
| --- | --- | --- | --- |
| | | 2016年 | 2015年 |
| 全国旅游企业 | | 10.68 | 12.85 |
| 旅游企业 | 旅游饭店 | 3.02 | 0.18 |
| | 旅行社 | 7.67 | 14.52 |
| | 旅游景区 | 14.46 | 10.21 |
| | 旅游集团 | 12.69 | 28.83 |
| | 其他旅游企业 | 23.54 | 16.22 |

续表

| 企业类别 | | 资本积累率 | |
|---|---|---|---|
| | | 2016年 | 2015年 |
| 旅游饭店 | 五星级饭店 | 3.05 | 1.53 |
| | 四星级饭店 | 2.67 | 0.15 |
| | 三星级饭店 | 0.51 | -2.22 |
| | 二星级饭店 | 2.28 | 1.71 |
| | 一星级饭店 | 16.29 | -1.55 |
| | 未评星级饭店 | 7.32 | -2.97 |
| 旅行社 | 经营出境游旅行社 | 7.65 | 19.32 |
| | 经营非出境游旅行社 | 7.71 | 5.41 |
| 旅游景区 | 文物类景区 | 19.17 | 4.12 |
| | 主题类景区 | 8.61 | 8.23 |
| | 自然类景区 | 19.26 | 15.39 |
| | 5A级景区 | 9.93 | 14.47 |
| | 4A级景区 | 20.53 | 6.57 |
| | 3A级景区 | 23.73 | 19.95 |
| | 2A级景区 | 4.57 | 3.30 |
| | 1A级景区 | 13.49 | 61.24 |
| | 非A级景区 | 51.34 | 6.65 |

3. 总资产增长率

总资产增长率是指旅游企业本年总资产增加额同年初资产总额的比率，用以衡量企业本期资产规模的增长情况，评价企业经营规模总量上的扩张程度。2016年全国旅游企业总资产增长率平均为12.96%，与2015年相比（13.22%）有小幅下降，但总体仍保持快速增长态势。

其中，2016年旅游景区总资产增长率平均为12.98%，相比2015年有小幅减少（2015年为13.21%）。4A级和3A级景区总资产增长率相比2015年增加明显，但5A级景区总资产增长率相比2015年有大幅下降，从2015年的

16.10%下降到2016年的8.03%，增长速度放缓。

旅游集团总资产增长率平均为18.77%，相比2015年有小幅下降，扩张态势放缓。

旅游饭店总资产增长率2016年平均为1.72%，相比2015年有小幅增加（2015年为1.06%）。其中五星级和四星级饭店总资产增长率2016年分别为1.04%和1.69%。

旅行社总资产增长率2016年为6.14%，与2015年的15.50%相比下降明显。其中，经营出境游旅行社总资产增长率下降明显，从2015年的18.18%下降到2016年的2.97%，相比来说经营非出境游旅行社增长迅速，从2015年的6.33%增加到2016年的14.94%。

详细数据如表21所示。

**表21　旅游企业总资产增长率对比**　　单位：%

| 企业类别 | | 总资产增长率 | |
|---|---|---|---|
| | | 2016年 | 2015年 |
| 全国旅游企业 | | 12.96 | 13.22 |
| 旅游企业 | 旅游饭店 | 1.72 | 1.06 |
| | 旅行社 | 6.14 | 15.50 |
| | 旅游景区 | 12.98 | 13.21 |
| | 旅游集团 | 18.77 | 24.35 |
| | 其他旅游企业 | 37.88 | 11.52 |
| 旅游饭店 | 五星级饭店 | 1.69 | 2.14 |
| | 四星级饭店 | 1.04 | 0.17 |
| | 三星级饭店 | –0.42 | 0.46 |
| | 二星级饭店 | 3.53 | 0.51 |
| | 一星级饭店 | 32.19 | –3.53 |
| | 未评星级饭店 | 6.42 | 1.78 |

续表

| 企业类别 | | 总资产增长率 | |
|---|---|---|---|
| | | 2016年 | 2015年 |
| 旅行社 | 经营出境游旅行社 | 2.97 | 18.18 |
| | 经营非出境游旅行社 | 14.94 | 6.33 |
| 旅游景区 | 5A级景区 | 8.03 | 16.10 |
| | 4A级景区 | 13.00 | 10.99 |
| | 3A级景区 | 21.04 | 17.07 |
| | 2A级景区 | 4.43 | 3.20 |
| | 1A级景区 | 4.42 | 49.22 |
| | 非A级景区 | 11.57 | 15.31 |

## 五、旅游企业社会贡献情况

2016年旅游业继续逆势增长，旅游企业的社会贡献和社会效益日渐凸显，日益融入经济社会发展全局，成为“稳增长、调结构、惠民生”的重要力量。从纳入编报范围的旅游企业来看，虽然人均增加值和财政贡献有小幅减少，但仍然保持在较高水平。旅游企业的人均职工工资、人均福利支出、从业人数等指标有不同程度增加，其社会贡献逐步提升。

### （一）旅游企业人均增加值

旅游企业增加值是指旅游企业在一定时间内向游客提供旅游服务过程中所创造的增加值，反映了企业创造社会价值的能力。按统计口径，增加值是企业固定资产折旧、劳动者报酬、生产税净额、营业盈余之和。

2016年纳入编报范围的全国旅游企业人均增加值为123886.89元，与2015年的125110.25元相比有小幅下降。旅游集团人均增加值最高，平均为190297.61元，旅游景区和旅游饭店紧随其后，分别为145019.68元和100386.51元。相比2015年，旅游集团和旅行社人均增加值均有所下降，旅游饭店人均增加值则从2015年的96483.32元增加到100386.51，突破10万元，增加明显。详细数据如表22所示。

**表22　旅游企业人均增加值对比**　　单位：元

| 企业类别 | | 人均增加值 | |
| --- | --- | --- | --- |
| | | 2016年 | 2015年 |
| 全国旅游企业 | | 123 886.89 | 125 110.25 |
| 旅游企业 | 旅游饭店 | 100 386.51 | 96 483.32 |
| | 旅行社 | 62 215.10 | 66 787.22 |
| | 旅游景区 | 145 019.68 | 118 134.63 |
| | 旅游集团 | 190 297.61 | 255 462.65 |
| | 其他旅游企业 | 153 348.95 | 157 747.59 |
| 旅游饭店 | 五星级饭店 | 142 790.56 | 133 845.26 |
| | 四星级饭店 | 94 905.53 | 98 362.73 |
| | 三星级饭店 | 65 841.91 | 66 593.56 |
| | 二星级饭店 | 57 295.02 | 62 051.79 |
| | 一星级饭店 | 53 483.55 | 23 727.83 |
| | 未评星级饭店 | 112 845.15 | 89 692.33 |
| 旅行社 | 经营出境游旅行社 | 86 415.10 | 79 984.39 |
| | 经营非出境游旅行社 | 39 271.46 | 46 511.86 |
| 旅游景区 | 5A级景区 | 199 680.10 | 198 716.51 |
| | 4A级景区 | 140 289.05 | 107 367.76 |
| | 3A级景区 | 92 064.91 | 64 654.83 |
| | 2A级景区 | 94 811.64 | 55 016.26 |
| | 1A级景区 | 58 314.61 | 51 040.04 |
| | 非A级景区 | 180 284.99 | 104 650.61 |

## （二）旅游企业人均财政贡献

旅游企业人均财政贡献是指旅游企业在一定时期内向游客提供旅游服务过程中所创造的财政贡献，反映了企业向国家纳税的能力。按统计口径，财政贡献是企业的各项税费之和。2016年纳入编报范围的全国旅游企业人均财政贡献相对较高，平均为22830.89元，比2015年23989.20元有小幅下降。

相比2015年，旅游饭店、旅游集团人均财政贡献有所下降，2016年分别为13091.72元和49048.01元；旅游景区和旅行社人均财政贡献相比2015年有较大增加，2016年分别为19657.30元和9737.39元。总体上看，旅游集团人均财政贡献最大，旅游景区和旅游饭店其次，均在1万元以上。旅游业对当地财税综合贡献显著。详细数据如表23所示。

**表23　旅游企业人均财政贡献对比**　　单位：元

| 企业类别 | | 人均财政贡献 | |
|---|---|---|---|
| | | 2016年 | 2015年 |
| 全国旅游企业 | | 22 830.89 | 23 989.20 |
| 旅游企业 | 旅游饭店 | 13 091.72 | 16 644.03 |
| | 旅行社 | 9 737.39 | 8 780.79 |
| | 旅游景区 | 19 657.30 | 18 223.83 |
| | 旅游集团 | 49 048.01 | 56 638.29 |
| | 其他旅游企业 | 33 549.20 | 29 481.33 |
| 旅游饭店 | 五星级饭店 | 19 349.50 | 22 466.29 |
| | 四星级饭店 | 12 785.75 | 19 196.33 |
| | 三星级饭店 | 7 774.86 | 9 563.82 |
| | 二星级饭店 | 6 859.29 | 10 316.35 |
| | 一星级饭店 | 5 544.82 | 6 343.54 |
| | 未评星级饭店 | 13 917.12 | 12 685.32 |
| 旅行社 | 经营出境游旅行社 | 13 368.07 | 11 340.45 |
| | 经营非出境游旅行社 | 4 987.25 | 4 540.47 |

续表

| 企业类别 | | 人均财政贡献 | |
|---|---|---|---|
| | | 2016年 | 2015年 |
| 旅游景区 | 5A级景区 | 30 477.97 | 31 498.89 |
| | 4A级景区 | 17 489.97 | 15 572.32 |
| | 3A级景区 | 14 936.60 | 11 831.65 |
| | 2A级景区 | 21 383.18 | 6 151.94 |
| | 1A级景区 | 7 053.73 | 6 406.28 |
| | 非A级景区 | 21 223.64 | 16 303.90 |

## （三）旅游企业人均职工工资

旅游企业人均职工工资是指旅游企业在一定时期内为企业职工支付的工资，反映了企业员工成本和职工工资水平。

2016年纳入编报范围的全国旅游企业人均职工工资为47252.78元，相比2015年的44062.92元，增加明显。2016年，旅游集团人均职工工资依然位居第一，达65601.50元，旅游饭店、旅游景区人均职工工资水平大致相当，在4万元以上，分别为43518.54元和45279.98元，相对来说旅行社人均职工工资水平最低，平均为37966.72元。

与2015年相比，除旅行社人均职工工资有小幅下降之外，其他业态旅游企业人均职工工资均有所增加，其中旅游景区、旅游集团和旅游饭店人均职工工资增幅分别为5614.40元、3088.74元和2632.04元。

详细数据如表24所示。

表24 旅游企业人均职工工资对比 单位：元

| 企业类别 | | 人均职工工资 | |
|---|---|---|---|
| | | 2016年 | 2015年 |
| 全国旅游企业 | | 47 252.78 | 44 062.92 |
| 旅游企业 | 旅游饭店 | 43 518.54 | 40 886.50 |
| | 旅行社 | 37 966.72 | 40 713.46 |
| | 旅游景区 | 45 279.98 | 39 665.58 |
| | 旅游集团 | 65 601.50 | 62 512.76 |
| | 其他旅游企业 | 54 299.38 | 41 646.59 |
| 旅游饭店 | 五星级饭店 | 50 833.26 | 50 044.97 |
| | 四星级饭店 | 43 259.01 | 40 275.83 |
| | 三星级饭店 | 35 775.98 | 34 211.54 |
| | 二星级饭店 | 34 684.08 | 30 353.78 |
| | 一星级饭店 | 25 712.18 | 23 540.48 |
| | 未评星级饭店 | 46 315.30 | 40 434.63 |
| 旅行社 | 经营出境游旅行社 | 48 981.95 | 48 830.97 |
| | 经营非出境游旅行社 | 27 094.16 | 28 002.61 |
| 旅游景区 | 5A级景区 | 55 855.52 | 50 531.85 |
| | 4A级景区 | 40 935.72 | 38 457.44 |
| | 3A级景区 | 38 259.21 | 30 786.61 |
| | 2A级景区 | 33 218.04 | 27 712.45 |
| | 1A级景区 | 40 868.44 | 23 567.28 |
| | 非A级景区 | 57 117.17 | 41 836.02 |

### （四）旅游企业人均福利支出

旅游企业人均职工福利支出是指旅游企业在一定时期内向企业职工支付的养老、失业以及医疗保险等费用，反映了企业的员工成本和企业职工的福利水平。

2016年纳入编报范围的全国旅游企业人均福利支出平均为10537.80元，比2015年的10150.03元有小幅增加。从各个业态来看，相比2015年，除旅游集团人均福利支出有小幅下降之外，各类业态旅游企业人均福利支出均有不同程度的增加，但旅游集团人均福利支出依然位居第一，2016年达13178.48元。详细数据如表25所示。

**表25　旅游企业人均福利支出对比**　　单位：元

| 企业类别 | | 人均福利支出 | |
|---|---|---|---|
| | | 2016年 | 2015年 |
| 全国旅游企业 | | 10 537.80 | 10 150.03 |
| 旅游企业 | 旅游饭店 | 9 792.93 | 9 111.72 |
| | 旅行社 | 10 996.09 | 10 678.22 |
| | 旅游景区 | 8 985.20 | 8 082.90 |
| | 旅游集团 | 13 178.48 | 13 764.51 |
| | 其他旅游企业 | 12 190.10 | 21 004.16 |
| 旅游饭店 | 五星级饭店 | 13 164.05 | 12 673.80 |
| | 四星级饭店 | 9 164.75 | 8 334.34 |
| | 三星级饭店 | 7 097.99 | 6 895.30 |
| | 二星级饭店 | 6 480.56 | 6 746.11 |
| | 一星级饭店 | 6 034.49 | 5 914.59 |
| | 未评星级饭店 | 10 560.08 | 9 289.69 |
| 旅行社 | 经营出境游旅行社 | 14 476.51 | 12 820.49 |
| | 经营非出境游旅行社 | 7 560.74 | 7 323.72 |
| 旅游景区 | 5A级景区 | 10 833.07 | 10 601.36 |
| | 4A级景区 | 8 389.62 | 7 880.85 |
| | 3A级景区 | 5 693.35 | 5 433.01 |
| | 2A级景区 | 7 772.75 | 5 163.44 |
| | 1A级景区 | 8 983.14 | 3 419.01 |
| | 非A级景区 | 12 366.79 | 9 246.85 |

## （五）旅游企业平均从业人员

从纳入编报范围的旅游企业的从业人数和旅游企业的职工人数来看，2016年全国旅游企业大都为小型经营企业，旅游企业年末从业人数平均大致为54人。与2015年相比，旅游企业平均从业人数保持不变，平均职工人数有小幅下降（2015年为56人）。

1. 旅游企业年末从业人数

2016年全国旅游企业年末从业人数平均为54人，其中，旅游集团年末从业人数平均为2811人，旅游饭店和旅游景区年末从业人数平均分别为93人和68人，旅行社年末从业人数最少，平均仅为12人，与2015年相比从业人数均有小幅下降。

2. 旅游企业年平均职工人数

2016年全国旅游企业年平均职工人数为54人，相比2015年增长1人（2015年为53人）。其中，2016年旅游集团年平均职工人数平均为2732人，旅游饭店和旅游景区年平均职工人数分别为91人、67人，旅行社年平均职工人数最少，仅为14人。相比2015年，旅行社平均职工人数有小幅增加，其他类型的旅游企业职工人数有小幅减少。

从各个业态内部来看，旅游饭店的平均从业人员均呈现下降态势，五星级饭店平均从业人员从2015年的264人下降至262人；5A级、4A级旅游景区平均从业人员也出现不同程度的减少。旅游企业平均职工人数也大致存在类似的特征。这显示出，经济新常态下，旅游企业为压缩成本，雇用员工数量继续有减少趋势。详细数据如表26所示。

表26　旅游企业年末从业人数和年平均职工人数对比　单位：人

| 企业类别 | | 企业年末平均从业人数 | | 企业年平均职工人数 | |
|---|---|---|---|---|---|
| | | 2016年 | 2015年 | 2016年 | 2015年 |
| 全国旅游企业 | | 54 | 56 | 54 | 53 |
| 旅游企业 | 旅游饭店 | 93 | 99 | 91 | 93 |
| | 旅行社 | 12 | 13 | 14 | 12 |
| | 旅游景区 | 68 | 98 | 67 | 98 |
| | 旅游集团 | 2 811 | 2 960 | 2 732 | 2 812 |
| | 其他旅游企业 | 106 | 80 | 101 | 79 |
| 旅游饭店 | 五星级饭店 | 262 | 264 | 255 | 252 |
| | 四星级饭店 | 123 | 144 | 120 | 132 |
| | 三星级饭店 | 58 | 62 | 57 | 60 |
| | 二星级饭店 | 31 | 38 | 30 | 32 |
| | 一星级饭店 | 23 | 29 | 23 | 28 |
| | 未评星级饭店 | 77 | 49 | 73 | 46 |
| 旅行社 | 经营出境游旅行社 | 50 | 49 | 50 | 48 |
| | 经营非出境游旅行社 | 6 | 6 | 8 | 6 |
| 旅游景区 | 5A级景区 | 204 | 350 | 207 | 344 |
| | 4A级景区 | 81 | 109 | 80 | 110 |
| | 3A级景区 | 42 | 53 | 41 | 53 |
| | 2A级景区 | 28 | 28 | 29 | 28 |
| | 1A级景区 | 22 | 40 | 21 | 39 |
| | 非A级景区 | 74 | 87 | 74 | 87 |

# 六、分项补充指标情况

## （一）旅行社补充指标

2016年全国旅行社入境旅游收入比率为6.81%，出境旅游收入比率为42.88%，相比2015年均有小幅增加，而国内旅游收入比率有小幅下降，2016年为50.31%。

在旅游收入毛利率方面，2016年旅行社自联入境旅游收入毛利率和国内旅游收入毛利率分别为5.9%和5.20%,相比2015年下降明显（2015年分别为7.73%和7.47%），旅行社出境旅游收入毛利率为5.03%，相比2015年小幅上升（2015年为4.89%）。

在旅游收入毛利率方面，2016年经营出境游旅行社入境自联入境旅游收入毛利率和国内旅游收入毛利率分别为5.36%和4.3%（2015年为7.20%和6.73%），旅行社出境旅游收入毛利率为5.01%，相比2015年小幅上升（2015年为4.89%）。

## （二）旅游饭店补充指标

2016年全国旅游饭店平均客房出租率为40.76%，相比2015年下降明显（2015年为54.1%）。旅游饭店平均房价为360.59元，比2015年有小幅上涨（2015年为353.82元）。旅游饭店房费收入比率为45.85%，与2015年大致持平（2015年为44.76%）。餐饮收入比率2016年持续小幅下降，为39.57%（2015年为40.55%），此外商品收入和娱乐收入比率相对较低，分别为3.47%和0.81%。

毛利率方面，2016年旅游饭店餐饮收入毛利率为45.53%，商品毛利率12.56%，娱乐毛利率61.95，均比2015年有所下降。

## （三）旅游景区补充指标

2016年全国旅游景区门票收入比率为44.95%，与2015年相比有小幅下降（2015年为49.09%），仍然是旅游景区主要的收入来源。旅游景区餐饮收入相比2015年有小幅下降，为8.56%；旅游景区商品收入比率相比2015年增加明显，为25.29%（2015年为9.65%）

毛利率方面，景区餐饮收入毛利率最高，为35.14%，相比2015年也有所下降（2015年为41.87%），景区商品项目收入毛利率为21.54%，相比2015年也有所下降（2015年为37.25%），景区娱乐收入毛利率下降明显，2016年为-90.13%，出现亏损状态（2015年为56%）。景区门票方面，2016年旅游景区平均门票价格相比2015年有小幅下降，为37.67元。

# 2016年上市旅游企业财务效益研究报告

## 一、上市旅游企业的基本特征

我们从上市公司业态、企业性质、企业规模及空间分布等四个方面，对国内33家样本上市旅游企业2016年的财务数据进行了比较分析，发现旅游类上市企业中景区类企业占比最高、企业性质多以国有企业为主、规模以大型企业为主、空间分布主要集中在东部发达城市。另外，我们还结合6家国外上市的旅游企业的财务数据，分析国内上市企业和国外上市企业的差异以及产生差异的原因。国外上市的旅游类企业包括1家国内企业和5家国外企业。具体分析如下：

### （一）样本情况

表1　2016年国内外上市旅游企业业态分布

| 企业类别 | 样本企业数量（家） | 所占比例（%） |
| --- | --- | --- |
| 旅游景区类 | 14 | 35.90 |
| 旅游饭店类 | 7 | 17.95 |
| 旅行社类 | 11 | 28.21 |
| 餐饮类 | 3 | 7.69 |
| 其他旅游企业 | 4 | 10.26 |
| 合计 | 39 | 100.00 |

资料来源：申万宏源研究，公司公告

表2　2016年在国外上市旅游企业业态分布

| 企业类别 | 样本企业数量（家） | 所占比例（%） |
|---|---|---|
| 旅游景区类 | 1 | 16.67 |
| 旅游饭店类 | 1 | 16.67 |
| 综合旅游类 | 4 | 66.67 |
| 合计 | 6 | 100.00 |

资料来源：申万宏源研究，公司公告

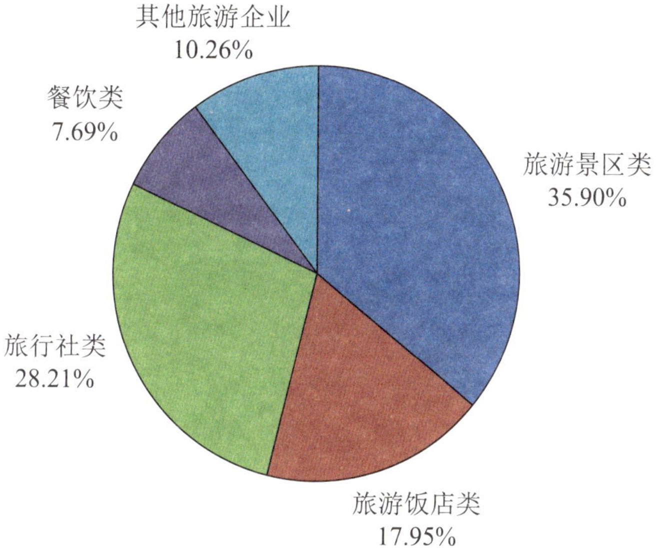


图 1　2016 年国内上市旅游企业业态分布

资料来源：申万宏源研究，公司公告

根据上市公司主营业务中各业务的分类，同时参照公司的经营战略，我们把旅游类上市企业划分为5大类：把景区业务收入占比接近或超过50%的上市企业划分为景区类上市企业，主要包括丽江旅游、黄山旅游、宋城演艺、峨眉山A、大连圣亚、三特索道、西藏旅游、桂林旅游、张家界、云南旅游、九华旅游、长白山和北部湾旅13家。把宾馆酒店业务收入占比接近或超过50%的企业划分为旅游饭店类上市企业，共包括号百控股、岭南控股、华天酒店、金陵饭店、锦江股份、首旅酒店6家。把餐饮业务占比接近或超过50%的企业划分为餐饮类上市企业，主要有中科云网、全聚德和西安饮食3家。把旅行社业务占比接近或超过50%的上市企业划分为旅行社类上市企业，主要有中青旅、中国国旅、国旅联合、腾邦国际、众信旅游、凯撒旅游、西安旅游7家上市公司。另外，把业务种类比较复杂，主要是地产业务和旅游服务占比较高的上市企业以及主要是演艺行业的企业划分为其他类上市企业，共4家，分别是华侨城A、海航创新、三湘印象和北京文化。

从样本上市旅游企业数据的结果分析来看，2016年上市旅游企业以旅游景区类为主，其所占比例达到35.90%，其次为旅行社类上市企业，占比28.21%。

从全国旅游企业的分布来看，旅行社数量所占的比率达到60%以上，但上市的旅行社却只有7家，说明我国的旅行社还是呈现数量多、规模小、集中度低的特点，具有重要影响力的企业数量有限。旅游景区类的企业在所有旅游企业中占比不到10%，但旅游景区类上市企业却占据了旅游行业上市企业的近40%，其中多为国有性质的传统景区企业。

报告中引入的国外上市的旅游类企业分别是景区类企业迪士尼，旅游饭店类企业洲际酒店，综合旅游类企业携程、Expedia、Tripadvisor、Priceline。引入的6家国外上市公司的主营业务如下表所示：

**表3　国外上市公司主营业务**

| 公司名称 | 主营业务 |
| --- | --- |
| 迪士尼 | 媒体网络、主题乐园度假区、影视娱乐和消费品 |
| 洲际酒店 | 旅游和度假村 |
| 携程 | 旅游服务网站（酒店预订、机票预订、度假预订、商旅管理、高铁代购和旅游资讯） |
| Expedia | 旅游服务网站（提供工具、信息、预订和体验在内的休闲旅游代理） |

续表

| 公司名称 | 主营业务 |
|---|---|
| Tripadvisor | 旅游服务网站（提供丰富的旅行规划和预订功能） |
| Priceline | 旅游服务网站（提供网上定价系统，包括度假机票、酒店房间和租车；提供个人财产服务） |

资料来源：申万宏源研究，公司公告

## （二）企业性质：以国有企业为主

表4　2016年国内上市旅游企业性质结构比例

| 企业类别 | 样本企业数量（家） | 所占比例（%） |
|---|---|---|
| 国有及国有控股企业 | 22 | 66.67 |
| 私营企业 | 11 | 33.33 |
| 合计 | 33 | 100.00 |

资料来源：申万宏源研究，公司公告

从企业的性质来看，上市旅游企业中国有及国有控股企业较多，共有22家，占到了上市旅游企业的66.67%；私营企业所占比例为33.33%，在我国鼓励民间资本投资旅游业的大背景下，私营旅游企业有望在未来有更多的上市机会。

## （三）企业规模：几乎全部为大型企业

从企业的规模来看，几乎全部为大型企业。（对于企业规模的划分是参照企业的从业人数和销售额来划分的，大型旅游企业的标准是从业人数在300人以上，年销售额在10000万元以上；中型旅游企业的标准是从业人数在100~300人之间，年销售额在2000万元至10000万元之间；小型旅游企业标准是从业人数在100人以下，年销售额在2000万元以下。）

## （四）区域分布：主要集中在一线城市

表5　2016年国内上市旅游企业区域分布

| 地区 | 样本企业数量（家） | 所占比例（%） |
|---|---|---|
| 北京 | 8 | 24.24 |
| 上海 | 4 | 12.12 |
| 广东 | 3 | 9.09 |
| 云南 | 2 | 6.06 |
| 湖南 | 2 | 6.06 |
| 江苏 | 2 | 6.06 |
| 陕西 | 2 | 6.06 |
| 四川 | 1 | 3.03 |
| 湖北 | 1 | 3.03 |
| 西藏 | 1 | 3.03 |
| 辽宁 | 1 | 3.03 |
| 广西 | 2 | 6.06 |
| 浙江 | 1 | 3.03 |
| 安徽 | 2 | 6.06 |
| 吉林 | 1 | 3.03 |
| 合计 | 33 | 100.00 |

资料来源：申万宏源研究，公司公告

从空间分布来看，我国上市旅游企业多分布在一线城市和东部沿海地区，北京、广东、上海和江苏都有多家上市旅游企业。北京上市旅游企业最多，占到了24.24%；上海和广东所占比率也较高，上海达到12.12%，广东达到9.09%。西部地区上市旅游企业相对较少，但随着国家西部大开发战略的深入，中西部地区可以依托自己独特的旅游资源和文化提升地区在旅游行业的竞争力，未来中西部地区的上市旅游企业数量有望进一步提升。

## 二、上市旅游企业财务效益分析

### （一）上市旅游企业整体情况分析

表6　2016年和2015年上市旅游企业效益情况

| 财务指标 | | 全国旅游行业企业 | | 全国旅游上市公司 | | 旅游上市公司（加国外） | |
|---|---|---|---|---|---|---|---|
| | | 2016 年 | 2015 年 | 2016 年 | 2015 年 | 2016 年 | 2015 年 |
| 盈利能力（%） | 净资产收益率 | 4.37 | 3.53 | 10.05 | 9.71 | 14.82 | 16.49 |
| | 总资产报酬率 | 3.57 | 3.50 | 5.91 | 6.01 | 10.45 | 12.09 |
| | 销售利润率 | 4.35 | 3.44 | 13.97 | 13.55 | 21.98 | 22.34 |
| | 成本费用利润率 | 5.69 | 4.58 | 18.74 | 17.91 | 27.50 | 32.56 |
| 营运能力（次） | 总资产周转率 | 0.45 | 0.52 | 0.39 | 0.41 | 0.49 | 0.48 |
| | 流动资产周转率 | 1.02 | 1.20 | 0.71 | 0.72 | 1.63 | 1.63 |
| | 存货周转率 | 1.04 | 2.06 | 0.84 | 0.88 | 3.07 | 3.22 |
| | 应收账款周转率 | 14.25 | 15.98 | 16.67 | 17.96 | 6.37 | 6.46 |
| 偿债能力（%） | 资产负债率 | 58.14 | 56.68 | 56.07 | 54.77 | 52.68 | 50.02 |
| | 流动比率 | 122.30 | 118.89 | 143.11 | 170.3 | 120.92 | 124.77 |
| | 速动比率 | 96.05 | 96.19 | 74.81 | 86.91 | 92.76 | 95.77 |
| | 长期资产适合率 | 193.19 | 183.16 | 356.43 | 326.75 | 269.48 | 283.02 |
| 增长能力（%） | 销售增长率 | 9.20 | 10.07 | 23.85 | 15.59 | 18.12 | 13.86 |
| | 资本积累率 | 15.44 | 12.58 | 27.69 | 21.35 | 9.83 | 25.76 |
| | 总资产增长率 | 12.96 | 13.23 | 31.48 | 26.33 | 16.02 | 52.19 |

资料来源：申万宏源研究，国家旅游局，公司公告

1. 从企业盈利能力来看，2016年全国旅游行业企业的盈利能力指标较2015年均有所上升。2016年全国旅游上市公司的各项指标除总资产报酬率外均有上升，主要是由于旅行社企业和其他类别企业盈利能力的上升拉动了整体旅游企业的盈利能力。规模较大的旅行社如中青旅和中国国旅的

盈利指标较2015年基本都有上升，其他类别的华侨城A、北京文化和三湘印象的盈利指标较2015年也有所上升，特别是北京文化，表现最为强劲，上升幅度非常大，北京文化从2015年开始积极推进公司战略转型，逐渐形成旅游及影视文化业务协同发展的局面，盈利能力逐渐显现。相比之下旅游景区类以及旅游饭店类上市企业的盈利能力较2015年有所下降。个别公司如张家界、西藏旅游、三特索道和华天酒店盈利能力下降幅度较大，其中西藏旅游、三特索道、华天酒店由于归母净利润为负，2016年的净资产收益率为负。国外上市的旅游企业中，携程2016年的盈利指标较2015年明显下滑，合并去哪儿之后的共赢梦目前并未实现。迪士尼2016年的净资产收益率为21.39%，要高于2015年的水平。迪士尼乐园全球目前有六家，其中上海迪士尼2016年在中国上海开园，预期首个财年将实现收支平衡。Tripadvisor的净资产收益率为8.23%，Priceline的净资产收益率为22.94%，Expedia的净资产收益率为6.27%，与2015年相比均下滑。由于国外上市公司选用的样本多为主营旅行社业务，并且由于2016年境内外的旅行社行业竞争都在加强，因此从趋势上来看，包括国外上市企业的盈利指标较2015年仍有小幅下降。

2. 从企业营运能力来看，上市企业总资产周转率和流动资产周转率都低于行业平均水平。对比2015年数据，上市企业的营运能力指标均略微有所下降。加入国外上市企业后，应收账款周转率降低，总资产周转率、流动资产周转率和存货周转率上升，尤其是流动资产周转率和存货周转率上升明显。具体来看，携程、Priceline、Tripadvisor和Expedia等线上旅行社企业存货较少，占用水平较低，因此存货周转速度较快，这类企业的高存货周转率提升了总体的存货周转率。三湘印象2016年营运能力指标相较于2015年都有大幅度上升，因此2016年的归母净利润同比上升了574.07%。

3. 从企业偿债能力来看，上市旅游企业流动比率和长期资产适合率远高于全行业数据。资产负债率和速动比率小幅低于行业水平。2016年上市企业的资产负债率和长期资产适合率有所上升，而流动比率和速动比率有所下降，流动比率下降说明流动资产对流动负债的保障能力下降，短期偿债能力下降。而速动比率下降主要是由于上市样本公司中华侨城涉及大量房地产业务而带来的较大存货值，从而使得流动资产对流动负债的保障能力下降。长期资产适合率从企业资源配置结构方面反映了企业的偿债能力，从维护企业财务结构稳定和长期安全性角度出发，该指标数值较高比较好，但过高也会带来融资成本增加的问题。由于上市企业所有者权益数值相对较大，因而上市企业在长期资产适合率方面远高于一般的旅游行业企业。加入国外上市企业后，速动比率下降，资产负债率、流动比率以及长期资产适合率均有上升。具体来看，北京文化的长期资产适合率上升了约18倍，首旅酒店上升了约3倍，上升的主要原因是2016年北京文化和首旅酒店的所有者权益大幅度上升。

4. 从企业增长能力来看，2016年上市企业与一般旅游企业的资本积累率和总资产增长率都明显上升，而上市企业的销售增长率为23.85%，高于一般旅游企业的9.2%，说明上市企业的市场占有能力更强，经营状况更稳定。可以看出，上市企业不但在过去的盈利水平上高于一般企业，从企业的成长状况和发展能力上来看同样具有明显的优势。资本积累率是企业所有者权益增长额同年初所有者权益的比率，反映了企业当年资本的积累能力，该指标越高，表明企业的资本积累越多，企业资本保全性越强，应付风险、持续发展的能力越大。相比一般企业，上市企业在股权融资上的优势更大，选择更多，因而在资本积累方面明显占优，其持续发展的能力也更强，2016年上市企业的资本积累率为27.69%。总资产增长率衡量的是企业本期资产规模的增长情况，用以评价企业经营规模总量上的扩张程度。2016年度上市企业总资产增长率为31.48%，显著高于一般企业的16.06%，反映了上市企业整体上资产增长速度高于一般企业。加入国外上市公司后，销售增长率、资本积累率和总资产增长率都下降明显，可以看出国内旅游业的销售情况良好，资产投资仍较为旺盛。此时销售增长率出现小幅下降，为18.12%，下降的主要原因是收入规模较大的迪士尼的销售增长率明显低于国内上市企业总体水平。值得关注的是，在行业整体销售增长率不高的情况下，经过大型并购的首旅酒店和经过战略转型的北京文化分别实现389.40%和1190.63%的高增长；此外，在线旅游企业携程和Expedia仍分别实现了76.45%和40.47%的增长，展现出强劲的发展势头和潜力。

## （二）旅游景区类上市企业分析

### 1. 旅游景区受天气因素影响，盈利能力有所放缓

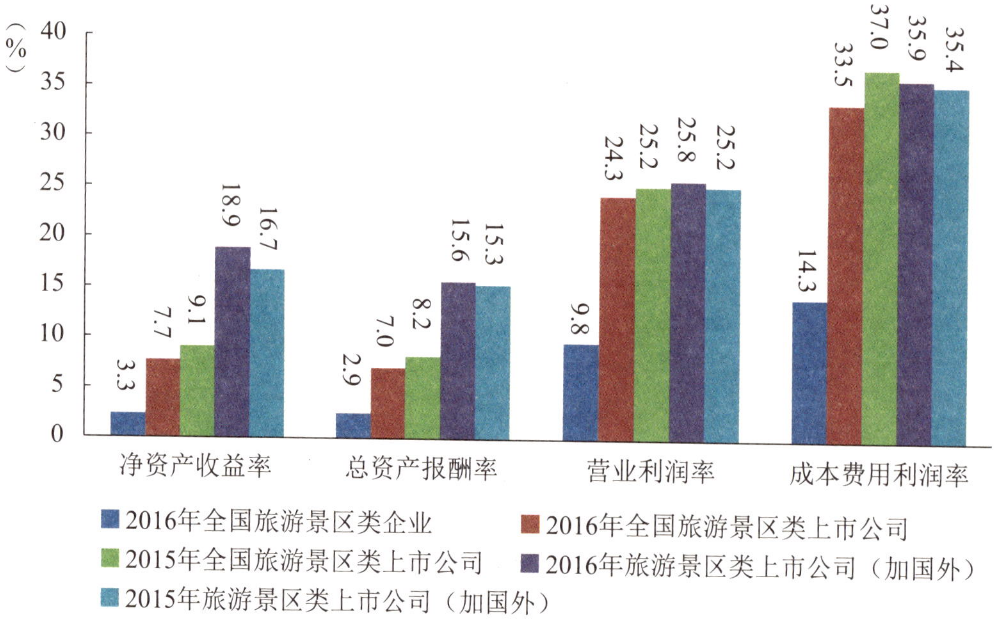


**图2　景区类上市企业盈利能力**

资料来源：申万宏源证券，国家旅游局，上市公司公告

**表7　国内旅游景区类上市企业盈利能力**　　单位：%

| 年　份 | 净资产收益率 | | 总资产报酬率 | | 销售利润率 | | 成本费用利润率 | |
|---|---|---|---|---|---|---|---|---|
| | 2016 | 2015 | 2016 | 2015 | 2016 | 2015 | 2016 | 2015 |
| 景区总体 | 7.70 | 9.10 | 7.04 | 8.18 | 24.25 | 25.19 | 33.50 | 37.05 |
| 丽江旅游 | 10.60 | 9.97 | 11.39 | 11.02 | 40.69 | 38.66 | 70.60 | 67.49 |
| 黄山旅游 | 9.87 | 11.38 | 11.18 | 12.09 | 30.40 | 25.69 | 44.83 | 37.45 |

续表

| | 净资产收益率 | | 总资产报酬率 | | 销售利润率 | | 成本费用利润率 | |
|---|---|---|---|---|---|---|---|---|
| 年 份 | 2016 | 2015 | 2016 | 2015 | 2016 | 2015 | 2016 | 2015 |
| 宋城演艺 | 15.03 | 13.94 | 16.10 | 15.24 | 43.42 | 48.85 | 78.72 | 100.40 |
| 峨眉山A | 9.65 | 10.68 | 8.95 | 10.07 | 21.40 | 15.56 | 26.24 | 27.38 |
| 云南旅游 | 4.21 | 5.11 | 3.93 | 4.06 | 7.67 | 9.36 | 9.93 | 11.53 |
| 张家界 | 9.58 | 20.80 | 7.40 | 21.34 | 15.61 | 23.42 | 18.97 | 32.55 |
| 桂林旅游 | 0.50 | 2.03 | 0.47 | 2.68 | -12.64 | 4.43 | -7.10 | 4.54 |
| 大连圣亚 | 8.52 | 11.56 | 6.92 | 10.87 | 18.70 | 19.23 | 19.36 | 24.74 |
| 西藏旅游 | -16.20 | 0.85 | -5.18 | 1.77 | -73.00 | -28.28 | -48.93 | 3.05 |
| 三特索道 | -6.06 | 4.59 | 2.01 | 6.63 | -1.67 | 21.92 | -0.96 | 25.58 |
| 北部湾旅 | 7.87 | 11.53 | 7.53 | 12.10 | 23.01 | 23.20 | 30.10 | 31.30 |
| 长白山 | 8.08 | 12.21 | 10.14 | 14.61 | 33.90 | 42.47 | 53.20 | 82.77 |
| 九华旅游 | 7.99 | 9.89 | 9.25 | 10.16 | 25.20 | 23.95 | 34.29 | 33.01 |

资料来源：申万宏源研究，公司公告

**表8　国外旅游景区类上市企业盈利能力**　单位：%

| | 净资产收益率 | | 总资产报酬率 | | 销售利润率 | | 成本费用利润率 | |
|---|---|---|---|---|---|---|---|---|
| 年 份 | 2016 | 2015 | 2016 | 2015 | 2016 | 2015 | 2016 | 2015 |
| 景区总体 | 18.90 | 16.69 | 15.61 | 15.32 | 25.76 | 25.21 | 35.95 | 35.39 |
| 迪士尼 | 21.39 | 17.29 | 16.89 | 16.40 | 23.64 | 25.21 | 36.02 | 35.34 |

资料来源：申万宏源研究，公司公告

上市的旅游景区类企业属于知名度高、盈利能力较强的5A级景区，因而大部分旅游景区类上市企业的盈利能力要明显强于旅游景区类企业的整体水平。具体来看，2016年旅游景区类上市企业盈利能力指标均有所上升的只有丽江旅游。净资产收益率水平差距较大，最低的西藏旅游为-16.20%，而最高的宋城演艺为15.03%。从销售利润率来看，数据同样差距较大，其中宋城演艺销售利润率为43.42%、丽江旅游为40.69%，而西藏旅游、桂林旅游和三特索道由于亏损，其销售利润率为负，宋城演艺收购的互联网演艺龙头六间房2016年为公司贡献了大量的收入和利润，因此2016年宋城演艺的盈利能力依旧表现强劲。从盈利能力指标可以看出，虽然同样拥有优质5A级景区，但盈利能力仍可能存在较大差距，一方面由于盈利能力强的企业坐拥门票、索道、客运等优质资产，另一方面企业的管理制度、费用控制、战略规划等软实力同样会对公司的盈利能力产生较大影响。

2016年旅游景区类上市公司的盈利能力指标都有所下降，且低于加入国外上市公司迪士尼之后的盈利能力指标。迪士尼2016年的净利润占全部景区类净利润总额的96%，所以迪士尼的净资产收益率、总资产收益率、销售利润率对景区总体相应的四个指标具有决定性影响，且迪士尼2016年的盈利能力又较2015年有所提升，因此带动了整体指标的上升。

2. 旅游景区收入减少导致其营运类指标小幅下降

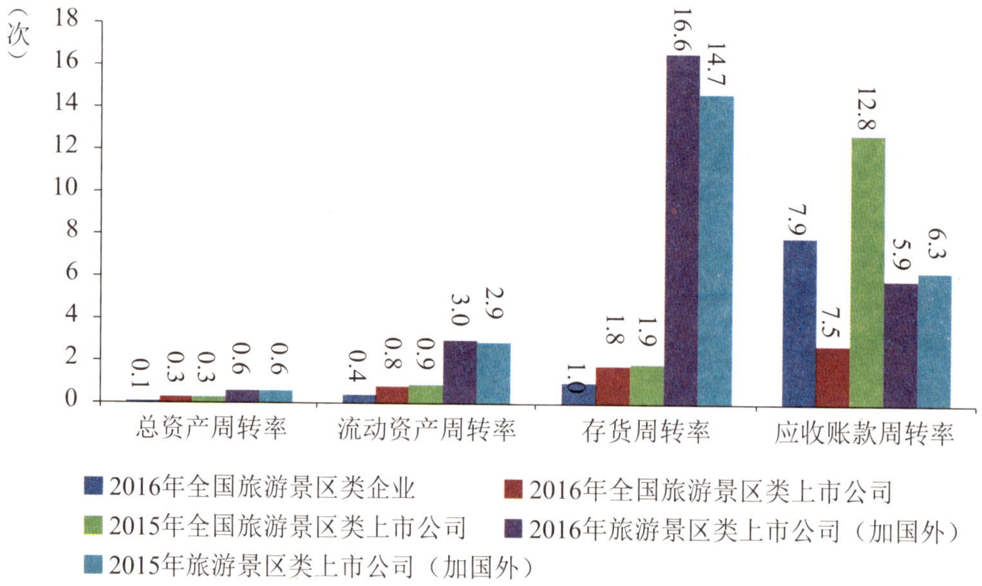


**图 3　景区类上市企业运营能力**

资料来源：申万宏源证券，国家旅游局，上市公司公告

**表9　国内旅游景区类上市企业营运能力**

单位：次

| | 总资产周转率 | | 流动资产周转率 | | 存货周转率 | | 应收账款周转率 | |
|---|---|---|---|---|---|---|---|---|
| 年　份 | 2016 | 2015 | 2016 | 2015 | 2016 | 2015 | 2016 | 2015 |
| 景区总体 | 0.29 | 0.31 | 0.80 | 0.88 | 1.78 | 1.87 | 7.51 | 12.80 |
| 丽江旅游 | 0.28 | 0.29 | 0.52 | 0.55 | 12.83 | 13.71 | 93.73 | 66.84 |
| 黄山旅游 | 0.32 | 0.41 | 0.86 | 0.89 | 1.06 | 1.04 | 42.53 | 31.74 |
| 宋城演艺 | 0.35 | 0.24 | 1.44 | 0.97 | 264.60 | 240.89 | 140.83 | 106.62 |
| 峨眉山A | 0.40 | 0.43 | 1.10 | 1.27 | 6.12 | 6.52 | 48.49 | 51.38 |
| 云南旅游 | 0.37 | 0.35 | 0.59 | 0.59 | 0.71 | 0.75 | 3.70 | 3.38 |
| 张家界 | 0.29 | 0.77 | 3.76 | 4.90 | 62.43 | 77.38 | 163.93 | 150.02 |
| 桂林旅游 | 0.18 | 0.18 | 1.49 | 0.95 | 3.19 | 3.52 | 5.63 | 2.54 |
| 大连圣亚 | 0.31 | 0.48 | 0.62 | 2.31 | 47.31 | 75.49 | 153.23 | 148.67 |
| 西藏旅游 | 0.10 | 0.08 | 1.23 | 0.23 | 4.14 | 4.58 | 11.44 | 10.99 |
| 三特索道 | 0.18 | 0.19 | 1.08 | 1.11 | 1.24 | 2.66 | 40.78 | 42.62 |
| 北部湾旅 | 0.18 | 0.39 | 0.29 | 1.08 | 2.86 | 15.21 | 1.03 | 31.60 |
| 长白山 | 0.28 | 0.35 | 1.21 | 0.70 | 16.35 | 20.81 | 328.92 | 881.73 |
| 九华旅游 | 0.37 | 0.39 | 1.51 | 2.32 | 31.59 | 28.83 | 180.78 | 215.43 |

资料来源：申万宏源研究，公司公告

**表10　国外上市旅游景区类企业营运能力**

单位：次

| | 总资产周转率 | | 流动资产周转率 | | 有货周转率 | | 应收账款周转率 | |
|---|---|---|---|---|---|---|---|---|
| 年　份 | 2016 | 2015 | 2016 | 2015 | 2016 | 2015 | 2016 | 2015 |
| 景区总体 | 0.59 | 0.58 | 3.01 | 2.92 | 16.55 | 14.72 | 5.89 | 6.27 |
| 迪士尼 | 0.60 | 0.59 | 3.28 | 3.13 | 20.26 | 18.04 | 5.85 | 6.18 |

资料来源：申万宏源研究，公司公告

2016年旅游景区类上市企业营运能力的四个指标均有小幅下降。旅游景区类上市企业除了应收账款周转率，其他各项指标都要高于全行业数据，体现了上市企业整体上更好的资金周转能力和效率。其中，各家上市公司的指标差异较大，从流动资产周转率来看，上市企业经营资产的不同导致流动资产周转率差别较大，其中张家界达到了3.76次，一方面是由于张家界本身的流动资产较小，一方面说明张家界流动资产利用的效果较好，由于较小的总资产、流动资产、存货和应收账款，张家界各项数值均明显高于行业总体值。宋城演艺、张家界、长白山、九华旅游和大连圣亚营业收入与营业成本较高，而应收账款数值较小，则有了较高的应收账款周转率。其中长白山应收账款周转率2016年下降系公司营业收入减少而应收账款又增加所致。2016年宋城演艺四个指标值都有所增加，说明宋城演艺对经济资源管理、运用的效率较高。

加国外上市公司后，景区总体的总资产周转率、流动资产周转率和存货周转率出现大幅上升。前文已经分析到，迪士尼的总资产等各项财务数据占景区总体的绝对比重较高，所以纳入迪士尼后，景区总体的各项周转率水平受迪士尼的影响比较大。迪士尼除了应收账款周转率有所下降外，其他三个指标都有所上升。

3. 上市企业融资能力强，资产负债率较低，偿债能力变强

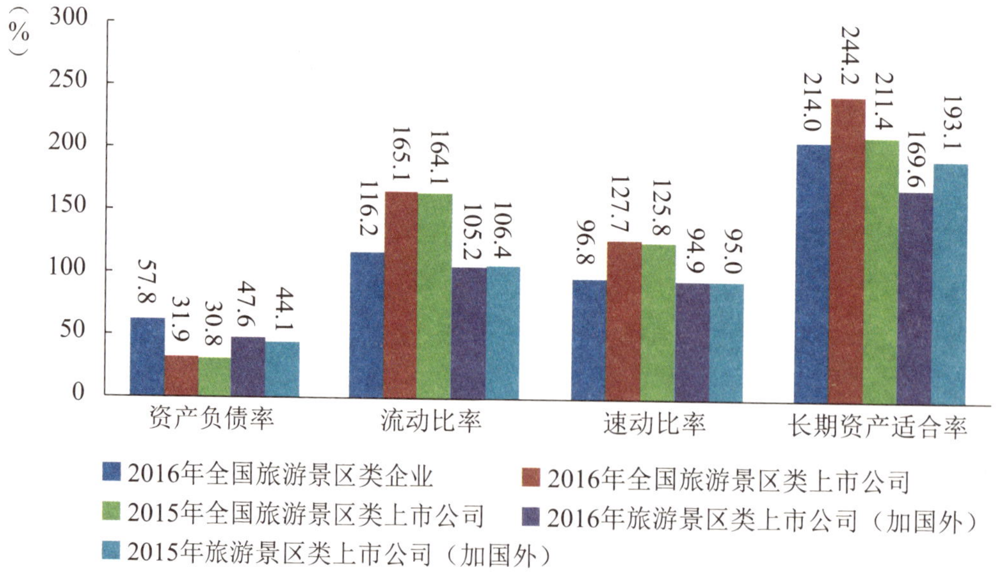


**图4　旅游景区类上市企业偿债能力**

资料来源：申万宏源证券、国家旅游局、上市公司公告

**表11　国内景区类上市旅游企业偿债能力**　单位：%

| | 资产负债率 | | 流动比率 | | 速动比率 | | 长期资产适合率 | |
|---|---|---|---|---|---|---|---|---|
| 年　份 | 2016 | 2015 | 2016 | 2015 | 2016 | 2015 | 2016 | 2015 |
| 景区总体 | 31.92 | 30.77 | 165.12 | 164.15 | 127.74 | 125.79 | 244.18 | 211.37 |
| 丽江旅游 | 18.84 | 20.48 | 354.50 | 649.90 | 350.68 | 643.31 | 267.54 | 269.94 |
| 黄山旅游 | 18.11 | 25.44 | 316.03 | 188.64 | 188.60 | 111.11 | 257.33 | 160.42 |
| 宋城演艺 | 13.29 | 18.22 | 306.03 | 262.71 | 305.25 | 262.26 | 388.53 | 334.97 |
| 峨眉山A | 21.66 | 21.01 | 261.84 | 268.28 | 247.89 | 220.35 | 170.68 | 158.39 |
| 云南旅游 | 53.42 | 50.01 | 144.77 | 154.09 | 51.66 | 63.51 | 424.84 | 423.73 |
| 张家界 | 66.77 | 29.78 | 13.44 | 72.06 | 12.89 | 69.41 | 138.73 | 121.00 |
| 桂林旅游 | 42.45 | 43.86 | 101.85 | 72.05 | 76.45 | 61.19 | 184.66 | 180.38 |
| 大连圣亚 | 40.82 | 36.22 | 173.41 | 95.57 | 172.14 | 94.25 | 317.30 | 183.31 |
| 西藏旅游 | 59.39 | 64.94 | 23.66 | 80.21 | 19.44 | 77.68 | 145.21 | 173.99 |
| 三特索道 | 66.47 | 46.34 | 50.44 | 46.43 | 19.55 | 34.39 | 123.08 | 127.31 |
| 北部湾旅 | 30.46 | 16.69 | 233.18 | 256.69 | 208.51 | 242.57 | 550.27 | 169.69 |
| 长白山 | 19.18 | 5.03 | 120.82 | 1140.65 | 115.77 | 1121.47 | 123.60 | 466.55 |
| 九华旅游 | 11.83 | 13.07 | 240.95 | 147.98 | 235.34 | 141.94 | 144.91 | 126.58 |

资料来源：申万宏源研究，公司公告

**表12　国外上市旅游景区类企业偿债能力**　单位：%

| | 净资产收益率 | | 总资产报酬率 | | 销售利润率 | | 成本费用利润率 | |
|---|---|---|---|---|---|---|---|---|
| 年　份 | 2016 | 2015 | 2016 | 2015 | 2016 | 2015 | 2016 | 2015 |
| 景区总体 | 47.58 | 44.07 | 105.24 | 106.36 | 94.95 | 94.98 | 169.59 | 193.10 |
| 迪士尼 | 48.58 | 44.82 | 100.74 | 102.60 | 92.48 | 92.98 | 164.94 | 191.82 |

资料来源：申万宏源研究，公司公告

2016年全国旅游景区类上市公司总体资产负债率为31.92 %，略高于2015年，流动比率、速动比率、长期资产适合率也略有上升，总体偿债能力增强。从企业偿债能力上看，由于上市企业具有更强的股权融资能力，因而资产负债率远低于一般旅游景区类企业；从短期偿债能力来看，上市企业流动资产对流动负债的保障能力也更强，主要原因是上市企业对负债筹集资金的依赖性并不强，短期负债相对较少；同时，上市企业的所有者权益在长期资产适合率中所占比例更高，财务结构更加安全。从资产负债率来看，九华旅游的资产负债率最低，仅为11.83%，宋城演艺、黄山旅游次之，分别为13.29%、18.11%。同时，丽江旅游、黄山旅游、宋城演艺、峨眉山A、大连圣亚、北部湾旅和九华旅游的流动比率、速动比率均高于行业数据，体现出更好的短期偿债能力，丽江旅游尤其明显；而云南旅游、张家界、桂林旅游、西藏旅游、三特索道和长白山明显低于行业水平。

其中张家界资产负债率上升是由于其负债增速显著快于资产增速，2016年资产负债率达到66.77%。西藏旅游负债增速2016年低于资产增速，因此资产负债率有所下降。九华旅游2016年流动和速动资产大幅度减少，而流动负债大幅度增加，导致短期偿债能力极速降低。

加国外上市公司后的数据可以看出，国外上市企业的资产负债率平均水平高于国内大部分上市企业，且流动比率、速动比率、长期资产适合率也低于国内水平。这在一定程度上反映了国外主题公园行业，尤其是迪士尼这样的公司能够容许更高的财务杠杆。

4. 传统旅游景区整体增长能力放缓，积极拓展业务的上市公司脱颖而出

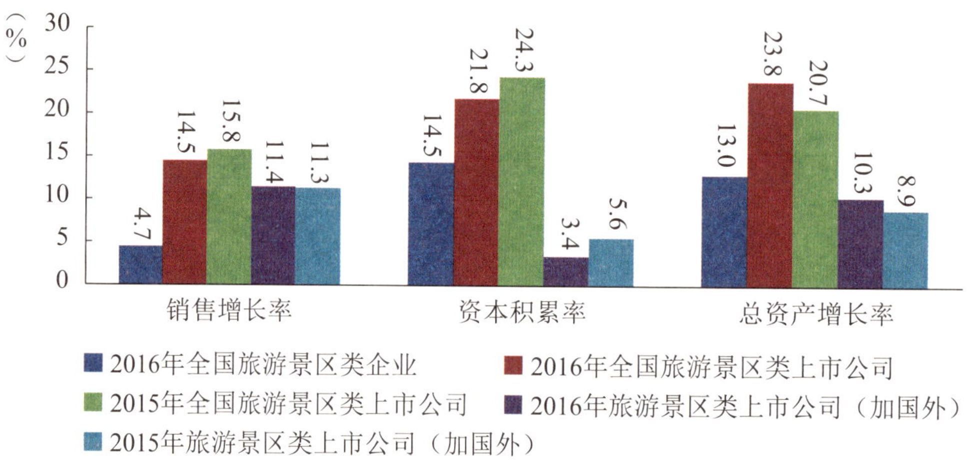


**图 5　旅游景区类上市企业增长能力**

资料来源：申万宏源证券，国家旅游局，上市公司公告

**表13　旅游国内景区类上市企业增长能力**　　单位：%

| | 销售增长率 | | 资本积累率 | | 总资产增长率 | |
|---|---|---|---|---|---|---|
| 年　份 | 2016 | 2015 | 2016 | 2015 | 2016 | 2015 |
| 景区总体 | 14.45 | 15.80 | 21.77 | 24.32 | 23.84 | 20.70 |
| 丽江旅游 | -0.81 | 5.82 | 5.64 | 8.08 | 1.39 | 4.84 |
| 黄山旅游 | 0.28 | 11.73 | 39.63 | 34.04 | 27.68 | 17.63 |
| 宋城演艺 | 56.05 | 81.21 | 14.31 | 63.41 | 8.31 | 81.84 |
| 峨眉山A | -2.25 | 7.23 | 7.24 | 8.44 | 6.77 | 11.94 |
| 云南旅游 | 2.32 | 51.52 | -11.80 | 5.34 | -2.19 | 4.28 |
| 张家界 | -12.25 | 39.44 | 10.41 | 22.94 | 134.21 | 27.46 |
| 桂林旅游 | -2.75 | -49.57 | -0.72 | 0.93 | -6.39 | -6.84 |
| 大连圣亚 | 3.88 | 5.22 | 3.92 | 8.17 | 58.84 | -4.96 |
| 西藏旅游 | -16.97 | -4.98 | -14.99 | 0.85 | -28.51 | 38.67 |
| 三特索道 | 5.30 | 10.96 | -14.11 | 4.70 | 15.02 | 7.06 |
| 北部湾旅 | 152.45 | 10.83 | 359.91 | 65.60 | 460.04 | 51.34 |
| 长白山 | -3.65 | 8.75 | 4.80 | 9.32 | 23.15 | 8.43 |
| 九华旅游 | 0.11 | -2.42 | 6.70 | 67.94 | 5.20 | 13.09 |

资料来源：申万宏源研究，公司公告

**表14　国外上市旅游景区类企业增长能力**　　单位：%

| | 净资产收益率 | | 总资产报酬率 | | 销售利润率 | |
|---|---|---|---|---|---|---|
| 年　份 | 2016 | 2015 | 2016 | 2015 | 2016 | 2015 |
| 景区总体 | 11.40 | 11.29 | 3.40 | 5.56 | 10.32 | 8.93 |
| 迪士尼 | 11.31 | 11.16 | 2.10 | 4.45 | 9.56 | 8.33 |

资料来源：申万宏源研究，公司公告

从增长能力指标来看，2016年旅游景区类上市企业的销售增长率和资本积累率有所下滑，总资产增长率有所上升，上市公司的销售增长率和总资产增长率仍高于全国一般景区企业，而资本积累率略低于全国一般景区企业，这主要是由于作为大规模企业的云南旅游和西藏旅游出现了负的资本积累率。云南旅游在收购云南世博旅游文化投资有限公司100%股权时，支付的对价过大，冲减了资本公积—股本溢价，导致所有者权益减少。除北部湾旅的增长能力明显提高外，大部分公司的增长性指标低于2015年。2016年以来北部湾旅积极拓展海上旅游项目，更新运力，一方面努力提升健康旅游和修造船业务的收入，另一方面通过丰富产品设计、调整预售政策和开拓营销渠道等方式来努力促进海洋旅游业务量的回升。

我们选取销售增长率来分析上市企业之间的差异（见表13），丽江旅游、峨眉山A、张家界、桂林旅游、西藏旅游和长白山出现负增长，其中西藏旅游更是达到-16.97%。西藏旅游出现负增长主要是因为公司将西藏国风广告有限公司出售，不再纳入合并报表，实际上西藏旅游的营业收入较2015年可比口径增加。而张家界出现负增长主要是索道竞争对手天子山索道对杨家界索道客源的分流。

加国外上市公司后，增长能力指标均出现下滑，主要是迪士尼资产规模比较大，在基数效应的作用之下，其各项增长能力指标都处于长期稳健状态，因此拉低了总体指标水平。

5. 企业多元化经营，营收毛利率稳步提升

我们选取了旅游景区类上市企业中有代表性的三家企业：北部湾旅、宋城演艺以及峨眉山A作为样本。下表中列出了这三家上市企业中主营业务收入中各产品的毛利率水平，同时，我们还给出了全国旅游景区类企业主要业务的毛利率水平及平均门票价格。我们希望通过对一些重点指标的补充来说明旅游景区类上市企业盈利能力要高于一般旅游景区类企业的原因。

表15 国内旅游景区类上市企业主营业务毛利率 单位：%

| | 主营业务产品 | 2016年毛利率 | 2015年毛利率 |
|---|---|---|---|
| 丽江旅游 | 旅游 | 48.89 | 46.14 |
| | 产品销售 | 48.21 | — |
| | 系统集成 | 20.89 | — |
| 宋城演艺 | 互联网演艺平台 | 50.00 | 51.33 |
| | 杭州宋城旅游区 | 68.45 | 68.10 |
| | 三亚宋城旅游区 | 74.54 | 76.84 |
| | 丽江宋城旅游区 | 72.44 | 62.39 |
| 峨眉山A | 游山门票 | 34.41 | 43.01 |
| | 客运索道 | 75.83 | 81.71 |
| | 旅馆收入 | 9.19 | 1.68 |

资料来源：申万宏源研究，公司公告

表16 2016年国内旅游景区类企业业务毛利率

| 景区餐饮毛利率（%） | 景区商品毛利率（%） | 景区娱乐毛利率（%） | 平均门票价格（元） |
|---|---|---|---|
| 35.14 | 21.54 | 15.81 | 37.67 |

资料来源：申万宏源研究，国家旅游局

表17 2016年旅游景区类上市企业人均消费

| | 营业收入（万元） | | 游客数（万人次） | | 人均消费（元） | |
|---|---|---|---|---|---|---|
| 年份 | 2016 | 2015 | 2016 | 2015 | 2016 | 2015 |
| 北部湾旅（仅考虑旅游运输） | 39 574.46 | 29 545.33 | 233.00 | 213.36 | 169.85 | 126.80 |
| 宋城演艺 | 264 422.89 | 169 451.40 | 3 000.00 | 2 233.83 | 88.14 | 56.48 |
| 峨眉山A | 104 157.92 | 106 550.03 | 329.90 | 330.81 | 315.73 | 322.98 |

资料来源：申万宏源研究，公司公告

宋城景区以演艺业务为主，因此游客中过夜游人数少，并且其将入园游客及观演游客按次统计，所以游客数有部分高估，导致人均消费水平偏低；峨眉山的门票、索道消费较为刚性，因此其人均消费在行业中处于较高水平，达到315.73元；北部湾旅的旅客运输主要分北涠航线和南海航线，其中以北涠航线为主。作为一家以海洋旅游运输为主营业务的企业，北部湾旅在进行全产业链延伸，公司通过收购渤海长通、新绎飞扬客船及旅行社等举措扩大市场占有率，在开发北海现有目的地资源的基础上，于2016年上半年正式运营龙虎山景区资源，并与烟台市芝罘区人民政府签订了合作开发崆峒岛的战略框架协议，扩充了公司的自有旅游资源。

可以看到，这三家上市企业的一个显著特点是主营业务收入中前三名的业务产品毛利率都很高，不少业务产品的毛利率超过了70%。对比全国的数据来看，虽然全国旅游景区类企业在餐饮和商品的毛利率水平很高，领先于旅行社、旅游饭店类企业的毛利率水平，但相比于上市企业来说，还是落后较多，这一点也可以从全国旅游景区的平均票价上看出，其数值仅为37.67元，而上市旅游景区企业的平均票价近200元。

参考上市企业的数据可以发现，除了传统的索道业务保持很高的毛利率外，上市企业内部也具有较高盈利水平的增长点，比如说宋城演艺的互联网演艺平台和现场演艺——“宋城千古情”。这些新业务偏向于文化和旅游的大融合，符合旅游产业发展的趋势，其经营毛利率达到了70%上下。

**表18　2016年国内旅游景区类上市企业各业务收入占比**　　单位：%

| | 北部湾旅 | | 宋城演艺 | | 峨眉山A | |
|---|---|---|---|---|---|---|
| 年份 | 2016 | 2015 | 2016 | 2015 | 2016 | 2015 |
| 旅游 | 52.81 | 93.93 | — | — | — | — |
| 互联网演艺 | — | — | 41.23 | 21.78 | — | — |
| 现场演艺 | — | — | 49.71 | 71.44 | — | — |
| 门票 | — | — | — | — | 42.14 | 43 |
| 索道 | — | — | — | — | 28.01 | 29.83 |
| 酒店 | — | — | — | — | 17.13 | 16.65 |
| 其他 | 47.19 | 6.07 | 9.06 | 6.78 | 12.72 | 10.52 |

资料来源：申万宏源研究，公司公告

值得注意的是，这几家代表性的上市公司同时还拥有自己的特色业务。宋城演艺的演艺业务营收占比90%以上，北部湾旅向智慧旅游业务战略转型之后，旅客运输营收占比从2015年的93.93%降到了52.81%，但是这部分业务依旧具有较高的毛利率，提高了公司的盈利能力。

对于旅游景区类企业来说，传统的门票收入和索道收入虽然相对稳定，但由于旅游市场的竞争日趋激烈，如何改变业务单一经营，多元化自己的业务，为企业带来新的增长点是旅游景区类企业迫切需要解决的。同时，减少公司对单一业务的依赖，对于平衡上市企业的收入，抵御不可控风险至关重要。

## （三）旅游饭店类上市企业

### 1. 旅游饭店供需再平衡，盈利能力有望恢复

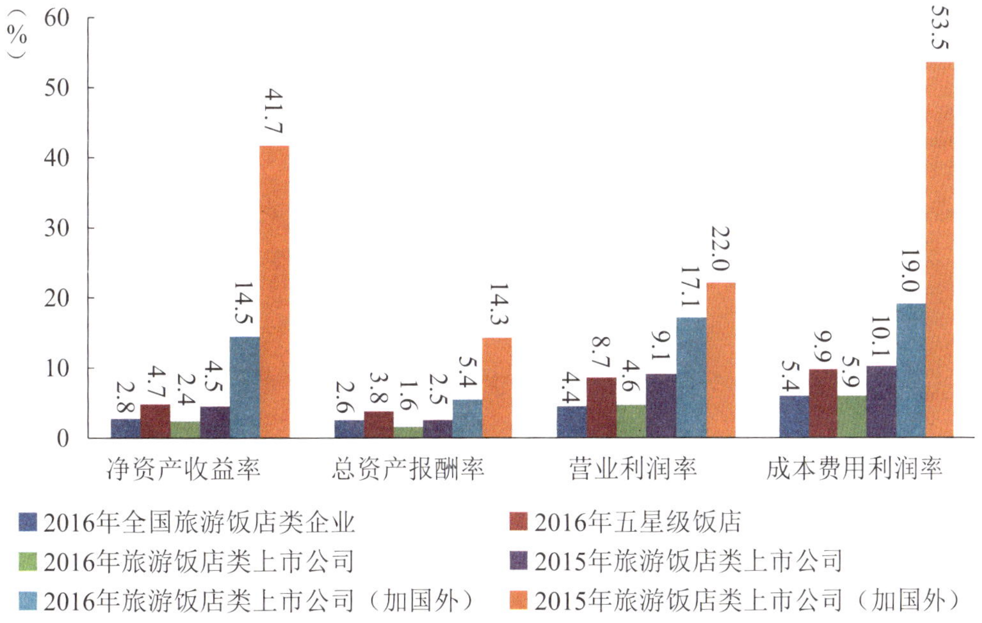


图 6　旅游饭店类上市企业盈利能力

资料来源：申万宏源证券，国家旅游局，公司公告

表19　国内上市的旅游饭店类企业盈利能力　　单位：%

| | 净资产收益率 | | 总资产报酬率 | | 销售利润率 | | 成本费用利润率 | |
|---|---|---|---|---|---|---|---|---|
| 年　份 | 2016 | 2015 | 2016 | 2015 | 2016 | 2015 | 2016 | 2015 |
| 旅游饭店总体 | 2.39 | 4.47 | 1.58 | 2.50 | 4.61 | 9.07 | 5.90 | 10.14 |
| 号百控股 | 0.70 | 1.82 | 0.72 | 1.53 | 0.51 | 1.35 | 1.55 | 2.07 |
| 岭南控股 | 4.94 | 6.71 | 4.61 | 5.68 | 11.70 | 15.37 | 15.12 | 18.66 |
| 华天酒店 | -9.47 | 0.54 | -1.70 | 1.43 | -41.65 | 1.23 | -32.10 | 0.46 |
| 金陵饭店 | 2.97 | 3.61 | 3.19 | 2.59 | 6.23 | 5.24 | 10.05 | 7.99 |
| 首旅酒店 | 5.34 | 8.59 | 7.76 | 8.21 | 7.16 | 10.00 | 8.72 | 11.98 |
| 锦江股份 | 6.59 | 7.51 | 3.80 | 5.38 | 8.07 | 15.39 | 9.78 | 17.43 |

资料来源：申万宏源研究，公司公告

表20　国外上市的旅游饭店类企业盈利能力　　单位：%

| | 净资产收益率 | | 总资产报酬率 | | 销售利润率 | | 成本费用利润率 | |
|---|---|---|---|---|---|---|---|---|
| 年　份 | 2016 | 2015 | 2016 | 2015 | 2016 | 2015 | 2016 | 2015 |
| 旅游饭店总体 | 14.48 | 41.69 | 5.42 | 14.26 | 17.10 | 22.03 | 19.01 | 53.49 |
| 洲际 | -180.79 | -587.50 | 19.86 | 45.12 | 40.06 | 35.88 | 57.49 | 122.15 |

资料来源：申万宏源研究，公司公告

2016年旅游饭店类上市企业的盈利能力的四个指标较2015年都有所下降，且低于全国旅游饭店类企业的盈利能力。造成这个结果的主要原因是规模较大的华天酒店2016年的净利润为负值，并且上市企业的净资产较一般企业更大。而2016年五星级饭店的盈利能力高于全国旅游饭店类企业和旅游饭店类上市企业。

具体来说，就净资产收益率而言，旅游饭店类上市企业的收益水平参差不齐，其中，以经济型酒店为主的锦江股份资产收益率为6.59%，位居第一，锦江股份2016年并购维也纳酒店和百岁村餐饮，给锦江股份带来了更多的净利润。以轻资产模式进行管理的首旅酒店净资产收益率为5.34%，仅次于锦江股份，其中如家对净利润的贡献最大，占到酒店业务的86%。

与2015年相比，旅游饭店类上市企业的盈利能力下降，主要是由于华天酒店的继续亏损，以及2016年旅游饭店类企业继续发生大量并购行为，逐渐转向中端酒店市场，而并购整合以及公司的战略转型需要一定的时间过渡。

加国外旅游饭店类上市企业洲际酒店之后，各项盈利指标均明显上升。世界客房拥有量最大，跨国经营范围最广的洲际酒店2016年全球签约数创十年来新高，将500多个新酒店项目纳入麾下，利润增长超预期。2016年洲际酒店的直接预订量提高了5%，通过数字渠道实现的收入为43亿美元，其中16亿美元来自于移动应用。

2. 旅游饭店逐渐向轻资产模式过渡，营运能力有提升

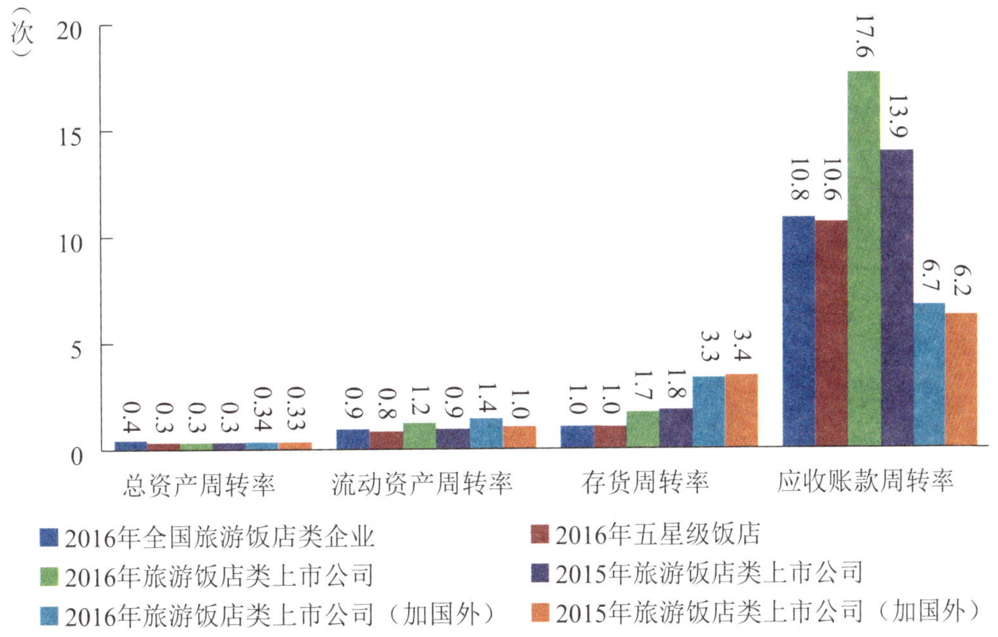


**图 7　旅游饭店类上市企业营运能力**

资料来源：申万宏源证券、国家旅游局、上市公司公告

表21 国内上市的旅游饭店类企业营运能力　　单位：次

| | 总资产周转率 | | 流动资产周转率 | | 存货周转率 | | 应收账款周转率 | |
|---|---|---|---|---|---|---|---|---|
| 年份 | 2016 | 2015 | 2016 | 2015 | 2016 | 2015 | 2016 | 2015 |
| 旅游饭店总体 | 0.28 | 0.26 | 1.18 | 0.94 | 1.74 | 1.84 | 17.64 | 13.92 |
| 号百控股 | 0.67 | 0.92 | 0.92 | 1.31 | 82.59 | 100.42 | 8.32 | 13.23 |
| 岭南控股 | 0.36 | 0.36 | 2.05 | 1.15 | 27.82 | 26.74 | 15.77 | 20.66 |
| 华天酒店 | 0.11 | 0.13 | 0.32 | 0.34 | 0.20 | 0.25 | 20.43 | 11.82 |
| 金陵饭店 | 0.27 | 0.23 | 0.97 | 0.74 | 1.37 | 1.23 | 15.89 | 13.44 |
| 首旅酒店 | 0.38 | 0.34 | 3.49 | 3.53 | 9.31 | 9.25 | 36.85 | 37.60 |
| 锦江股份 | 0.24 | 0.21 | 1.10 | 0.98 | 15.72 | 12.42 | 16.79 | 12.72 |

资料来源：申万宏源研究，公司公告

表22 国外上市的旅游饭店类企业营运能力　　单位：次

| | 总资产周转率 | | 流动资产周转率 | | 存货周转率 | | 应收账款周转率 | |
|---|---|---|---|---|---|---|---|---|
| 年份 | 2016 | 2015 | 2016 | 2015 | 2016 | 2015 | 2016 | 2015 |
| 旅游饭店总体 | 0.34 | 0.33 | 1.41 | 1.02 | 3.29 | 3.45 | 6.69 | 6.17 |
| 洲际 | 0.59 | 0.48 | 2.20 | 1.12 | 193.33 | 213.33 | 3.12 | 3.87 |

资料来源：申万宏源研究，公司公告

在营运能力方面，旅游饭店类上市企业的流动资产周转率和应收账款周转率均高于全行业平均水平，而存货周转率和总资产周转率略低于全行业数值。具体到各家旅游饭店类上市企业来看，华天酒店和锦江股份拉低了整个子行业的总资产周转率，主要还是由于作为重资产运营的旅游饭店企业，业务相对单一，在旅游饭店业不景气的时期业绩承压较大；业务转型的发展趋势以及国企改革落实情况将很大程度影响公司业绩的预期。首旅酒店存货资产占总资产的0.31%，导致了较高的存货周转率；应收账款资产占比1.02%，导致其较高的应收账款周转率，两项指标均体现出公司较强的营运能力。

与2015年相比，2016年旅游饭店类上市企业除存货周转率略微下降，其余各项指标均有所上升，旅游饭店类企业逐渐向中端酒店市场发展，也逐渐向轻资产运营模式靠拢，上市企业现金流的增多以及成本的下降，是企业资金运转的效率提高的原因，比如首旅酒店和锦江股份，现金流都有大量的提升。

2016年洲际酒店的营业收入约118.97亿元，而流动资产为53.97亿元，因此流动资产周转率达到220.44次，同时存货周转率高达193.33次。这些指标都体现了公司较强的营运能力。

3. 旅游饭店业并购狂潮之后流动负债变多，短期偿债能力变弱

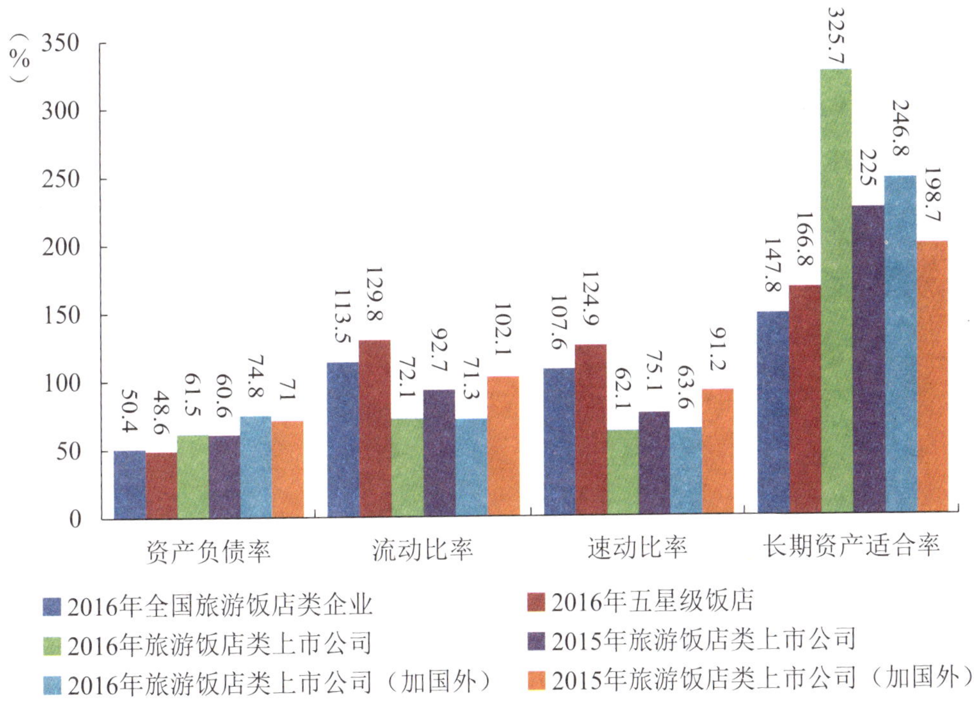


图8　旅游饭店类上市企业偿债能力

资料来源：申万宏源证券、国家旅游局、上市公司公告

**表23 国内上市的旅游饭店类企业偿债能力** 单位：%

| | 资产负债率 | | 流动比率 | | 速动比率 | | 长期资产适合率 | |
|---|---|---|---|---|---|---|---|---|
| 年份 | 2016 | 2015 | 2016 | 2015 | 2016 | 2015 | 2016 | 2015 |
| 旅游饭店总体 | 61.53 | 60.64 | 72.13 | 92.74 | 62.12 | 75.13 | 325.72 | 224.98 |
| 号百控股 | 19.48 | 16.75 | 373.93 | 418.17 | 369.47 | 414.89 | 467.98 | 427.21 |
| 岭南控股 | 26.93 | 26.95 | 160.09 | 318.11 | 154.84 | 312.13 | 236.05 | 222.83 |
| 华天酒店 | 66.66 | 64.21 | 71.23 | 82.94 | 22.72 | 30.15 | 120.87 | 155.33 |
| 金陵饭店 | 32.49 | 37.44 | 184.31 | 210.35 | 129.14 | 162.23 | 187.22 | 193.12 |
| 首旅酒店 | 59.50 | 64.50 | 23.86 | 22.04 | 23.17 | 20.70 | 327.11 | 96.16 |
| 锦江股份 | 67.60 | 68.64 | 80.29 | 77.36 | 79.65 | 76.67 | 449.98 | 289.92 |

资料来源：申万宏源研究，公司公告

**表24 国外上市的旅游饭店类企业偿债能力** 单位：%

| | 资产负债率 | | 流动比率 | | 速动比率 | | 长期资产适合率 | |
|---|---|---|---|---|---|---|---|---|
| 年份 | 2016 | 2015 | 2016 | 2015 | 2016 | 2015 | 2016 | 2015 |
| 旅游饭店总体 | 74.82 | 71.04 | 71.30 | 102.13 | 63.59 | 91.16 | 246.77 | 198.66 |
| 洲际 | 125.93 | 91.54 | 68.61 | 117.31 | 68.34 | 117.09 | −99.53 | 90.39 |

资料来源：申万宏源研究，公司公告

在偿债能力方面，上市企业的资产负债率高，长期资产适合率高。略有不同的是上市企业的速动比率和流动比率相对于该子行业中所有企业平均水平要低。

从各家旅游饭店的流动比率和速动比率来看，首旅酒店因为合并如家集团，一年内到期的非流动负债增长了916.33%，因此其短期偿债能力低于行业平均水平。作为国有控股企业的号百控股，资产负债率最低，为19.48%，且因为具有较低的流动负债，其短期偿债能力较强。2016年华天酒店的存货数仍旧占流动资产的68.10%，因此速动比率较低。锦江股份2016年完成非公开发行A股，募集资金总额 45.12亿元，提升了公司持续盈利能力，改善了公司财务状况，因此长期资产适合率远高于行业总体值。

各家上市企业在2016年的流动比率和速动比率有一定幅度的下降。其中，岭南控股2016年报告期内购买银行理财产品使用了大量的货币资金，导致其流动比率和速动比率大幅度下降。金陵饭店2016年赎回华泰证券集合资产管理产品，导致流动资产减少，因此流动比率和速动比率也有所下降。

加国外上市公司后，旅游饭店类总体资产负债率、流动比率、速动比率、长期资产适合率总体变化不大，将洲际作为对比，2016年国内旅游饭店迎来了更高的财务杠杆，仍然保持着相较国外较高的长期资产适合率。但值得注意的是过高的长期资产适合率也会带来融资成本增加的问题。

4. 旅游饭店并购扩张使销售增长率转负为正

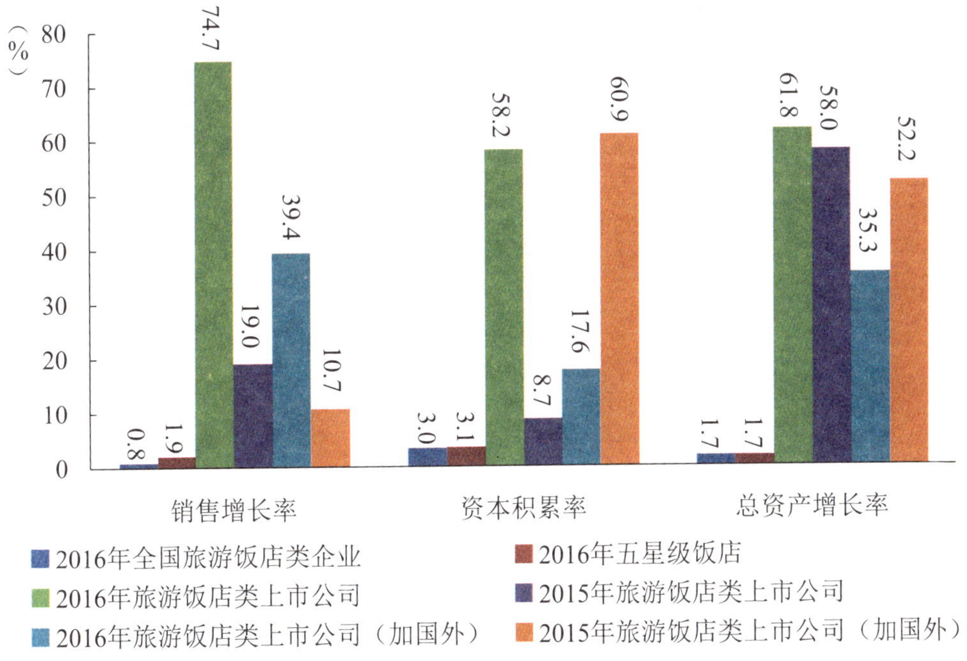


**图 9　旅游饭店类上市企业增长能力**

资料来源：申万宏源证券，国家旅游局，公司公告

**表25　国内上市的旅游饭店类企业增长能力**　　单位：%

| | 销售增长率 | | 资本积累率 | | 总资产增长率 | |
|---|---|---|---|---|---|---|
| 年份 | 2016 | 2015 | 2016 | 2015 | 2016 | 2015 |
| 旅游饭店总体 | 74.69 | 19.01 | 58.16 | 8.67 | 61.81 | 57.97 |
| 号百控股 | −24.32 | 41.98 | 0.16 | 0.77 | 3.50 | −1.19 |
| 岭南控股 | −0.99 | 1.33 | 1.16 | 11.28 | 1.13 | 7.99 |
| 华天酒店 | −15.97 | −21.12 | −9.05 | 107.05 | −6.45 | 3.17 |
| 金陵饭店 | 13.44 | 20.07 | −2.92 | 2.78 | −7.63 | 0.38 |
| 首旅酒店 | 389.40 | −52.24 | 466.61 | 3.51 | 336.59 | 77.69 |
| 锦江股份 | 91.19 | 90.95 | 54.53 | −4.77 | 63.53 | 137.86 |

资料来源：申万宏源研究，公司公告

**表26　国外上市的旅游饭店类企业增长能力**　　单位：%

| | 销售增长率 | | 资本积累率 | | 总资产增长率 | |
|---|---|---|---|---|---|---|
| 年份 | 2016 | 2015 | 2016 | 2015 | 2016 | 2015 |
| 旅游饭店总体 | 39.37 | 10.68 | 17.63 | 60.88 | 35.29 | 52.19 |
| 洲际 | 1.61 | 2.98 | −354.18 | −147.21 | −17.04 | 41.94 |

资料来源：申万宏源研究，公司公告

2016年全国旅游饭店类企业以及五星级饭店总体的销售增长率转负为正，但明显低于上市旅游饭店类企业。具体来看，华天酒店的销售增长率仍旧为负，号百控股的销售增长率也极速下降，主要是由于报告期内销售业务规模的减少以及积分业务规模增加后的净影响。而首旅酒店在收购如家之后，其销售增长率从2015年的−52.24%变成2016年的389.40%。由于完成了铂涛集团81%股权、维也纳酒店80%股权及百岁村餐饮80%股权的购买和交割工作，以及于2015年3月份纳入财务报表合并范围的卢浮集团2016年同比新增两个月份的营业收入，还有锦江都城、锦江之星等锦江系列品牌业务同比增长等，锦江股份的销售增长率达91.19%。

上市企业2016年整体的资本积累率和总资产增长率明显高于全行业数据，较2015年也大幅上升，上升基本上是受首旅酒店收购如家带来的影响。

具体来看，各上市企业的总资产增长率差距较大，首旅酒店和锦江股份总资产增长率大幅增加。从公司的业务来看，总资产增长率较高的公司往往采取了扩张业务、加快开店的经营策略，因而总资产上升的速度比较快。2016年旅游饭店业最值得瞩目的两件并购事件就是首旅并购如家，锦江收购铂涛集团81%股权、维也纳酒店80%股权及百岁村餐饮80%股权。可见在旅游饭店行业，总资产增加的快慢程度与公司采取的策略有很大的关系。

5. 经济型酒店入住率和平均房价与上年基本持平

**表27　旅游饭店类上市企业平均出租率与平均房价**

| | | 首旅酒店 | | 锦江股份 | | | | 全国 |
|---|---|---|---|---|---|---|---|---|
| | | 如家 | 首旅 | 锦江都城系列 | 铂涛系列 | 维也纳系列 | Première Classe、Campanile、Kyriad、Golden Tulip（欧元/间） | |
| 2016 | 客房出租率（%） | 84.90 | 59.50 | 76.17 | 83.25 | 89.10 | 60.63 | 40.76 |
| | 平均房价（元/间） | 170.00 | 388.00 | 186.02 | 151.52 | 252.93 | 58.39 | 360.59 |
| 2015 | 客房出租率（%） | 84.60 | 58.30 | 76.87 | — | — | 63.06 | 54.91 |
| | 平均房价（元/间） | 163.78 | 386.00 | 183.65 | — | — | 59.17 | 353.82 |

资料来源：申万宏源研究，国家旅游局，公司公告

注：如家统计时间为2016年4月到12月；铂涛系列为2016年3月到12月；维也纳系列为2016年7月到12月。

从表27中可以看到，上市企业的平均客房出租率水平高于全国平均水平。从平均房价来看，主营经济型酒店的锦江股份以及首旅酒店的经济型酒店如家的平均房价低于全国平均水平，而首旅的其他中高端酒店的平均房价远高于全国旅游饭店类企业的平均水平。以经济型连锁酒店为主的锦江股份中的锦江都城系列的平均出租率与平均房价与上年基本持平，这也体现了其业态较强的抗风险能力。

## （四）旅行社类上市企业

### 1. 旅行社企业竞争激烈，免税行业的复苏带动企业盈利

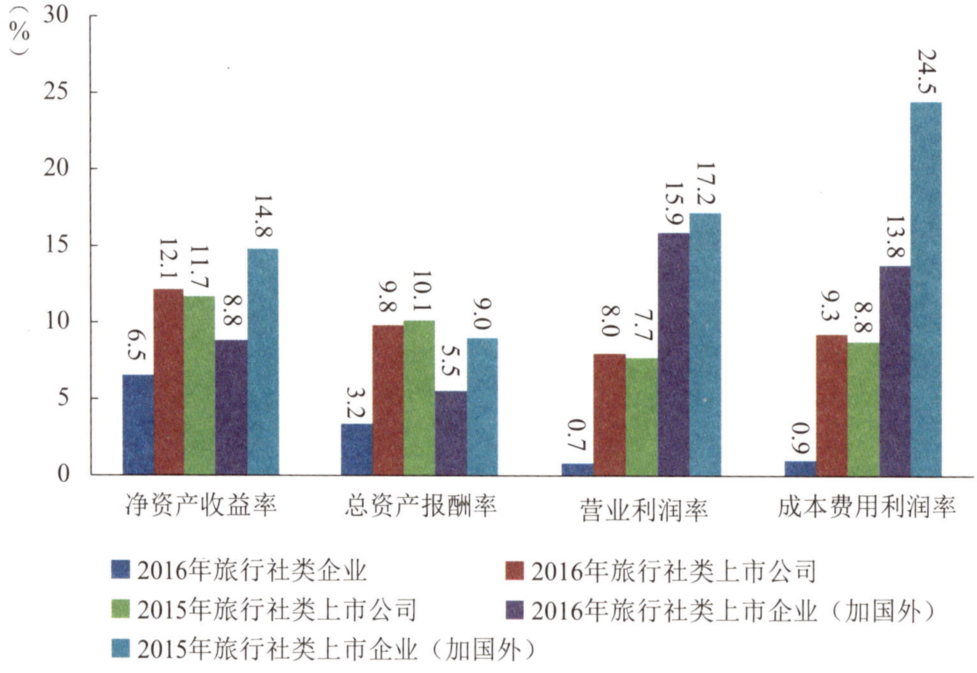


**图 10　旅行社类上市企业盈利能力**

资料来源：申万宏源证券、国家旅游局、公司公告

**表28　国内上市的旅行社类企业盈利能力**　单位：%

| | 净资产收益率 | | 总资产报酬率 | | 销售利润率 | | 成本费用利润率 | |
|---|---|---|---|---|---|---|---|---|
| 年份 | 2016 | 2015 | 2016 | 2015 | 2016 | 2015 | 2016 | 2015 |
| 旅行社总体 | 12.14 | 11.69 | 9.83 | 10.13 | 7.99 | 7.71 | 9.27 | 8.76 |
| 中青旅 | 9.92 | 6.51 | 9.83 | 7.42 | 7.46 | 5.42 | 10.25 | 6.62 |
| 中国国旅 | 15.21 | 14.15 | 15.41 | 14.22 | 11.83 | 10.78 | 13.63 | 12.25 |
| 国旅联合 | –39.71 | 4.21 | –18.19 | 7.25 | –126.63 | 39.36 | –88.29 | 24.12 |
| 腾邦国际 | 11.96 | 11.10 | 7.75 | 9.13 | 18.77 | 21.94 | 23.82 | 32.10 |
| 众信旅游 | 12.77 | 17.45 | 9.60 | 12.17 | 3.10 | 3.03 | 3.26 | 3.19 |
| 凯撒旅游 | 12.08 | 18.81 | 7.86 | 12.94 | 4.66 | 5.95 | 4.99 | 6.42 |
| 西安旅游 | 1.35 | 1.77 | 2.31 | 1.55 | –1.15 | –4.48 | 1.95 | 1.34 |

资料来源：申万宏源研究，公司公告

**表29　国外上市的旅行社类企业盈利能力**　单位：%

| | 净资产收益率 | | 总资产报酬率 | | 销售利润率 | | 成本费用利润率 | |
|---|---|---|---|---|---|---|---|---|
| 年份 | 2016 | 2015 | 2016 | 2015 | 2016 | 2015 | 2016 | 2015 |
| 旅行社总体 | 8.82 | 14.79 | 5.54 | 9.00 | 15.89 | 17.19 | 13.75 | 24.47 |
| 携程 | –2.46 | 9.27 | –0.32 | 4.23 | –8.16 | 3.50 | –5.57 | 27.29 |
| Expedia | 6.27 | 23.00 | 2.88 | 8.58 | 6.60 | 6.20 | 3.38 | 14.80 |
| Tripadvisor | 8.24 | 15.61 | 7.47 | 12.19 | 11.22 | 15.55 | 11.49 | 18.97 |
| Priceline | 22.94 | 29.39 | 15.68 | 20.32 | 35.81 | 35.33 | 39.35 | 52.44 |

资料来源：申万宏源研究，公司公告

从盈利能力来看，旅行社类上市企业在四个指标上都大幅高于全国旅行社总体的平均水平，体现了旅行社类上市企业良好的盈利能力。2016年净资产收益率最高的是中国国旅，为15.21%，其次是众信旅游、凯撒旅游，分别为12.77%、12.08%；国旅联合2016年经营亏损，净资产收益率为–39.70%。从销售利润率来看，因腾邦国际将票务佣金确认为营业收入，导致其较高的销售利润率；而因2016年开拓了贸易业务、帆船业务、篮球培训业务的国旅联合，营业成本大幅上升，导致销售利润率为负。中国国旅由于涉足了利润率较高的免税业务，以及划归到港中旅中，销售利润率也保持了较高的水平。

对比2015年，除中青旅和中国国旅外，各上市公司的盈利能力指标均有下滑。这主要体现了旅行社行业竞争激烈程度的加强。

加国外上市公司后，除了销售利润率和成本费用利润率上升之外，净资产收益率和总资产报酬率都有所下降，下降的主要原因是携程和Expedia两个大型线上旅行社公司整体盈利能力的下降，特别是携程的四个盈利能力指标都为负值。携程除了向休闲游扩张以及向移动互联网转移之外，还通过收购“天巡”逐渐扩张海外的业务。但因为携程对“天巡”的收购以及对三四线大众市场的投入，携程的盈利能力有所影响。

2. 旅行社混业经营，营运能力相差较大

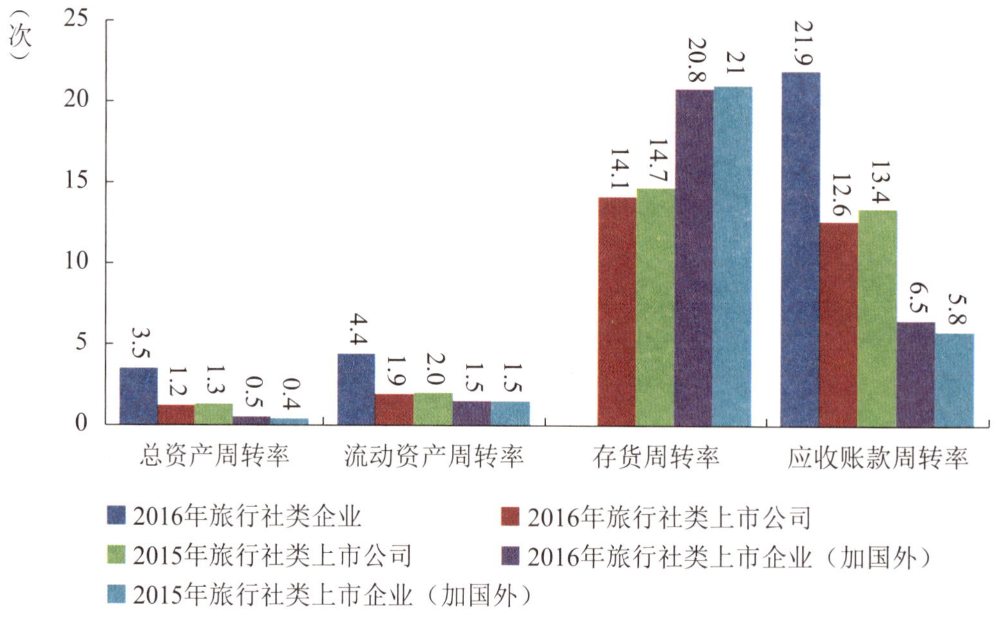


**图 11　旅行社类上市企业营运能力**

资料来源：申万宏源证券，国家旅游局，公司公告

表30 国内上市的旅行社类企业营运能力 单位：次

| | 总资产周转率 | | 流动资产周转率 | | 存货周转率 | | 应收账款周转率 | |
|---|---|---|---|---|---|---|---|---|
| 年份 | 2016 | 2015 | 2016 | 2015 | 2016 | 2015 | 2016 | 2015 |
| 旅行社总体 | 1.16 | 1.26 | 1.89 | 1.96 | 14.14 | 14.70 | 12.63 | 13.35 |
| 中青旅 | 0.94 | 1.11 | 2.68 | 2.88 | 16.34 | 13.57 | 6.63 | 7.73 |
| 中国国旅 | 1.30 | 1.35 | 1.66 | 1.80 | 8.35 | 9.54 | 24.54 | 22.66 |
| 国旅联合 | 0.13 | 0.12 | 0.34 | 0.56 | 29.45 | 5.97 | 5.61 | 9.65 |
| 腾邦国际 | 0.27 | 0.28 | 0.40 | 0.38 | 0.00 | 0.00 | 3.11 | 2.49 |
| 众信旅游 | 2.52 | 2.60 | 4.16 | 3.89 | 10 166.53 | 18 932.65 | 19.46 | 18.55 |
| 凯撒旅游 | 1.23 | 1.40 | 2.04 | 1.69 | 358.10 | 334.06 | 10.23 | 13.69 |
| 西安旅游 | 0.58 | 0.66 | 0.92 | 1.01 | 3.89 | 10.44 | 44.05 | 50.75 |

资料来源：申万宏源研究，公司公告

表31 国外上市的旅行社类企业营运能力 单位：次

| | 总资产周转率 | | 流动资产周转率 | | 存货周转率 | | 应收账款周转率 | |
|---|---|---|---|---|---|---|---|---|
| 年份 | 2016 | 2015 | 2016 | 2015 | 2016 | 2015 | 2016 | 2015 |
| 旅行社总体 | 0.48 | 0.45 | 1.53 | 1.52 | 20.84 | 21.04 | 6.11 | 5.78 |
| 携程 | 0.13 | 0.09 | 0.42 | 0.27 | — | — | 1.70 | 1.02 |
| Expedia | 0.56 | 0.43 | 2.54 | 2.24 | — | — | 5.62 | 5.31 |
| Tripadvisor | 0.66 | 0.70 | 1.56 | 1.72 | — | — | 6.73 | 7.31 |
| Priceline | 0.54 | 0.53 | 1.99 | 2.60 | — | — | 9.75 | 10.20 |

资料来源：申万宏源研究，公司公告

从营运能力来看，在总资产周转率、流动资产周转率以及应收账款周转率方面，上市企业的周转速度均慢于同类企业的平均水平，主要是上市旅行社类企业同时涉足景区运营、免税品销售等其他业态，总资产规模较大，较高的总资产水平拉低了公司的资金周转效率，而行业内旅行社大部分属于轻资产类型的企业。腾邦国际由于佣金制的收入确认准则，使其较小的收入规模却呈现出较低的资产周转率。

对比2015年的情况，上市类企业的营运能力的四个指标都有所下降。

加国外旅行社类上市公司后，总资产周转率、流动资产周转率以及应收账款周转率均出现下滑，由于国外综合旅游类企业存货项目少，所以在此没有计算存货周转率，该指标的比较在此不作考虑。国外综合旅游类上市公司的营运能力各项指标平均水平明显低于国内，这主要是因为以Expedia、Tripadvisor、Priceline为代表的国外旅行社类上市企业多采用佣金制的收入确认准则，导致账面收入规模较小。

3. 上市旅行社类企业偿债能力指标较优，偿债能力强

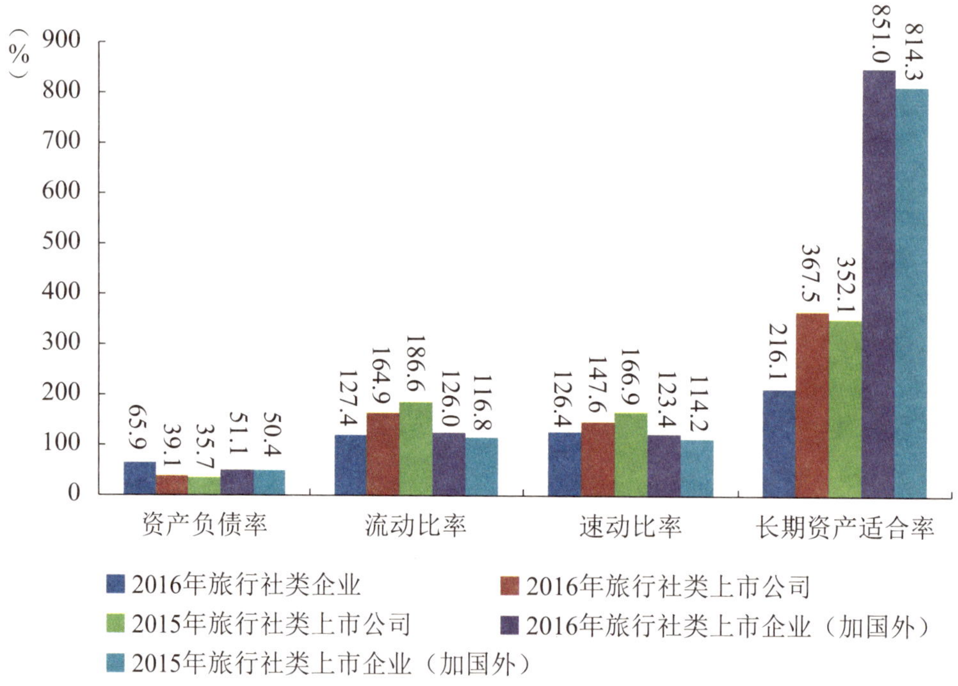


**图 12 旅行社类上市企业偿债能力**

资料来源：申万宏源证券，国家旅游局，公司公告

**表32　国内上市的旅行社类企业偿债能力**　　单位：%

| | 资产负债率 | | 流动比率 | | 速动比率 | | 长期资产适合率 | |
|---|---|---|---|---|---|---|---|---|
| 年份 | 2016 | 2015 | 2016 | 2015 | 2016 | 2015 | 2016 | 2015 |
| 旅行社总体 | 39.14 | 35.74 | 164.94 | 186.61 | 147.62 | 166.88 | 367.49 | 352.05 |
| 中青旅 | 38.73 | 37.20 | 103.44 | 104.55 | 91.88 | 89.38 | 170.66 | 152.00 |
| 中国国旅 | 22.72 | 24.40 | 349.47 | 322.13 | 293.13 | 271.96 | 767.96 | 667.80 |
| 国旅联合 | 43.30 | 56.95 | 130.65 | 61.26 | 130.04 | 60.59 | 167.87 | 118.81 |
| 腾邦国际 | 63.65 | 56.20 | 108.61 | 138.13 | 108.61 | 138.13 | 283.97 | 709.34 |
| 众信旅游 | 50.97 | 47.94 | 121.21 | 139.33 | 121.14 | 139.30 | 1618.84 | 3491.08 |
| 凯撒旅游 | 61.78 | 50.19 | 97.57 | 165.07 | 97.11 | 164.21 | 804.46 | 774.98 |
| 西安旅游 | 38.82 | 28.07 | 169.32 | 244.51 | 119.93 | 201.00 | 352.42 | 333.40 |

资料来源：申万宏源研究，公司公告

**表33　国外上市的旅行社类企业偿债能力**　　单位：%

| | 资产负债率 | | 流动比率 | | 速动比率 | | 长期资产适合率 | |
|---|---|---|---|---|---|---|---|---|
| 年份 | 2016 | 2015 | 2016 | 2015 | 2016 | 2015 | 2016 | 2015 |
| 旅行社总体 | 51.13 | 50.43 | 125.97 | 116.83 | 123.40 | 114.21 | 850.95 | 814.34 |
| 携程 | 47.71 | 46.41 | 151.55 | 120.60 | — | — | 1 135.07 | 853.61 |
| Expedia | 63.92 | 63.96 | 56.31 | 50.27 | — | — | 440.79 | 571.41 |
| Tripadvisor | 32.89 | 33.65 | 224.59 | 277.24 | — | — | 582.74 | 584.13 |
| Priceline | 50.50 | 49.51 | 188.95 | 246.87 | — | — | 3 087.39 | 3 545.98 |

资料来源：申万宏源研究，公司公告

从企业偿债能力指标来看，旅行社类上市企业的资产负债率低于行业平均水平；而流动比率、速动比率以及长期资产适合率则高于行业水平。其中，中国国旅资产负债率低，流动比率、速动比率和长期资产适合率都远高于行业平均水平，表现出较好的短期偿债能力。

与2015年相比，旅行社上市企业资产负债率普遍升高、短期偿债能力都有一定程度下降，长期偿债能力有所上升。众信旅游和腾邦国际远高于行业水平的长期资产适合率有所下降，有利于融资成本的降低。

加国外上市旅行社企业后，其资产负债率、长期资产适合率上升，流动比率、速动比率下降，说明短期偿债能力较弱，长期偿债能力较强。对比携程和Expedia两家公司，二者长短期偿债能力差异比较明显。携程的长短期偿债能力都高于总体平均水平，体现出较好的资金周转效率，而Expedia的短期和长期偿债能力则大幅度落后于总体平均水平。

4. 上市旅行社类企业丰富主业实现高增长

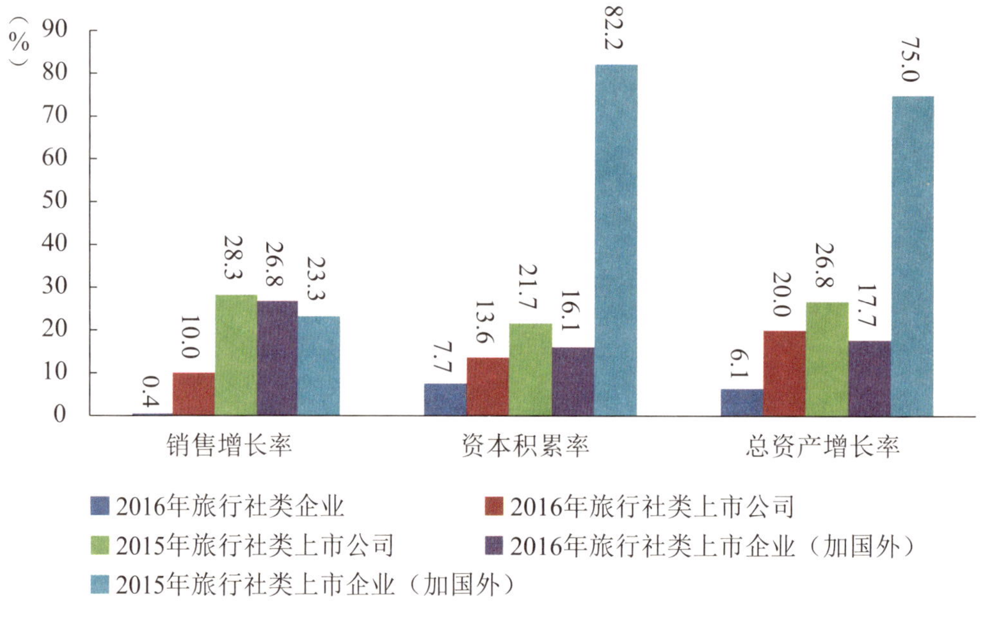


**图 13　旅行社类上市企业增长能力**

资料来源：申万宏源证券，国家旅游局，公司公告

表34　国内上市的旅行社类企业增长能力　　单位：%

| 年份 | 销售增长率 | | 资本积累率 | | 总资产增长率 | |
|---|---|---|---|---|---|---|
| | 2016 | 2015 | 2016 | 2015 | 2016 | 2015 |
| 旅行社总体 | 10.02 | 28.26 | 13.63 | 21.66 | 19.99 | 26.77 |
| 中青旅 | -2.36 | -0.28 | 9.50 | 5.32 | 14.60 | 7.62 |
| 中国国旅 | 5.16 | 6.80 | 12.68 | 10.73 | 9.89 | 7.01 |
| 国旅联合 | 32.78 | -0.26 | 63.33 | 6.58 | 24.80 | 0.14 |
| 腾邦国际 | 37.93 | 100.14 | 15.46 | 12.17 | 43.18 | 54.64 |
| 众信旅游 | 20.71 | 98.49 | 15.12 | 171.60 | 24.37 | 200.16 |
| 凯撒旅游 | 34.48 | 730.83 | 13.83 | 176.92 | 52.72 | 68.01 |
| 西安旅游 | 5.26 | 8.81 | 1.78 | 80.66 | 19.43 | 100.65 |

资料来源：申万宏源研究，公司公告

表35　国外上市的旅行社类企业增长能力　　单位：%

| 年份 | 销售增长率 | | 资本积累率 | | 总资产增长率 | |
|---|---|---|---|---|---|---|
| | 2016 | 2015 | 2016 | 2015 | 2016 | 2015 |
| 旅行社总体 | 26.81 | 23.29 | 16.07 | 82.24 | 17.72 | 74.99 |
| 携程 | 76.45 | 48.33 | 18.58 | 513.67 | 21.52 | 279.80 |
| Expedia | 40.47 | 22.86 | 8.83 | 141.68 | 8.71 | 82.39 |
| Tripadvisor | 5.97 | 27.07 | 13.64 | 33.19 | 12.35 | 15.28 |
| Priceline | 24.42 | 15.95 | 19.27 | 8.96 | 21.66 | 23.74 |

资料来源：申万宏源研究，公司公告

从增长能力来看，上市旅行社类企业的销售增长率、资本积累率、总资产增长率均高于行业水平。各上市企业的年度指标波动较大，这主要源于公司当年的业务结构变化。2016年扩展了新业务的国旅联合的业绩增速加快；而2015年已完成借壳上市的凯撒旅游，2016年的业绩增速放缓。腾邦国际2016年进一步推动“旅游×互联网×金融”的战略落地，除了并购欣欣旅游之外，公司相继投资了旅游分销平台“八爪鱼”，成立了“腾邦旅游集团”，收购了捷达旅游，战略投资了喜游国旅，因此取得了37.93%的销售增长率。

加国外上市的旅行社类企业后，行业总资产增长率下降，销售增长率、资本积累率提升。近两年由于自助游、度假游的兴起，在线旅游企业需求旺盛，几大在线旅行社的业绩持续高速增长。

5. 国内游、出境游收入为主体，丰富主业贡献高毛利

**表36　2016年旅行社类上市企业业务占比**　　单位：%

| | | 入境旅游收入比率 | 国内旅游收入比率 | 出境旅游收入比率 |
|---|---|---|---|---|
| | 旅行社总体 | 6.81 | 50.31 | 42.88 |
| 2016 | 中国国旅 | 2.75 | 15.40 | 29.86 |
| | 众信旅游 | — | — | 91.48 |
| 2015 | 中国国旅 | 3.68 | 15.07 | 32.64 |
| | 众信旅游 | — | — | 89.52 |
| 2014 | 中国国旅 | 3.81 | 16.44 | 31.96 |
| | 众信旅游 | — | — | 83.83 |

资料来源：申万宏源研究，国家旅游局，公司公告

**表37　2016年旅行社类上市企业业务毛利率**　　单位：%

| | | 入境旅游收入毛利率 | 国内旅游收入毛利率 | 出境旅游收入毛利率 |
|---|---|---|---|---|
| | 旅行社总体 | 5.90 | 5.20 | 5.03 |
| 2016 | 中国国旅 | 16.68 | 6.74 | 5.90 |
| | 众信旅游 | — | — | 9.67 |
| 2015 | 中国国旅 | 12.26 | 6.13 | 5.81 |
| | 众信旅游 | — | — | 8.98 |
| 2014 | 中国国旅 | 13.80 | 7.46 | 5.66 |
| | 众信旅游 | — | — | 8.95 |

资料来源：申万宏源研究，国家旅游局，公司公告

对比两家以旅行社业务为主的上市企业财务数据可以看出，全国旅行社业务收入主要集中在国内游和出境游，而上市旅行社业务则集中在出境旅游，众信旅游的出境旅游产品收入甚至占到其总收入的91.48%。从毛利率来看，中国国旅各类旅游业务的毛利率水平都高于全国平均水平；众信旅游的出境游的毛利率为9.67%。入境旅游的毛利率水平是最高的，但入境游业务无论是在两家上市公司样本中还是在全国旅行社平均水平中收入占比都是最低的。中国国旅三种业务的毛利率都有所上升，但是入境旅游和出境旅游的收入占比有所下降。

另外，中国国旅的盈利能力远高于同类企业，不仅仅是因为该企业在出入境旅游和国内旅游业务方面有较高的毛利率，还因为该企业在免税行业的逐渐扩张，免税部分对中国国旅的整体盈利水平的贡献程度举足轻重。2016年，“网上购物，机场提货”的新模式使公司离岛免税业务再创佳绩。传统的旅行社行业集中度低、盈利能力有限，民营旅行社众信旅游专注出境游产品的批发、零售及会展业务，其对接资本市场后，有望借助资本的力量及其成熟的管理模式通过收购兼并快速提升自己的市场占有率。

## （五）其他类上市企业

在旅游行业，还有一些主营业务种类不同于上述传统业务的上市公司，主要是华侨城、海航创新、北京文化以及三湘印象。北京文化的主营业务收入中，旅游收入占比从43.98%降到了13.31%，这主要是公司从2015年开始逐渐向影视文化行业转型，目前公司已经形成了旅游及影视文化业务协同发展的模式。华侨城主营业务收入中，旅游业务占比又上升到45.11%，地产收入占比下降到53.39%，武汉欢乐谷二期、上海水公园二期如期面世，东部华侨城举办系列活动，深挖国家级旅游度假区概念，京津

欢乐谷、武汉等园区通过联动、套票等形式均取得了较好效果。海航创新的主营业务收入中，旅游餐饮服务的收入占比从6.29%上升到了39.26%，地产行业收入占比有所下降。2016年度威尼斯小镇销售及交房大幅减少，导致本年度旅游地产收入和成本同比有较大下降。并且公司目前主要业务为九龙山旅游度假区运营与开发，已在九龙山旅游度假区内开发了配套设施与大众休闲旅游项目，目前公司正在进行业务转型，旅游地产收入有所下滑。三湘印象目前实行“双主业”经营模式，在房地产开发基础上新增文化演艺主营业务，目前拥享国内外顶尖情景体验剧创作团队和旅游文化演艺演出“印象”及“又见”品牌。

1. 盈利能力

**表38　其他类上市旅游企业盈利能力**　单位：%

| | 净资产收益率 | | 总资产报酬率 | | 销售利润率 | | 成本费用利润率 | |
|---|---|---|---|---|---|---|---|---|
| 年份 | 2016 | 2015 | 2016 | 2015 | 2016 | 2015 | 2016 | 2015 |
| 总体 | 14.10 | 11.79 | 6.13 | 6.14 | 22.90 | 20.49 | 42.49 | 36.34 |
| 华侨城A | 16.84 | 14.02 | 7.82 | 7.63 | 24.16 | 21.37 | 45.58 | 38.06 |
| 海航创新 | −11.65 | 1.63 | −2.62 | 2.53 | −680.82 | −52.22 | −75.12 | 15.95 |
| 北京文化 | 19.26 | 2.19 | 19.46 | 1.70 | 67.38 | 1.44 | 102.56 | 8.33 |
| 三湘印象 | 15.12 | 3.51 | 10.77 | 2.54 | 18.93 | 17.39 | 25.67 | 12.73 |

资料来源：申万宏源研究，公司公告

2016年，其他类上市企业总体的盈利能力较上年有所上升。其中，北京文化的盈利能力各项指标均处于行业领先位置，并且较未转型之前有大幅度的提升，这主要得益于北京文化影视与经纪业务的大幅增长。2016年度海航创新的净资产收益率为负，主要原因是威尼斯小镇销售及交房大幅减少，以及公司正在进行业务转型，旅游地产收入有所下滑，导致公司净利润为负。

2. 营运能力

表39　其他类上市旅游企业营运能力　　单位：次

| | 总资产周转率 | | 流动资产周转率 | | 存货周转率 | | 应收账款周转率 | |
|---|---|---|---|---|---|---|---|---|
| 年份 | 2016 | 2015 | 2016 | 2015 | 2016 | 2015 | 2016 | 2015 |
| **总体** | **0.26** | **0.25** | **0.35** | **0.34** | **0.27** | **0.24** | 48.32 | 54.68 |
| 华侨城A | 0.24 | 0.28 | 0.33 | 0.39 | 0.28 | 0.31 | 91.96 | 66.47 |
| **海航创新** | **0.01** | **0.03** | **0.02** | **0.06** | **0.03** | **0.09** | 19.83 | 415.26 |
| 北京文化 | 0.18 | 0.25 | 0.28 | 0.51 | 2.27 | 1.45 | 2.11 | 3.49 |
| **三湘印象** | **0.48** | **0.04** | **0.62** | **0.04** | **0.42** | **0.03** | 100.92 | 23.22 |

资料来源：申万宏源研究，公司公告

2016年，其他类上市企业的资金周转效率除了应收账款周转率以外，其他指标都有一定程度上升。具体来看，三湘印象的营运能力加强，而华侨城、海航创新和北京文化都有所下降。

3. 偿债能力

表40　其他类上市旅游企业偿债能力　　单位：%

| | 资产负债率 | | 流动比率 | | 速动比率 | | 长期资产适合率 | |
|---|---|---|---|---|---|---|---|---|
| 年份 | 2016 | 2015 | 2016 | 2015 | 2016 | 2015 | 2016 | 2015 |
| **总体** | **66.62** | **62.74** | **148.55** | **188.51** | **54.06** | **72.12** | 385.25 | 462.88 |
| 华侨城A | 67.12 | 63.41 | 147.91 | 188.24 | 53.23 | 70.62 | 374.14 | 452.41 |
| **海航创新** | **56.96** | **53.01** | **184.40** | **184.03** | **80.20** | **94.41** | 3 055.34 | 1 969.22 |
| 北京文化 | 16.10 | 27.14 | 594.76 | 285.37 | 546.99 | 238.93 | 10 383.22 | 584.54 |
| **三湘印象** | **52.23** | **77.64** | **322.76** | **190.77** | **35.85** | **7.51** | 2 067.83 | 1 658.07 |

资料来源：申万宏源研究，公司公告

与2015年相比，北京文化和三湘印象的短期、长期偿债能力均有所增强，北京文化的偿债能力水平更是远高于上市企业平均水平。具体来看，2016年度北京文化通过非公开发行募集资金收购两家影视文化公司，共募集资金28.94亿元，所有者权益大幅度增加，导致北京文化的长期资产适合率也跟着大幅度上升。并且北京文化的流动资产增长幅度大于流动负债的增长幅度，导致公司的流动比率和速动比率也有所增加。海航创新长期借款同比增加30.22%，导致其长期资产适合率也有所上升；三湘印象的资产负债率下降，华侨城的短期、长期偿债能力均有所下降。

4. 增长能力

**表41　其他类上市旅游企业增长能力**　　单位：%

| | 销售增长率 | | 资本积累率 | | 总资产增长率 | |
|---|---|---|---|---|---|---|
| 年份 | 2016 | 2015 | 2016 | 2015 | 2016 | 2015 |
| 总体 | 9.63 | 5.34 | 12.82 | 30.24 | 25.92 | 21.65 |
| 华侨城A | 10.07 | 4.94 | 14.79 | 35.45 | 26.96 | 21.49 |
| 海航创新 | −72.15 | 319.44 | −11.82 | 4.44 | −4.00 | 12.52 |
| 北京文化 | 165.22 | −16.96 | 336.61 | 9.29 | 270.88 | −5.57 |
| 三湘印象 | 1 190.63 | −59.12 | 113.67 | −0.37 | 2.86 | 17.00 |

资料来源：申万宏源研究，公司公告

2016年，其他类旅游类上市企业的销售增长率、总资产增长率两项指标上升，资本积累率有所下降。其中北京文化和三湘印象营业收入大幅上升，说明北京文化和三湘印象的战略转型的效果显著。而海航创新由于地产收入下滑，导致销售增长率为负。华侨城销售增长率较2015年有所上升。

## 三、总体分析与结论

纵观2016年，旅游业弱复苏，资本运作频繁，国内旅游44.4亿人次，同比上涨11%，旅游收入从2011年的1.93万亿元增长到2016年的3.9万亿元。休闲旅游特征日益鲜明，酒店龙头企业受益于传统星级饭店的供给收缩和酒店的中档化升级，RevPAR增速在经历连续三年下滑后，在2016 年出现转正；自然景区受天气影响客流量下滑，然而中国高铁网络的逐步完善和自驾游的兴起大幅提升了景区的通勤便利性；2016年受欧洲暴恐事件、签证制度修改、港澳旅游疲软等因素，出境游增速放缓；在线旅游、免税购物和旅游演艺等蓬勃发展。

目前，国内上市旅游企业以国有企业为主，旅游行业内的国有企业改革应走在全国的前列，做一些大胆的探索。各省级单位应积极整合优质资源，建立大型旅游控股集团，运用多层次的资本市场，为优质企业实现与资本的对接。通过资产证券化、并购基金等模式加大旅游业的投资规模，引入战略投资者市场化运作，提升旅游项目的投资回报率，吸引更多的资金关注旅游业，形成良性循环，以实现旅游业真正的崛起。对于已设立省级旅游集团的地区，应打破大集团小公司的模式，积极推进企业体外优质资产注入，做大企业资产规模。鼓励企业管理者持股，完善绩效与经营指标的考核体系，进一步提升企业盈利能力，真正打造出几个具有代表性的、具备较强盈利能力的旅游集团。

目前，国内酒店集团已经通过收购兼并等方式做大资产规模，做大委托经营管理规模，国内酒店业已经培育出具有国际影响力的酒店集团。而景区、主题公园、邮轮产业实现扩张均需要较大的资本投入，因此，应推进符合条件的景区、主题公园、邮轮企业登上主板及中小板市场、借助资本实现快速扩张。同时，鼓励已上市传统景区企业打破地域限制，加快外延式扩张，多元化布局，打通产业链，做大企业规模。

综上分析可以看出，现阶段旅游行业需求旺盛，优质产品仍供不应求，在深挖企业价值、多元化经营、提升盈利能力的同时更要加快旅游企业与资本的对接，通过多层次的资本市场，为旅游企业扩宽融资渠道，把握旅游行业蕴含着的巨大发展机遇，助力旅游企业跨越式发展，实现旅游业的崛起。

# 行 业 数 据

# 2016 年度全国旅游行业经济效益

| 地 区 | 财务效益 | | | | 资产营运状况 | | |
|---|---|---|---|---|---|---|---|
| | 净资产收益率(%) | 总资产报酬率(%) | 营业利润率(%) | 成本费用利润率(%) | 总资产周转率(%) | 流动资产周转率(%) | 存货周转率(次) |
| 全 国 | 4.37 | 3.57 | 4.35 | 5.69 | 45.66 | 101.97 | 1.04 |
| 北 京 | 5.94 | 4.14 | 2.99 | 3.35 | 93.74 | 232.61 | 1.00 |
| 天 津 | –4.29 | –1.38 | –8.47 | –6.49 | 26.79 | 103.02 | 1.04 |
| 河 北 | –4.39 | –0.46 | –3.65 | –3.80 | 37.72 | 106.12 | 1.08 |
| 山 西 | –2.38 | –0.47 | –2.78 | –1.83 | 56.33 | 162.85 | 0.93 |
| 内蒙古 | –4.65 | –1.79 | –7.58 | –6.07 | 33.22 | 103.01 | 0.99 |
| 辽 宁 | 1.75 | 1.37 | 0.13 | 1.45 | 62.92 | 129.64 | 1.02 |
| 吉 林 | 0.49 | 1.20 | –0.32 | 3.35 | 19.39 | 43.73 | 0.99 |
| 黑龙江 | 5.91 | 5.44 | 2.83 | 3.69 | 100.02 | 263.52 | 0.88 |
| 上 海 | 7.88 | 4.81 | 5.35 | 6.86 | 58.43 | 131.04 | 1.11 |
| 江 苏 | 1.85 | 1.60 | 0.97 | 2.59 | 30.54 | 68.42 | 1.04 |
| 浙 江 | 3.08 | 3.37 | 3.58 | 4.21 | 43.81 | 80.65 | 1.07 |
| 安 徽 | –0.39 | 2.65 | 4.39 | 5.78 | 25.45 | 62.15 | 0.98 |
| 福 建 | 2.96 | 2.86 | 2.11 | 2.69 | 71.63 | 157.05 | 1.08 |
| 江 西 | 2.63 | 2.31 | 2.39 | 3.55 | 41.33 | 101.41 | 1.05 |
| 山 东 | 3.04 | 2.84 | 5.59 | 7.17 | 33.52 | 113.07 | 1.05 |

# 评价主要财务指标表（全部旅游企业）



| | 偿债能力状况 | | | | 发展能力状况 | | |
|---|---|---|---|---|---|---|---|
| 应收账款周转率（次） | 资产负债率(%) | 流动比率(%) | 速动比率(%) | 长期资产适合率(%) | 销售增长率(%) | 资本积累率(%) | 总资产增长率(%) |
| 14.25 | 58.14 | 122.30 | 96.05 | 199.76 | 4.81 | 10.68 | 12.96 |
| 14.36 | 57.07 | 92.61 | 84.93 | 173.31 | 6.30 | 20.85 | 19.61 |
| 10.56 | 54.07 | 69.62 | 68.48 | 170.78 | −7.17 | 0.52 | −2.90 |
| 11.70 | 64.50 | 99.62 | 89.41 | 125.24 | −2.45 | −3.69 | 9.97 |
| 11.36 | 49.28 | 84.16 | 81.12 | 140.43 | 5.25 | 4.79 | 4.96 |
| 6.16 | 48.51 | 74.52 | 64.94 | 149.53 | −0.70 | 53.93 | 35.54 |
| 37.53 | 62.30 | 114.46 | 103.16 | 196.53 | −0.89 | 4.45 | 8.23 |
| 8.09 | 54.58 | 146.64 | 127.19 | 204.53 | 5.48 | −1.29 | 2.60 |
| 12.62 | 38.22 | 98.97 | 92.21 | 161.29 | −11.48 | 4.44 | −4.45 |
| 17.89 | 62.48 | 104.20 | 100.89 | 183.48 | 1.52 | 6.91 | 21.25 |
| 13.28 | 63.15 | 131.36 | 111.26 | 222.60 | 1.15 | 13.79 | 9.77 |
| 15.37 | 60.17 | 121.30 | 96.50 | 189.88 | 7.01 | 6.33 | 5.02 |
| 11.21 | 54.37 | 135.31 | 91.25 | 217.87 | −0.91 | 16.49 | 6.01 |
| 16.61 | 56.00 | 125.55 | 88.88 | 218.16 | 7.99 | 5.95 | 3.94 |
| 7.48 | 49.62 | 114.38 | 98.14 | 219.99 | 6.77 | 3.51 | 2.82 |
| 14.88 | 45.74 | 106.93 | 85.06 | 237.24 | 3.90 | 6.10 | 11.26 |

| 地　区 | 财务效益 | | | | 资产营运状况 | | |
| --- | --- | --- | --- | --- | --- | --- | --- |
| | 净资产收益率(%) | 总资产报酬率(%) | 营　业利润率(%) | 成本费用利润率(%) | 总资产周转率(%) | 流动资产周转率(%) | 存　货周转率(次) |
| 河　南 | 0.74 | 2.33 | 2.43 | 3.10 | 27.46 | 115.35 | 0.97 |
| 湖　北 | 2.50 | 2.61 | 2.90 | 4.75 | 31.04 | 94.26 | 1.02 |
| 湖　南 | 6.74 | 5.52 | 10.46 | 13.04 | 38.38 | 95.75 | 1.05 |
| 广　东 | 11.93 | 6.18 | 10.47 | 12.88 | 45.53 | 77.21 | 1.02 |
| 广　西 | 2.67 | 2.54 | 1.56 | 3.31 | 37.77 | 123.36 | 0.99 |
| 海　南 | 13.59 | 10.85 | 16.33 | 19.73 | 62.83 | 135.53 | 1.04 |
| 重　庆 | 1.85 | 1.96 | −1.13 | 3.36 | 28.50 | 66.43 | 1.07 |
| 四　川 | 3.78 | 3.50 | 5.33 | 6.35 | 35.26 | 92.61 | 1.23 |
| 贵　州 | 1.10 | 1.02 | −0.66 | 4.16 | 16.54 | 45.30 | 1.06 |
| 云　南 | 1.25 | 1.84 | 1.55 | 3.17 | 29.34 | 63.07 | 1.04 |
| 陕　西 | 0.65 | 2.51 | −0.85 | 2.38 | 28.24 | 51.55 | 1.08 |
| 甘　肃 | 4.02 | 8.85 | 3.55 | 8.50 | 29.97 | 90.14 | 1.03 |
| 青　海 | 1.28 | 1.66 | −4.98 | 2.38 | 32.27 | 86.81 | 0.99 |
| 宁　夏 | 2.04 | 2.32 | 4.06 | 6.10 | 25.38 | 59.69 | 0.99 |
| 新　疆 | −9.19 | 0.35 | −1.57 | −0.39 | 39.28 | 98.17 | 0.99 |
| 西　藏 | −2.35 | −1.13 | −5.30 | −4.86 | 27.07 | 107.32 | 0.99 |

续表

| | 偿债能力状况 | | | | 发展能力状况 | | |
|---|---|---|---|---|---|---|---|
| 应收账款周转率(次) | 资产负债率(%) | 流动比率(%) | 速动比率(%) | 长期资产适合率(%) | 销售增长率(%) | 资本积累率(%) | 总资产增长率(%) |
| 9.20 | 49.46 | 80.50 | 72.12 | 154.81 | 0.64 | 12.56 | 12.69 |
| 14.03 | 54.81 | 112.64 | 102.26 | 176.31 | 1.97 | 9.93 | 12.26 |
| 9.50 | 53.93 | 133.89 | 123.36 | 201.41 | 10.14 | 10.37 | 14.10 |
| 32.46 | 65.98 | 138.75 | 73.17 | 213.02 | 5.28 | 8.06 | 14.41 |
| 9.35 | 48.99 | 94.62 | 85.89 | 161.71 | 3.23 | 1.79 | −2.14 |
| 21.73 | 37.36 | 156.23 | 133.96 | 235.10 | 6.01 | 6.03 | 2.38 |
| 11.07 | 55.90 | 223.64 | 142.94 | 278.52 | 8.05 | 15.24 | 10.74 |
| 11.02 | 51.25 | 127.66 | 102.51 | 181.86 | 18.33 | 12.19 | 7.03 |
| 16.39 | 48.02 | 177.21 | 175.01 | 440.69 | 2.15 | 59.68 | 46.98 |
| 8.76 | 60.58 | 133.16 | 120.59 | 212.83 | 1.35 | 8.63 | 20.80 |
| 3.64 | 63.03 | 141.92 | 117.78 | 207.00 | 14.50 | 11.16 | 19.60 |
| 7.44 | 48.66 | 96.68 | 85.81 | 136.73 | 13.76 | 12.90 | 16.96 |
| 13.26 | 45.36 | 138.26 | 135.07 | 159.42 | 6.17 | 15.91 | 17.05 |
| 14.23 | 46.12 | 168.53 | 164.38 | 184.79 | −2.22 | 7.34 | 8.94 |
| 12.26 | 49.73 | 122.64 | 105.10 | 140.23 | −17.76 | 2.31 | 7.15 |
| 12.20 | 36.20 | 103.44 | 95.87 | 135.66 | 13.16 | −1.78 | 0.64 |

# 2016 年度全国旅游行业经济效益

| 地 区 | 财务效益 | | | | 资产营运状况 | | |
|---|---|---|---|---|---|---|---|
| | 净资产收益率（%） | 总资产报酬率（%） | 营 业利润率（%） | 成本费用利润率（%） | 总资产周转率（%） | 流动资产周转率（%） | 存 货周转率（次） |
| 全 国 | 6.53 | 3.23 | 0.71 | 0.86 | 349.04 | 437.45 | — |
| 北 京 | 6.10 | 3.25 | 0.76 | 0.86 | 335.61 | 382.50 | — |
| 天 津 | 4.77 | 1.46 | -0.12 | 0.61 | 230.37 | 260.97 | — |
| 河 北 | 2.20 | 2.16 | 0.38 | 0.54 | 390.62 | 449.57 | — |
| 山 西 | 5.28 | 4.37 | 0.91 | 0.98 | 436.22 | 547.30 | — |
| 内蒙古 | -0.78 | -0.09 | -0.19 | -0.07 | 215.59 | 344.69 | — |
| 辽 宁 | 19.64 | 11.43 | 1.32 | 1.39 | 830.07 | 919.70 | — |
| 吉 林 | 2.37 | 2.43 | 0.53 | 1.04 | 178.93 | 224.62 | — |
| 黑龙江 | 13.61 | 8.12 | 1.46 | 1.54 | 534.70 | 638.23 | — |
| 上 海 | 4.96 | 1.34 | 0.34 | 0.49 | 249.66 | 311.77 | — |
| 江 苏 | 13.30 | 4.66 | 0.79 | 1.04 | 437.89 | 639.81 | — |
| 浙 江 | 8.29 | 5.36 | 1.13 | 1.41 | 360.05 | 504.72 | — |
| 安 徽 | -0.38 | 0.54 | -0.38 | 0.05 | 368.55 | 441.35 | — |
| 福 建 | 9.74 | 6.63 | 0.89 | 1.07 | 615.43 | 865.03 | — |
| 江 西 | 0.95 | 0.58 | 0.20 | 0.30 | 187.14 | 278.94 | — |
| 山 东 | 10.22 | 9.01 | 1.84 | 1.93 | 466.98 | 693.42 | — |

# 评价主要财务指标表（全部旅行社）

| | 偿债能力状况 | | | | 发展能力状况 | | |
|---|---|---|---|---|---|---|---|
| 应收账款周转率（次） | 资产负债率(%) | 流动比率(%) | 速动比率(%) | 长期资产适合率(%) | 销售增长率(%) | 资本积累率(%) | 总资产增长率(%) |
| 21.88 | 65.88 | 127.42 | 126.38 | 216.12 | 0.35 | 7.67 | 6.14 |
| 16.80 | 68.78 | 130.92 | 130.53 | 309.77 | 5.70 | 10.92 | 21.87 |
| 11.23 | 70.24 | 126.00 | 125.04 | 276.87 | −15.53 | −5.40 | −24.63 |
| 36.25 | 46.08 | 189.06 | 187.92 | 503.50 | −4.94 | 1.19 | 2.53 |
| 16.93 | 40.28 | 201.54 | 198.67 | 374.37 | 10.40 | 6.20 | 4.87 |
| 16.38 | 48.96 | 112.92 | 109.14 | 125.52 | −0.41 | 16.46 | 3.02 |
| 42.93 | 47.71 | 188.89 | 188.72 | 639.47 | −0.85 | 27.64 | 6.59 |
| 6.49 | 46.95 | 177.00 | 176.88 | 304.83 | 8.43 | 7.84 | 14.17 |
| 32.38 | 48.61 | 173.15 | 165.10 | 349.86 | −0.68 | −12.12 | 0.23 |
| 27.79 | 82.12 | 104.36 | 104.30 | 120.41 | −12.83 | 1.64 | 0.39 |
| 21.31 | 67.11 | 117.37 | 116.09 | 146.45 | −1.07 | 13.39 | −14.07 |
| 23.17 | 54.40 | 136.30 | 134.62 | 198.05 | 4.01 | 10.67 | 6.46 |
| 15.62 | 56.02 | 149.27 | 148.81 | 444.84 | 12.09 | 4.06 | 22.46 |
| 32.78 | 50.42 | 144.73 | 144.34 | 265.74 | 4.68 | 4.15 | 6.99 |
| 15.68 | 42.53 | 170.55 | 169.88 | 247.70 | 0.02 | 1.02 | 2.75 |
| 28.86 | 33.95 | 212.07 | 208.24 | 242.76 | −3.18 | 6.31 | 6.43 |

| 地区 | 财务效益 | | | | 资产营运状况 | | |
|---|---|---|---|---|---|---|---|
| | 净资产收益率(%) | 总资产报酬率(%) | 营业利润率(%) | 成本费用利润率(%) | 总资产周转率(%) | 流动资产周转率(%) | 存货周转率(次) |
| 河南 | -0.80 | 0.02 | -0.28 | -0.06 | 245.40 | 355.28 | — |
| 湖北 | 11.06 | 7.59 | 1.45 | 1.60 | 418.82 | 581.62 | — |
| 湖南 | 1.02 | 1.68 | -0.01 | 0.23 | 517.21 | 716.93 | — |
| 广东 | 10.18 | 4.08 | 0.82 | 0.90 | 436.40 | 501.88 | — |
| 广西 | 3.38 | 1.99 | 0.25 | 0.58 | 323.90 | 359.43 | — |
| 海南 | 0.43 | 1.35 | -0.33 | 0.36 | 258.01 | 275.71 | — |
| 重庆 | 6.04 | 4.02 | 0.50 | 0.63 | 575.34 | 747.94 | — |
| 四川 | 8.68 | 5.01 | 1.30 | 1.47 | 336.92 | 373.34 | — |
| 贵州 | 2.44 | 1.87 | 0.26 | 0.42 | 354.92 | 415.02 | — |
| 云南 | -3.86 | -0.32 | -0.36 | -0.30 | 257.20 | 309.02 | — |
| 陕西 | 1.11 | 1.02 | -0.04 | 0.20 | 422.66 | 465.28 | — |
| 甘肃 | 1.56 | 1.40 | 0.38 | 0.90 | 146.47 | 277.16 | — |
| 青海 | 2.87 | 2.03 | 1.09 | 1.21 | 167.32 | 313.32 | — |
| 宁夏 | -1.19 | 0.18 | 0.17 | 0.02 | 356.27 | 402.27 | — |
| 新疆 | 0.43 | 0.73 | 0.02 | 0.19 | 379.93 | 442.22 | — |
| 西藏 | 2.38 | 1.49 | 0.73 | 0.74 | 201.43 | 232.98 | — |

续表

| | 偿债能力状况 | | | | 发展能力状况 | | |
|---|---|---|---|---|---|---|---|
| 应收账款周转率(次) | 资产负债率(%) | 流动比率(%) | 速动比率(%) | 长期资产适合率(%) | 销售增长率(%) | 资本积累率(%) | 总资产增长率(%) |
| 21.82 | 45.80 | 151.70 | 149.46 | 270.15 | 1.76 | –0.63 | 10.53 |
| 25.87 | 48.86 | 160.71 | 158.97 | 288.10 | 0.25 | 1.63 | –5.97 |
| 26.27 | 43.52 | 192.44 | 191.31 | 315.24 | 10.88 | 12.01 | 8.69 |
| 20.53 | 71.01 | 124.12 | 121.40 | 268.70 | 7.84 | 19.78 | 12.15 |
| 11.70 | 62.90 | 145.01 | 122.92 | 642.36 | 4.88 | 4.10 | 12.20 |
| 8.21 | 65.87 | 138.72 | 138.40 | 736.26 | 14.10 | 2.31 | 13.12 |
| 45.31 | 59.83 | 138.76 | 138.36 | 234.42 | 8.06 | 7.55 | 14.18 |
| 25.10 | 57.69 | 160.52 | 158.30 | 662.38 | 6.80 | 9.84 | 7.72 |
| 15.35 | 62.31 | 137.09 | 136.40 | 308.97 | 1.49 | 12.85 | 13.36 |
| 12.25 | 70.63 | 125.99 | 125.05 | 253.74 | 1.26 | 3.03 | 7.77 |
| 23.49 | 62.27 | 148.34 | 148.11 | 700.53 | 16.53 | 3.99 | 13.03 |
| 13.35 | 30.58 | 198.06 | 193.74 | 186.59 | 37.85 | 4.65 | 10.11 |
| 12.98 | 41.93 | 133.93 | 133.29 | 148.77 | 11.97 | 16.35 | 12.52 |
| 15.54 | 62.76 | 141.13 | 140.76 | 432.23 | 12.09 | –2.10 | 10.57 |
| 16.31 | 61.85 | 140.28 | 138.97 | 344.78 | 7.91 | 3.22 | 15.53 |
| 17.61 | 47.40 | 172.06 | 171.95 | 1 223.51 | 58.83 | 3.02 | 25.31 |

# 2016 年度全国旅游行业经济效益

| 地 区 | 财务效益 | | | | 资产营运状况 | | |
|---|---|---|---|---|---|---|---|
| | 净资产收益率(%) | 总资产报酬率(%) | 营 业利润率(%) | 成本费用利润率(%) | 总资产周转率(%) | 流动资产周转率(%) | 存 货周转率(次) |
| 全 国 | 7.50 | 3.20 | 0.69 | 0.82 | 362.94 | 456.18 | — |
| 北 京 | 6.73 | 3.39 | 0.83 | 0.90 | 334.62 | 387.11 | — |
| 天 津 | 8.09 | 1.70 | −0.11 | 0.69 | 237.53 | 265.17 | — |
| 河 北 | 7.59 | 3.55 | 0.43 | 0.51 | 683.50 | 807.05 | — |
| 山 西 | 3.32 | 2.48 | 0.38 | 0.44 | 538.00 | 696.26 | — |
| 内蒙古 | 4.61 | 2.44 | 0.72 | 0.82 | 292.15 | 446.09 | — |
| 辽 宁 | 25.08 | 14.04 | 1.41 | 1.48 | 960.49 | 1 073.64 | — |
| 吉 林 | 10.25 | 5.17 | 1.41 | 1.77 | 244.08 | 261.51 | — |
| 黑龙江 | 22.36 | 11.57 | 1.61 | 1.68 | 697.65 | 850.46 | — |
| 上 海 | 5.52 | 1.22 | 0.34 | 0.49 | 227.29 | 289.51 | — |
| 江 苏 | −7.09 | −0.17 | −0.26 | −0.06 | 663.05 | 756.69 | — |
| 浙 江 | 8.56 | 5.33 | 1.25 | 1.46 | 341.97 | 511.62 | — |
| 安 徽 | −0.97 | 0.72 | −0.68 | −0.01 | 353.09 | 429.50 | — |
| 福 建 | 10.22 | 7.39 | 0.93 | 1.10 | 668.12 | 990.62 | — |
| 江 西 | 0.33 | 0.18 | 0.09 | 0.07 | 260.20 | 442.18 | — |
| 山 东 | 12.45 | 10.66 | 1.96 | 2.03 | 534.28 | 802.07 | — |

# 评价主要财务指标表（经营出境游旅行社）

| | 偿债能力状况 | | | | 发展能力状况 | | |
|---|---|---|---|---|---|---|---|
| 应收账款周转率（次） | 资产负债率(%) | 流动比率(%) | 速动比率(%) | 长期资产适合率(%) | 销售增长率(%) | 资本积累率(%) | 总资产增长率(%) |
| 25.36 | 70.51 | 117.94 | 117.15 | 181.92 | −2.58 | 7.65 | 2.97 |
| 18.24 | 69.68 | 127.81 | 127.42 | 269.70 | 2.18 | 11.75 | 20.80 |
| 11.22 | 78.21 | 115.35 | 115.14 | 244.71 | −18.20 | −10.58 | −31.75 |
| 79.32 | 65.50 | 128.32 | 127.80 | 249.10 | −8.14 | 1.62 | 2.37 |
| 20.30 | 36.97 | 212.86 | 212.44 | 337.58 | 1.50 | 4.03 | −1.83 |
| 25.85 | 55.23 | 113.54 | 106.16 | 151.99 | −3.88 | −11.38 | −15.11 |
| 44.41 | 47.21 | 188.83 | 188.69 | 593.79 | −1.37 | 25.07 | −2.38 |
| 5.87 | 65.34 | 143.21 | 143.14 | 814.67 | 7.68 | 24.43 | 23.49 |
| 39.82 | 55.94 | 144.95 | 144.38 | 257.84 | −1.01 | −17.64 | −2.42 |
| 30.59 | 85.15 | 98.89 | 98.85 | 98.21 | −14.88 | 0.13 | −1.43 |
| 21.67 | 75.67 | 113.17 | 112.06 | 190.53 | 0.73 | 15.09 | −31.53 |
| 25.63 | 56.52 | 120.59 | 118.08 | 157.04 | −3.07 | 13.29 | 2.94 |
| 16.05 | 68.16 | 120.73 | 120.50 | 254.37 | 14.24 | −1.91 | 21.41 |
| 41.93 | 47.69 | 143.58 | 143.16 | 252.05 | 3.75 | 1.63 | 5.09 |
| 60.37 | 43.93 | 134.56 | 134.55 | 211.73 | −5.53 | 0.93 | 1.24 |
| 31.43 | 34.84 | 195.41 | 190.85 | 229.38 | −6.57 | 6.84 | 5.37 |

| 地区 | 财务效益 | | | | 资产营运状况 | | |
|---|---|---|---|---|---|---|---|
| | 净资产收益率(%) | 总资产报酬率(%) | 营业利润率(%) | 成本费用利润率(%) | 总资产周转率(%) | 流动资产周转率(%) | 存货周转率(次) |
| 河南 | 0.39 | 0.82 | -0.07 | 0.13 | 410.70 | 578.07 | — |
| 湖北 | 13.31 | 8.71 | 1.43 | 1.62 | 467.48 | 712.47 | — |
| 湖南 | 9.48 | 8.14 | 0.74 | 0.78 | 1 028.31 | 1 277.53 | — |
| 广东 | 13.03 | 4.60 | 0.92 | 0.98 | 455.56 | 527.29 | — |
| 广西 | 16.76 | 5.91 | 0.87 | 1.64 | 346.77 | 395.97 | — |
| 海南 | -1.79 | 0.35 | -0.80 | -0.15 | 164.70 | 186.07 | — |
| 重庆 | 4.69 | 3.42 | 0.48 | 0.52 | 575.51 | 784.10 | — |
| 四川 | 7.59 | 4.21 | 1.01 | 1.18 | 348.44 | 386.60 | — |
| 贵州 | 4.38 | 2.67 | 0.35 | 0.59 | 373.19 | 431.21 | — |
| 云南 | -2.63 | 0.27 | -0.26 | -0.15 | 213.37 | 309.43 | — |
| 陕西 | 3.23 | 1.23 | -0.01 | 0.14 | 616.20 | 651.81 | — |
| 甘肃 | 1.85 | 1.46 | 0.97 | 1.02 | 141.54 | 388.21 | — |
| 青海 | 8.37 | 3.26 | 0.80 | 0.87 | 368.17 | 409.36 | — |
| 宁夏 | 3.13 | 1.95 | 0.60 | 0.35 | 512.63 | 622.38 | — |
| 新疆 | -0.11 | 0.60 | 0.08 | 0.15 | 396.83 | 476.73 | — |
| 西藏 | 36.28 | 15.99 | 8.67 | 9.51 | 184.05 | 190.79 | — |

续表

| | 偿债能力状况 | | | | 发展能力状况 | | |
|---|---|---|---|---|---|---|---|
| 应收账款周转率（次） | 资产负债率（%） | 流动比率（%） | 速动比率（%） | 长期资产适合率（%） | 销售增长率（%） | 资本积累率（%） | 总资产增长率（%） |
| 42.03 | 61.45 | 112.47 | 112.04 | 134.79 | –4.37 | 2.55 | 4.92 |
| 32.95 | 50.17 | 146.21 | 145.15 | 248.07 | 0.16 | –1.34 | –12.50 |
| 66.97 | 35.10 | 228.26 | 227.31 | 432.22 | 15.87 | 2.11 | –3.33 |
| 21.45 | 72.95 | 120.56 | 117.26 | 233.69 | 7.06 | 24.48 | 8.48 |
| 15.22 | 74.28 | 119.94 | 119.90 | 353.13 | 0.55 | 21.38 | 10.46 |
| 7.45 | 67.10 | 122.32 | 122.30 | 465.69 | –8.12 | 3.04 | 7.92 |
| 52.55 | 60.19 | 133.60 | 133.22 | 203.13 | 4.04 | 2.94 | 10.88 |
| 30.66 | 60.08 | 155.45 | 155.39 | 598.28 | 0.73 | 7.78 | 5.25 |
| 14.61 | 67.04 | 129.43 | 128.68 | 325.23 | –2.61 | 17.83 | 8.97 |
| 25.83 | 63.90 | 116.00 | 115.09 | 174.49 | –11.93 | 2.34 | –3.37 |
| 33.49 | 82.34 | 115.74 | 115.68 | 567.92 | 15.06 | 5.77 | 23.99 |
| 20.33 | 26.79 | 148.94 | 145.67 | 144.57 | 42.93 | 5.02 | 9.66 |
| 17.83 | 70.24 | 145.56 | 145.44 | 459.06 | 6.75 | 8.76 | 5.61 |
| 25.88 | 75.05 | 109.58 | 109.44 | 191.86 | 12.42 | 0.50 | 22.32 |
| 27.06 | 58.94 | 141.12 | 139.11 | 283.54 | –2.79 | 1.45 | –2.42 |
| 61.49 | 55.83 | 166.11 | 166.11 | 42 800.17 | 72.82 | 53.33 | 43.16 |

# 2016 年度全国旅游行业经济效益

| 地 区 | 财务效益 | | | | 资产营运状况 | | |
|---|---|---|---|---|---|---|---|
| | 净资产收益率 (%) | 总资产报酬率 (%) | 营 业 利润率 (%) | 成本费用利润率 (%) | 总资产周转率 (%) | 流动资产周转率 (%) | 存 货 周转率 (次) |
| 全 国 | 4.97 | 3.29 | 0.75 | 1.00 | 312.73 | 388.94 | — |
| 北 京 | 3.39 | 2.49 | 0.41 | 0.66 | 340.92 | 359.93 | — |
| 天 津 | 0.24 | 0.45 | −0.15 | 0.22 | 199.51 | 240.93 | — |
| 河 北 | 0.08 | 1.05 | 0.21 | 0.63 | 158.92 | 179.29 | — |
| 山 西 | 9.49 | 8.05 | 3.24 | 3.43 | 237.80 | 281.74 | — |
| 内蒙古 | −4.44 | −2.13 | −1.57 | −1.39 | 154.05 | 255.83 | — |
| 辽 宁 | −4.50 | −1.99 | −1.45 | −1.24 | 160.87 | 158.89 | — |
| 吉 林 | −1.80 | −0.87 | −2.05 | −1.01 | 100.38 | 158.80 | — |
| 黑龙江 | −1.80 | −1.09 | −1.36 | −1.12 | 98.36 | 111.47 | — |
| 上 海 | 3.43 | 2.23 | 0.38 | 0.52 | 416.20 | 453.73 | — |
| 江 苏 | 23.05 | 9.52 | 4.12 | 4.66 | 211.34 | 429.99 | — |
| 浙 江 | 7.95 | 5.41 | 0.97 | 1.33 | 387.90 | 495.61 | — |
| 安 徽 | −0.22 | 0.46 | −0.26 | 0.07 | 374.93 | 446.23 | — |
| 福 建 | 8.51 | 5.01 | 0.79 | 0.97 | 502.96 | 636.19 | — |
| 江 西 | 1.30 | 0.80 | 0.32 | 0.54 | 144.59 | 201.09 | — |
| 山 东 | 5.76 | 5.50 | 1.42 | 1.61 | 323.38 | 469.83 | — |

# 评价主要财务指标表（经营非出境游旅行社）

| | 偿债能力状况 | | | | 发展能力状况 | | |
|---|---|---|---|---|---|---|---|
| 应收账款周转率（次） | 资产负债率(%) | 流动比率(%) | 速动比率(%) | 长期资产适合率(%) | 销售增长率(%) | 资本积累率(%) | 总资产增长率(%) |
| 15.44 | 54.39 | 158.51 | 156.68 | 313.08 | 10.42 | 7.71 | 14.94 |
| 11.85 | 64.11 | 148.12 | 147.76 | 1 016.46 | 29.14 | 7.39 | 27.76 |
| 11.29 | 44.12 | 186.60 | 181.34 | 337.64 | 1.45 | 2.16 | 14.44 |
| 12.73 | 30.73 | 291.79 | 289.62 | 847.47 | 7.81 | 1.02 | 2.65 |
| 9.77 | 46.14 | 185.39 | 179.03 | 483.62 | 80.09 | 11.01 | 19.33 |
| 10.50 | 44.71 | 112.41 | 111.63 | 114.62 | 5.39 | 40.63 | 20.39 |
| 20.31 | 49.73 | 189.12 | 188.87 | 946.87 | 17.98 | 39.79 | 69.30 |
| 9.42 | 22.92 | 323.14 | 322.83 | 224.84 | 10.71 | 0.01 | 3.91 |
| 7.14 | 29.89 | 320.36 | 273.24 | 780.96 | 5.93 | −1.55 | 7.70 |
| 20.26 | 61.16 | 154.76 | 154.51 | 594.07 | −3.37 | 5.84 | 15.06 |
| 20.25 | 60.35 | 123.31 | 121.79 | 135.67 | −6.34 | 12.59 | 7.58 |
| 20.49 | 51.27 | 162.10 | 161.78 | 301.82 | 15.46 | 7.39 | 12.14 |
| 15.46 | 51.03 | 165.14 | 164.55 | 553.02 | 11.28 | 5.78 | 22.90 |
| 20.25 | 56.10 | 146.82 | 146.48 | 305.22 | 7.42 | 10.95 | 11.17 |
| 8.83 | 41.73 | 195.09 | 193.98 | 271.36 | 6.59 | 1.07 | 3.64 |
| 22.44 | 32.10 | 256.29 | 254.37 | 272.92 | 11.05 | 5.26 | 8.74 |

| 地　区 | 财务效益 | | | | 资产营运状况 | | |
|---|---|---|---|---|---|---|---|
| | 净资产收益率(%) | 总资产报酬率(%) | 营　业利润率(%) | 成本费用利润率(%) | 总资产周转率(%) | 流动资产周转率(%) | 存　货周转率(次) |
| 河　南 | -1.22 | -0.47 | -0.66 | -0.38 | 144.83 | 212.89 | — |
| 湖　北 | 7.29 | 5.45 | 1.50 | 1.53 | 325.26 | 385.36 | — |
| 湖　南 | -1.27 | 0.19 | -0.45 | -0.09 | 399.15 | 567.97 | — |
| 广　东 | 3.44 | 2.24 | 0.40 | 0.55 | 368.96 | 415.14 | — |
| 广　西 | -1.12 | -0.55 | -0.20 | -0.18 | 309.05 | 336.90 | — |
| 海　南 | 1.57 | 1.91 | -0.20 | 0.52 | 310.54 | 321.89 | — |
| 重　庆 | 11.33 | 6.41 | 0.61 | 1.03 | 574.66 | 632.71 | — |
| 四　川 | 11.25 | 7.31 | 2.26 | 2.42 | 303.56 | 334.84 | — |
| 贵　州 | 0.26 | 0.50 | 0.08 | 0.09 | 323.92 | 386.61 | — |
| 云　南 | -4.90 | -0.70 | -0.41 | -0.38 | 285.37 | 308.83 | — |
| 陕　西 | 0.45 | 0.82 | -0.09 | 0.34 | 239.08 | 273.60 | — |
| 甘　肃 | 1.08 | 1.32 | -0.42 | 0.74 | 153.61 | 200.99 | — |
| 青　海 | 1.90 | 1.52 | 1.60 | 1.83 | 84.22 | 219.74 | — |
| 宁　夏 | -3.65 | -1.78 | -1.13 | -0.98 | 184.21 | 193.13 | — |
| 新　疆 | 1.69 | 1.04 | -0.12 | 0.30 | 340.90 | 370.28 | — |
| 西　藏 | -1.22 | -0.65 | -0.33 | -0.32 | 203.99 | 239.80 | — |

续表

| 应收账款周转率(次) | 偿债能力状况 | | | | 发展能力状况 | | |
|---|---|---|---|---|---|---|---|
| | 资产负债率(%) | 流动比率(%) | 速动比率(%) | 长期资产适合率(%) | 销售增长率(%) | 资本积累率(%) | 总资产增长率(%) |
| 11.90 | 36.66 | 192.00 | 187.90 | 417.70 | 14.42 | -1.71 | 14.10 |
| 16.21 | 46.59 | 186.49 | 183.54 | 395.89 | 0.49 | 6.81 | 7.96 |
| 19.27 | 45.33 | 184.95 | 183.78 | 297.63 | 8.12 | 14.86 | 11.68 |
| 17.31 | 64.64 | 137.00 | 136.40 | 448.85 | 11.38 | 9.40 | 26.14 |
| 10.02 | 55.60 | 166.59 | 125.53 | 921.96 | 8.29 | -1.13 | 13.35 |
| 8.47 | 65.20 | 147.94 | 147.45 | 1 046.65 | 22.98 | 1.93 | 16.16 |
| 29.35 | 58.52 | 156.97 | 156.51 | 588.41 | 27.52 | 27.82 | 28.27 |
| 15.61 | 51.06 | 176.56 | 167.52 | 888.18 | 33.61 | 14.81 | 15.19 |
| 17.05 | 54.68 | 152.26 | 151.70 | 291.82 | 10.57 | 7.52 | 21.23 |
| 9.76 | 74.60 | 130.92 | 129.96 | 401.12 | 9.11 | 3.61 | 15.63 |
| 13.57 | 41.55 | 216.90 | 216.29 | 755.63 | 20.30 | 3.44 | 3.58 |
| 9.17 | 36.03 | 263.08 | 257.37 | 328.10 | 31.63 | 4.07 | 10.77 |
| 8.69 | 30.71 | 124.12 | 123.05 | 130.08 | 22.82 | 17.75 | 15.52 |
| 6.99 | 47.81 | 201.84 | 201.03 | 1 549.40 | 11.09 | -3.56 | -1.00 |
| 7.89 | 67.09 | 138.98 | 138.77 | 677.58 | 53.27 | 7.42 | 72.78 |
| 16.13 | 46.07 | 173.19 | 173.07 | 1 087.13 | 57.14 | -1.16 | 22.89 |

# 2016 年度全国旅游行业经济效益

| 地 区 | 财务效益 | | | | 资产营运状况 | | |
|---|---|---|---|---|---|---|---|
| | 净资产收益率(%) | 总资产报酬率(%) | 营业利润率(%) | 成本费用利润率(%) | 总资产周转率(%) | 流动资产周转率(%) | 存货周转率(次) |
| 全 国 | 2.80 | 2.56 | 4.36 | 5.37 | 34.52 | 88.19 | 1.01 |
| 北 京 | 5.98 | 4.16 | 8.95 | 10.81 | 36.30 | 91.57 | 1.00 |
| 天 津 | -5.30 | -1.71 | -13.17 | -9.85 | 18.73 | 77.60 | 1.01 |
| 河 北 | -6.18 | -1.15 | -8.59 | -9.15 | 23.01 | 63.62 | 0.98 |
| 山 西 | -5.66 | -2.31 | -19.17 | -12.59 | 17.78 | 56.81 | 1.00 |
| 内蒙古 | -3.52 | -1.50 | -8.87 | -6.48 | 24.72 | 96.79 | 0.97 |
| 辽 宁 | -12.93 | -7.79 | -31.27 | -29.79 | 26.02 | 55.07 | 0.99 |
| 吉 林 | -2.96 | -1.15 | -8.32 | -5.98 | 24.01 | 75.24 | 0.96 |
| 黑龙江 | -1.71 | -1.29 | -4.19 | -4.40 | 29.14 | 154.81 | 0.93 |
| 上 海 | 8.94 | 7.15 | 15.28 | 18.71 | 41.18 | 102.23 | 1.04 |
| 江 苏 | 2.64 | 2.18 | 3.55 | 3.74 | 37.84 | 97.25 | 1.02 |
| 浙 江 | 2.65 | 2.92 | 2.97 | 4.23 | 39.24 | 105.34 | 1.01 |
| 安 徽 | -6.42 | 0.11 | -9.71 | -7.77 | 22.91 | 69.10 | 0.99 |
| 福 建 | 1.24 | 1.80 | 1.78 | 2.42 | 40.58 | 119.94 | 1.05 |
| 江 西 | 2.13 | 1.65 | 2.20 | 2.57 | 48.22 | 106.61 | 1.05 |
| 山 东 | -0.38 | 0.68 | -0.90 | 0.02 | 34.25 | 85.60 | 1.00 |

# 评价主要财务指标表（全部旅游饭店）

| | 偿债能力状况 | | | | 发展能力状况 | | |
|---|---|---|---|---|---|---|---|
| 应收账款周转率（次） | 资产负债率（%） | 流动比率（%） | 速动比率（%） | 长期资产适合率（%） | 销售增长率（%） | 资本积累率（%） | 总资产增长率（%） |
| 10.78 | 50.35 | 113.53 | 107.62 | 147.84 | 0.76 | 3.02 | 1.72 |
| 6.26 | 49.45 | 103.75 | 100.25 | 129.11 | 1.24 | 6.37 | 0.75 |
| 8.20 | 57.41 | 63.82 | 62.10 | 154.73 | –3.26 | 4.89 | –6.42 |
| 8.04 | 66.99 | 96.63 | 93.29 | 115.85 | –2.47 | –5.39 | 9.77 |
| 3.72 | 51.93 | 61.89 | 57.52 | 98.11 | –11.63 | –5.24 | –2.09 |
| 3.55 | 51.53 | 74.74 | 58.28 | 97.14 | –5.22 | –1.97 | 3.09 |
| 18.96 | 39.47 | 157.32 | 153.27 | 212.91 | –6.74 | –12.00 | –5.63 |
| 13.45 | 41.97 | 94.30 | 90.37 | 122.99 | –0.22 | 5.24 | 1.02 |
| 5.26 | 20.42 | 84.20 | 75.77 | 96.68 | 8.24 | –2.50 | –4.57 |
| 11.86 | 34.02 | 172.87 | 166.82 | 224.27 | 6.87 | 7.50 | 6.06 |
| 14.08 | 54.13 | 112.83 | 109.73 | 151.37 | 2.86 | 7.18 | 1.43 |
| 19.94 | 57.99 | 93.46 | 88.40 | 132.47 | –0.53 | 0.29 | –1.65 |
| 8.78 | 69.45 | 72.99 | 68.86 | 115.28 | –2.39 | –3.18 | 2.90 |
| 16.03 | 55.57 | 96.72 | 89.49 | 138.45 | 1.70 | 4.04 | 2.53 |
| 4.76 | 46.29 | 116.40 | 111.24 | 151.31 | 8.74 | 2.96 | 1.47 |
| 11.20 | 56.07 | 101.80 | 95.70 | 127.69 | –0.96 | –0.82 | 0.47 |

| 地　区 | 财务效益 | | | | 资产营运状况 | | |
|---|---|---|---|---|---|---|---|
| | 净资产收益率(%) | 总资产报酬率(%) | 营　业利润率(%) | 成本费用利润率(%) | 总资产周转率(%) | 流动资产周转率(%) | 存　货周转率（次） |
| 河　南 | -1.72 | 0.20 | -2.51 | -2.12 | 33.62 | 116.77 | 0.93 |
| 湖　北 | -1.71 | 0.23 | -4.99 | -3.00 | 22.03 | 72.43 | 1.00 |
| 湖　南 | -1.82 | 0.15 | -4.13 | -2.09 | 34.92 | 111.94 | 1.00 |
| 广　东 | 5.02 | 3.67 | 7.95 | 8.69 | 35.70 | 71.19 | 1.00 |
| 广　西 | -5.48 | -0.20 | -9.00 | -9.37 | 19.91 | 103.44 | 0.99 |
| 海　南 | 13.16 | 8.42 | 16.45 | 19.77 | 47.88 | 113.38 | 0.99 |
| 重　庆 | 3.77 | 2.75 | 6.66 | 7.57 | 28.75 | 54.98 | 0.98 |
| 四　川 | -0.48 | 0.94 | -0.05 | -0.05 | 26.08 | 65.88 | 1.02 |
| 贵　州 | 3.42 | 2.67 | 5.01 | 5.54 | 40.04 | 97.02 | 0.98 |
| 云　南 | -2.47 | -0.07 | -4.89 | -4.09 | 24.45 | 56.23 | 1.06 |
| 陕　西 | 2.09 | 1.77 | 3.10 | 4.48 | 31.54 | 81.39 | 1.04 |
| 甘　肃 | 0.56 | 1.15 | -6.76 | 1.84 | 23.71 | 81.06 | 1.03 |
| 青　海 | 0.99 | 1.27 | 0.97 | 2.65 | 27.50 | 66.51 | 0.99 |
| 宁　夏 | -0.36 | 0.53 | -1.14 | -0.20 | 23.74 | 35.61 | 1.00 |
| 新　疆 | -4.40 | -2.03 | -8.56 | -6.27 | 35.13 | 98.11 | 0.98 |
| 西　藏 | -1.43 | -0.79 | -6.32 | -5.08 | 16.26 | 83.66 | 0.97 |

续表

| | 偿债能力状况 | | | | 发展能力状况 | | |
|---|---|---|---|---|---|---|---|
| 应收账款周转率(次) | 资产负债率(%) | 流动比率(%) | 速动比率(%) | 长期资产适合率(%) | 销售增长率(%) | 资本积累率(%) | 总资产增长率(%) |
| 6.72 | 51.02 | 79.72 | 67.45 | 108.38 | −3.96 | 2.88 | 5.00 |
| 10.74 | 53.87 | 83.22 | 74.57 | 120.70 | 0.98 | 1.31 | 2.85 |
| 6.28 | 55.18 | 81.05 | 76.37 | 111.18 | −1.65 | −0.98 | 1.12 |
| 26.45 | 55.20 | 148.35 | 141.83 | 194.95 | −0.80 | −0.25 | 3.52 |
| 20.20 | 61.24 | 45.30 | 44.14 | 107.58 | −1.00 | −5.11 | −7.19 |
| 20.51 | 44.12 | 115.19 | 112.81 | 174.42 | −2.37 | 1.47 | 0.18 |
| 10.01 | 50.46 | 174.48 | 164.90 | 180.37 | −5.19 | 11.61 | −6.60 |
| 6.54 | 47.70 | 129.62 | 120.44 | 148.61 | −0.96 | 7.16 | −0.02 |
| 19.65 | 50.97 | 150.13 | 144.09 | 186.57 | −6.82 | −1.93 | −3.96 |
| 8.77 | 47.66 | 111.76 | 91.94 | 127.30 | −1.35 | −0.33 | −3.30 |
| 8.09 | 51.06 | 99.79 | 93.44 | 130.44 | 3.23 | 4.56 | 8.49 |
| 6.16 | 49.06 | 77.08 | 72.54 | 105.65 | 1.08 | 6.87 | 9.18 |
| 23.08 | 29.35 | 207.96 | 200.98 | 156.78 | 2.94 | 13.42 | 12.17 |
| 6.69 | 59.02 | 197.97 | 190.36 | 236.35 | −5.26 | −1.32 | −0.10 |
| 11.83 | 35.52 | 137.87 | 130.45 | 126.78 | 0.82 | −6.06 | −5.01 |
| 9.25 | 28.37 | 98.46 | 89.80 | 123.67 | −6.94 | −0.82 | −1.21 |

# 2016 年度全国旅游行业经济效益

| 地 区 | 财务效益 | | | | 资产营运状况 | | |
|---|---|---|---|---|---|---|---|
| | 净资产收益率(%) | 总资产报酬率(%) | 营业利润率(%) | 成本费用利润率(%) | 总资产周转率(%) | 流动资产周转率(%) | 存货周转率(次) |
| 全 国 | 4.71 | 3.78 | 8.72 | 9.91 | 31.61 | 82.26 | 1.02 |
| 北 京 | 9.18 | 6.02 | 12.78 | 14.70 | 38.20 | 80.23 | 1.00 |
| 天 津 | -6.69 | -2.77 | -20.49 | -16.28 | 16.05 | 126.09 | 0.96 |
| 河 北 | -0.84 | 0.06 | -2.89 | -1.58 | 14.51 | 55.32 | 0.79 |
| 山 西 | -1.75 | -0.84 | -22.81 | -8.45 | 7.73 | 36.57 | 1.01 |
| 内蒙古 | -27.84 | -4.92 | -19.35 | -16.33 | 25.26 | 273.73 | 0.95 |
| 辽 宁 | -18.35 | -11.44 | -62.35 | -62.21 | 18.64 | 35.94 | 1.00 |
| 吉 林 | -0.26 | 0.14 | -0.13 | 0.71 | 19.12 | 59.32 | 0.89 |
| 黑龙江 | -8.02 | -7.22 | -22.01 | -17.31 | 34.16 | 75.37 | 0.86 |
| 上 海 | 8.23 | 7.44 | 18.28 | 22.75 | 36.68 | 113.20 | 1.10 |
| 江 苏 | 4.09 | 3.23 | 4.99 | 5.36 | 34.69 | 88.48 | 1.03 |
| 浙 江 | 2.57 | 3.05 | 3.85 | 5.57 | 25.33 | 93.02 | 1.01 |
| 安 徽 | -7.37 | 0.62 | -11.20 | -9.54 | 19.66 | 92.24 | 0.98 |
| 福 建 | 3.23 | 2.36 | 3.04 | 3.51 | 43.50 | 152.82 | 1.05 |
| 江 西 | 2.08 | 1.29 | 2.05 | 2.19 | 60.04 | 140.42 | 1.01 |
| 山 东 | 5.01 | 3.13 | 5.92 | 5.77 | 35.53 | 75.64 | 1.00 |

# 评价主要财务指标表（五星级饭店）

| | 偿债能力状况 | | | | 发展能力状况 | | |
|---|---|---|---|---|---|---|---|
| 应收账款周转率（次） | 资产负债率(%) | 流动比率(%) | 速动比率(%) | 长期资产适合率(%) | 销售增长率(%) | 资本积累率(%) | 总资产增长率(%) |
| 10.55 | 48.56 | 129.81 | 124.90 | 166.82 | 1.91 | 3.05 | 1.69 |
| 3.05 | 51.49 | 122.21 | 117.82 | 149.27 | −0.73 | 1.69 | −2.39 |
| 5.01 | 49.18 | 45.37 | 44.28 | 146.95 | −6.37 | 11.04 | −4.89 |
| 15.49 | 63.15 | 152.36 | 148.93 | 117.65 | −17.54 | −1.98 | −2.60 |
| 4.51 | 49.75 | 44.96 | 43.17 | 106.73 | 4.42 | −1.74 | 0.37 |
| 27.91 | 84.33 | 24.16 | 22.81 | 81.22 | −1.87 | −25.34 | −6.79 |
| 30.16 | 37.98 | 195.12 | 192.22 | 288.72 | −3.43 | −16.66 | −10.46 |
| 11.14 | 48.20 | 81.44 | 79.94 | 135.12 | −2.29 | 20.50 | 12.12 |
| 1.30 | 7.84 | 420.21 | 392.07 | 142.24 | 5.37 | −7.71 | −11.86 |
| 40.74 | 25.75 | 193.43 | 189.70 | 259.63 | 11.29 | 7.63 | 8.08 |
| 9.67 | 59.26 | 138.67 | 136.60 | 151.29 | 2.33 | 18.65 | 4.35 |
| 21.60 | 56.05 | 75.22 | 71.99 | 116.97 | −1.46 | −3.26 | −1.06 |
| 10.76 | 72.73 | 67.72 | 65.76 | 331.53 | −0.63 | −5.34 | 1.75 |
| 24.40 | 66.81 | 84.57 | 79.79 | 127.93 | 1.84 | 0.42 | 2.94 |
| 5.18 | 36.71 | 168.34 | 160.83 | 146.25 | 3.07 | 2.10 | −2.15 |
| 21.68 | 67.39 | 117.94 | 116.11 | 120.93 | −4.16 | −0.32 | 2.10 |

| 地　区 | 财务效益 | | | | 资产营运状况 | | |
|---|---|---|---|---|---|---|---|
| | 净资产收益率(%) | 总资产报酬率(%) | 营　业利润率(%) | 成本费用利润率(%) | 总资产周转率(%) | 流动资产周转率(%) | 存　货周转率(次) |
| 河　南 | −1.69 | 0.61 | −3.79 | −2.98 | 24.05 | 187.53 | 1.07 |
| 湖　北 | −4.24 | −1.13 | −11.44 | −10.15 | 18.50 | 74.75 | 0.99 |
| 湖　南 | −2.56 | −0.91 | −6.38 | −5.52 | 24.09 | 49.36 | 0.95 |
| 广　东 | 6.77 | 4.45 | 11.07 | 12.06 | 31.36 | 57.13 | 1.00 |
| 广　西 | −2.73 | 0.75 | −5.80 | −4.89 | 22.82 | 158.96 | 1.00 |
| 海　南 | 18.10 | 10.53 | 20.26 | 25.52 | 47.95 | 134.04 | 0.99 |
| 重　庆 | 7.91 | 4.05 | 16.46 | 19.95 | 22.78 | 37.23 | 0.98 |
| 四　川 | 0.68 | 1.47 | 3.57 | 3.08 | 18.47 | 54.41 | 1.03 |
| 贵　州 | 10.95 | 7.08 | 14.78 | 17.56 | 47.23 | 169.21 | 0.97 |
| 云　南 | 1.59 | 2.17 | 5.54 | 6.85 | 16.84 | 29.68 | 1.00 |
| 陕　西 | 5.37 | 4.48 | 11.64 | 13.34 | 34.81 | 65.89 | 1.01 |
| 甘　肃 | −10.23 | −2.98 | −12.95 | −16.07 | 17.65 | 81.10 | 0.96 |
| 青　海 | 6.22 | 4.70 | 7.26 | 9.29 | 53.42 | 83.70 | 1.03 |
| 宁　夏 | 38.10 | 20.12 | 15.02 | 18.84 | 125.67 | 125.67 | 0.99 |
| 新　疆 | −7.70 | −5.48 | −24.77 | −18.80 | 23.50 | 72.92 | 0.98 |
| 西　藏 | — | — | — | — | — | — | — |

续表

| | 偿债能力状况 | | | | 发展能力状况 | | |
|---|---|---|---|---|---|---|---|
| 应收账款周转率（次） | 资产负债率（%） | 流动比率（%） | 速动比率（%） | 长期资产适合率（%） | 销售增长率（%） | 资本积累率（%） | 总资产增长率（%） |
| 19.86 | 42.64 | 54.92 | 49.98 | 111.91 | 20.47 | −1.08 | 5.45 |
| 38.16 | 52.69 | 78.89 | 77.11 | 116.99 | −2.83 | −3.71 | −0.40 |
| 1.05 | 51.73 | 182.00 | 180.28 | 197.69 | −6.40 | −2.31 | 28.73 |
| 30.86 | 59.41 | 169.07 | 160.92 | 215.42 | −0.29 | 0.73 | 7.53 |
| 42.00 | 51.85 | 98.41 | 95.30 | 108.73 | 1.52 | −2.73 | −5.67 |
| 23.01 | 50.98 | 85.82 | 83.76 | 165.46 | −1.94 | −0.58 | −1.25 |
| 33.95 | 49.75 | 187.00 | 184.02 | 171.88 | −7.50 | 8.22 | −21.75 |
| 2.20 | 39.03 | 137.61 | 136.16 | 149.76 | 4.63 | 21.00 | −0.47 |
| 26.27 | 41.30 | 203.46 | 193.52 | 133.02 | −2.70 | 11.59 | 4.95 |
| 12.14 | 59.90 | 120.71 | 80.35 | 152.62 | −3.17 | 1.68 | −10.42 |
| 21.52 | 43.35 | 202.50 | 198.49 | 220.66 | −0.43 | −4.30 | 3.49 |
| 17.32 | 69.24 | 31.98 | 31.23 | 43.92 | −12.19 | −6.26 | −2.51 |
| 44.54 | 25.13 | 291.51 | 280.40 | 275.33 | 19.73 | 6.42 | 5.30 |
| 2.61 | 44.98 | 566.85 | 446.85 | — | 1.20 | 29.02 | 17.72 |
| 16.83 | 25.25 | 202.80 | 195.07 | 132.72 | −1.86 | −9.13 | −5.35 |
| — | — | — | — | — | — | — | — |

# 2016 年度全国旅游行业经济效益

| 地区 | 财务效益 | | | | 资产营运状况 | | |
|---|---|---|---|---|---|---|---|
| | 净资产收益率(%) | 总资产报酬率(%) | 营业利润率(%) | 成本费用利润率(%) | 总资产周转率(%) | 流动资产周转率(%) | 存货周转率(次) |
| 全国 | 0.68 | 1.47 | 1.25 | 2.03 | 34.18 | 86.89 | 0.99 |
| 北京 | 5.54 | 3.87 | 10.27 | 12.12 | 33.29 | 101.45 | 1.01 |
| 天津 | -3.36 | -0.73 | -11.61 | -5.80 | 18.06 | 82.47 | 0.99 |
| 河北 | -10.27 | -1.85 | -11.24 | -15.25 | 21.55 | 51.24 | 1.03 |
| 山西 | -11.96 | -4.85 | -35.52 | -26.35 | 16.25 | 49.79 | 1.05 |
| 内蒙古 | -1.85 | -0.89 | -8.46 | -5.85 | 16.66 | 61.65 | 1.00 |
| 辽宁 | -2.92 | -1.69 | -3.73 | -3.56 | 46.14 | 89.55 | 0.99 |
| 吉林 | -6.46 | -2.92 | -13.85 | -9.57 | 33.06 | 111.20 | 0.96 |
| 黑龙江 | -2.53 | -1.63 | -4.50 | -5.56 | 28.21 | 168.96 | 0.91 |
| 上海 | 8.17 | 5.89 | 11.28 | 13.05 | 45.90 | 93.73 | 1.03 |
| 江苏 | -2.14 | -0.01 | -2.86 | -1.93 | 34.94 | 88.33 | 0.99 |
| 浙江 | 5.19 | 4.03 | 5.15 | 5.92 | 52.07 | 115.31 | 1.01 |
| 安徽 | -6.85 | 0.14 | -10.50 | -8.23 | 23.00 | 70.96 | 1.00 |
| 福建 | 0.22 | 1.20 | 0.44 | 1.30 | 34.45 | 96.82 | 0.98 |
| 江西 | 1.51 | 1.19 | 1.27 | 2.03 | 38.04 | 83.84 | 1.03 |
| 山东 | -0.97 | 0.27 | -1.28 | -0.83 | 32.32 | 78.45 | 1.01 |

# 评价主要财务指标表（四星级饭店）

| | 偿债能力状况 | | | | 发展能力状况 | | |
|---|---|---|---|---|---|---|---|
| 应收账款周转率（次） | 资产负债率（%） | 流动比率（%） | 速动比率（%） | 长期资产适合率（%） | 销售增长率（%） | 资本积累率（%） | 总资产增长率（%） |
| 14.40 | 52.99 | 103.43 | 97.21 | 133.49 | –0.80 | 2.67 | 1.04 |
| 45.24 | 46.47 | 89.73 | 87.21 | 116.88 | 4.08 | 12.22 | 4.34 |
| 9.88 | 62.65 | 59.46 | 56.79 | 232.08 | –3.14 | –3.42 | –10.89 |
| 7.16 | 68.84 | 90.45 | 88.14 | 120.13 | 1.70 | –7.84 | 3.97 |
| 3.04 | 53.47 | 63.62 | 58.21 | 86.21 | –2.21 | –10.54 | –2.70 |
| 1.94 | 43.86 | 93.94 | 66.75 | 103.89 | 0.76 | 0.54 | 11.95 |
| 22.19 | 43.23 | 127.62 | 122.31 | 155.72 | –8.92 | –2.61 | 4.65 |
| 16.05 | 41.82 | 100.55 | 94.23 | 110.60 | 9.27 | –1.51 | –8.63 |
| 17.14 | 35.23 | 49.55 | 46.98 | 78.91 | 3.76 | –2.51 | –2.58 |
| 16.20 | 41.79 | 173.37 | 170.04 | 183.24 | 1.45 | 3.04 | 0.47 |
| 16.92 | 59.43 | 93.14 | 90.02 | 160.77 | –2.99 | –1.50 | –3.02 |
| 24.96 | 59.57 | 104.70 | 97.40 | 139.52 | 0.87 | 4.19 | –1.72 |
| 8.65 | 69.32 | 70.84 | 65.54 | 88.09 | –2.79 | –1.29 | 6.33 |
| 13.58 | 46.74 | 93.73 | 85.39 | 133.96 | –3.92 | 6.09 | 1.86 |
| 5.79 | 50.97 | 99.89 | 94.94 | 143.17 | 7.83 | 1.17 | 2.33 |
| 12.17 | 58.96 | 101.41 | 94.56 | 135.64 | 1.68 | –0.23 | 0.03 |

| 地区 | 财务效益 | | | | 资产营运状况 | | |
|---|---|---|---|---|---|---|---|
| | 净资产收益率(%) | 总资产报酬率(%) | 营业利润率(%) | 成本费用利润率(%) | 总资产周转率(%) | 流动资产周转率(%) | 存货周转率(次) |
| 河南 | -3.52 | -0.61 | -5.10 | -4.55 | 30.16 | 90.25 | 0.80 |
| 湖北 | -1.30 | 0.49 | -2.56 | -2.34 | 18.89 | 60.74 | 0.96 |
| 湖南 | -3.68 | -0.73 | -5.72 | -4.79 | 31.03 | 97.71 | 0.98 |
| 广东 | 0.75 | 1.85 | 1.29 | 1.88 | 36.77 | 76.47 | 0.98 |
| 广西 | -8.15 | -0.68 | -16.97 | -14.03 | 13.85 | 59.31 | 0.99 |
| 海南 | -5.46 | -3.42 | -11.96 | -10.74 | 30.42 | 86.90 | 1.03 |
| 重庆 | -0.04 | 0.84 | 0.07 | 1.00 | 29.77 | 60.10 | 0.95 |
| 四川 | -0.89 | 0.46 | -1.08 | -1.05 | 24.35 | 58.44 | 1.03 |
| 贵州 | -0.09 | 0.69 | 0.35 | 0.70 | 54.92 | 126.52 | 1.01 |
| 云南 | -6.15 | -2.88 | -10.89 | -9.23 | 35.36 | 91.47 | 1.05 |
| 陕西 | -2.36 | -0.40 | -4.61 | -3.57 | 28.50 | 92.83 | 1.04 |
| 甘肃 | 1.40 | 1.71 | -11.67 | 3.89 | 21.77 | 69.94 | 1.04 |
| 青海 | -0.58 | 0.61 | -4.49 | -1.45 | 24.98 | 52.54 | 1.02 |
| 宁夏 | -2.33 | -0.17 | -6.63 | -5.55 | 14.14 | 21.23 | 1.01 |
| 新疆 | -7.42 | -3.87 | -11.05 | -9.77 | 37.95 | 108.69 | 0.93 |
| 西藏 | -1.36 | -0.85 | -6.33 | -5.02 | 15.88 | 92.51 | 0.98 |

续表

| 应收账款周转率（次） | 偿债能力状况 | | | | 发展能力状况 | | |
|---|---|---|---|---|---|---|---|
| | 资产负债率（%） | 流动比率（%） | 速动比率（%） | 长期资产适合率（%） | 销售增长率（%） | 资本积累率（%） | 总资产增长率（%） |
| 6.77 | 57.95 | 74.95 | 57.85 | 99.14 | −15.49 | 7.65 | 8.47 |
| 8.63 | 50.99 | 95.82 | 76.23 | 124.12 | −0.57 | 4.91 | 1.63 |
| 12.18 | 56.28 | 77.00 | 72.31 | 115.64 | −5.93 | −4.18 | −5.79 |
| 21.14 | 60.59 | 126.44 | 122.18 | 170.77 | −2.49 | −4.59 | −1.71 |
| 10.50 | 71.04 | 31.35 | 30.73 | 102.06 | −7.10 | −7.27 | −12.28 |
| 22.20 | 31.40 | 121.47 | 117.33 | 147.78 | 3.34 | −8.84 | −8.75 |
| 25.62 | 49.56 | 169.85 | 166.22 | 219.22 | −7.24 | 19.72 | 8.24 |
| 16.04 | 50.04 | 131.03 | 125.42 | 145.81 | −1.21 | −0.86 | 0.79 |
| 24.00 | 56.88 | 89.20 | 85.38 | 124.35 | −16.83 | −0.01 | −5.29 |
| 16.30 | 41.00 | 118.98 | 112.93 | 130.80 | 1.19 | −3.39 | 0.80 |
| 9.76 | 56.15 | 83.93 | 79.29 | 105.94 | −0.32 | −2.36 | 4.26 |
| 5.29 | 51.02 | 87.21 | 83.35 | 102.25 | 2.71 | 7.40 | 11.92 |
| 33.00 | 29.70 | 320.38 | 310.74 | 181.20 | −1.81 | 29.46 | 28.70 |
| 12.53 | 61.88 | 206.74 | 202.31 | 237.73 | −2.08 | −2.30 | −0.25 |
| 21.85 | 33.06 | 118.35 | 111.71 | 116.19 | −6.11 | −9.09 | −10.03 |
| 8.46 | 26.11 | 91.12 | 81.88 | 119.82 | −6.82 | −0.72 | −1.06 |

# 2016 年度全国旅游行业经济效益

| 地 区 | 财务效益 | | | | 资产营运状况 | | |
|---|---|---|---|---|---|---|---|
| | 净资产收益率(%) | 总资产报酬率(%) | 营 业利润率(%) | 成本费用利润率(%) | 总资产周转率(%) | 流动资产周转率(%) | 存 货周转率(次) |
| 全 国 | 0.35 | 1.19 | -0.57 | 1.29 | 39.27 | 100.21 | 1.01 |
| 北 京 | 1.72 | 1.63 | -0.69 | 3.30 | 41.53 | 107.63 | 1.00 |
| 天 津 | -3.90 | -0.67 | -4.59 | -3.60 | 25.83 | 45.59 | 1.09 |
| 河 北 | -4.03 | -1.36 | -12.54 | -5.16 | 33.05 | 89.43 | 1.00 |
| 山 西 | -5.25 | -1.84 | -10.28 | -6.15 | 33.87 | 81.50 | 0.98 |
| 内蒙古 | -2.41 | -0.78 | -6.71 | -3.56 | 35.75 | 111.44 | 0.98 |
| 辽 宁 | -2.45 | -0.74 | -10.38 | -4.63 | 28.34 | 116.07 | 0.96 |
| 吉 林 | -1.93 | 0.50 | -4.15 | -2.80 | 32.62 | 69.35 | 1.03 |
| 黑龙江 | 1.54 | 1.59 | 5.25 | 5.67 | 27.42 | 282.64 | 0.95 |
| 上 海 | 6.14 | 4.18 | 6.93 | 8.21 | 48.49 | 98.98 | 0.98 |
| 江 苏 | -0.33 | 0.68 | 0.39 | 0.41 | 60.44 | 150.40 | 1.01 |
| 浙 江 | -0.29 | 1.35 | -3.34 | 0.83 | 36.75 | 96.54 | 1.00 |
| 安 徽 | -6.75 | -1.68 | -8.35 | -6.60 | 34.32 | 71.13 | 0.97 |
| 福 建 | -0.37 | 0.91 | -0.35 | 0.21 | 38.96 | 77.98 | 1.00 |
| 江 西 | 2.85 | 2.38 | 3.08 | 3.19 | 57.33 | 125.80 | 1.07 |
| 山 东 | -1.04 | -0.01 | -3.22 | -1.21 | 33.37 | 109.40 | 1.00 |

# 评价主要财务指标表（三星级饭店）

| | 偿债能力状况 | | | | 发展能力状况 | | |
|---|---|---|---|---|---|---|---|
| 应收账款周转率（次） | 资产负债率(%) | 流动比率(%) | 速动比率(%) | 长期资产适合率(%) | 销售增长率(%) | 资本积累率(%) | 总资产增长率(%) |
| 8.63 | 50.06 | 98.26 | 92.19 | 130.56 | −0.91 | 0.51 | −0.42 |
| 16.50 | 52.07 | 88.59 | 84.99 | 119.89 | 1.01 | 7.12 | 0.42 |
| 51.20 | 70.71 | 84.00 | 82.24 | 94.49 | 1.35 | −4.39 | −4.81 |
| 5.92 | 49.25 | 79.36 | 74.05 | 104.79 | −6.23 | −4.82 | −3.19 |
| 3.86 | 53.33 | 81.18 | 74.34 | 96.86 | −19.46 | −4.82 | −2.95 |
| 6.28 | 45.68 | 71.03 | 61.82 | 94.98 | −9.03 | −3.18 | −3.84 |
| 13.10 | 39.78 | 100.22 | 95.96 | 138.77 | −17.54 | −2.29 | 4.61 |
| 17.31 | 42.07 | 140.72 | 133.56 | 134.92 | −7.55 | −3.93 | −0.22 |
| 16.29 | 3.80 | 259.55 | 188.97 | 106.72 | 18.04 | −0.23 | −4.03 |
| 9.59 | 53.37 | 109.78 | 107.03 | 151.92 | 0.00 | 3.12 | 1.83 |
| 15.81 | 55.66 | 91.62 | 82.91 | 134.44 | 1.15 | −1.62 | −2.81 |
| 19.70 | 56.55 | 86.29 | 83.42 | 128.42 | −5.16 | −2.62 | −5.04 |
| 7.32 | 62.01 | 95.06 | 91.10 | 115.68 | −7.93 | −9.67 | −7.04 |
| 13.37 | 53.09 | 108.90 | 102.97 | 169.73 | 0.52 | −6.41 | 0.45 |
| 3.99 | 43.36 | 134.02 | 129.00 | 159.93 | 11.68 | 5.60 | 1.45 |
| 6.38 | 42.78 | 80.28 | 73.41 | 123.60 | −0.80 | −0.08 | 0.50 |

| 地区 | 财务效益 | | | | 资产营运状况 | | |
|---|---|---|---|---|---|---|---|
| | 净资产收益率 (%) | 总资产报酬率 (%) | 营业利润率 (%) | 成本费用利润率 (%) | 总资产周转率 (%) | 流动资产周转率 (%) | 存货周转率 (次) |
| 河南 | 0.01 | 1.27 | 0.29 | 0.42 | 42.31 | 122.82 | 1.03 |
| 湖北 | 0.06 | 1.17 | −5.16 | 0.32 | 33.57 | 104.85 | 1.02 |
| 湖南 | 1.18 | 1.27 | 0.73 | 1.45 | 49.00 | 138.98 | 1.03 |
| 广东 | 1.68 | 1.99 | 3.74 | 3.95 | 44.07 | 93.65 | 1.01 |
| 广西 | −2.92 | 1.30 | −3.04 | −2.25 | 45.49 | 186.64 | 0.98 |
| 海南 | 3.70 | 3.85 | 4.30 | 5.60 | 43.49 | 88.26 | 1.00 |
| 重庆 | −1.74 | 0.79 | −1.21 | −0.98 | 40.08 | 104.70 | 1.01 |
| 四川 | 3.98 | 3.56 | 8.93 | 10.07 | 34.33 | 94.47 | 0.97 |
| 贵州 | −2.56 | −0.07 | −6.08 | −5.03 | 24.27 | 59.35 | 1.03 |
| 云南 | −1.34 | −0.21 | −3.16 | −1.47 | 31.46 | 85.61 | 1.05 |
| 陕西 | 2.53 | 2.26 | 1.98 | 5.35 | 27.43 | 92.60 | 1.04 |
| 甘肃 | −4.17 | −1.92 | −5.04 | −4.52 | 45.91 | 139.70 | 1.04 |
| 青海 | 0.15 | 0.44 | 0.81 | 0.68 | 21.80 | 121.94 | 0.88 |
| 宁夏 | −2.37 | −0.72 | −3.03 | −1.72 | 51.53 | 92.20 | 1.00 |
| 新疆 | 5.16 | 3.60 | 1.82 | 6.13 | 46.02 | 115.55 | 1.01 |
| 西藏 | −3.13 | −0.08 | −6.20 | −5.70 | 21.35 | 44.20 | 0.90 |

续表

| | 偿债能力状况 | | | | 发展能力状况 | | |
|---|---|---|---|---|---|---|---|
| 应收账款周转率（次） | 资产负债率（%） | 流动比率（%） | 速动比率（%） | 长期资产适合率（%） | 销售增长率（%） | 资本积累率（%） | 总资产增长率（%） |
| 5.36 | 54.62 | 94.76 | 87.97 | 120.31 | 1.43 | –1.27 | 0.72 |
| 9.14 | 57.46 | 72.42 | 68.35 | 118.89 | 4.95 | 1.31 | 4.86 |
| 8.13 | 52.96 | 89.51 | 83.84 | 119.92 | 1.59 | 3.52 | 2.53 |
| 21.49 | 39.92 | 153.53 | 147.86 | 178.36 | –1.90 | 0.43 | –3.54 |
| 24.47 | 63.66 | 75.45 | 74.00 | 123.44 | –2.51 | –1.80 | 10.46 |
| 4.29 | 44.07 | 168.79 | 139.64 | 170.69 | –1.80 | 13.51 | 11.83 |
| 13.01 | 48.25 | 111.14 | 102.49 | 139.63 | –4.74 | 2.61 | –6.97 |
| 16.19 | 41.52 | 139.99 | 128.75 | 190.28 | –6.74 | –39.04 | –26.87 |
| 4.41 | 44.17 | 125.43 | 119.43 | 128.94 | 0.64 | –2.73 | –2.29 |
| 4.95 | 52.10 | 80.28 | 71.74 | 101.18 | 0.40 | 14.57 | 12.88 |
| 6.71 | 48.55 | 75.46 | 69.79 | 137.11 | 1.67 | 2.16 | 4.48 |
| 15.59 | 40.44 | 97.68 | 94.67 | 126.60 | –6.16 | –4.03 | –1.73 |
| 14.00 | 30.54 | 72.60 | 68.56 | 104.49 | –8.48 | –0.52 | –2.99 |
| 9.04 | 46.51 | 122.20 | 113.91 | 160.49 | –13.26 | –4.14 | –3.49 |
| 7.25 | 52.75 | 103.94 | 95.36 | 121.43 | 10.51 | 3.45 | –1.04 |
| 73.15 | 58.37 | 162.03 | 158.42 | 242.24 | –8.09 | –3.04 | –3.19 |

# 2016 年度全国旅游行业经济效益

| 地 区 | 财务效益 | | | | 资产营运状况 | | |
|---|---|---|---|---|---|---|---|
| | 净资产收益率(%) | 总资产报酬率(%) | 营业利润率(%) | 成本费用利润率(%) | 总资产周转率(%) | 流动资产周转率(%) | 存货周转率(次) |
| 全 国 | 1.48 | 1.71 | 0.23 | 2.51 | 45.68 | 117.99 | 1.00 |
| 北 京 | 2.89 | 1.94 | 3.93 | 3.31 | 52.99 | 108.64 | 1.03 |
| 天 津 | 36.46 | 17.83 | 31.95 | 45.96 | 56.99 | 100.08 | 1.00 |
| 河 北 | −9.16 | −4.12 | −13.07 | −3.98 | 91.67 | 237.17 | 0.91 |
| 山 西 | −9.50 | −4.07 | −17.34 | −15.04 | 23.09 | 37.37 | 0.95 |
| 内蒙古 | 2.85 | 1.74 | 4.63 | 4.70 | 37.45 | 99.20 | 0.90 |
| 辽 宁 | −15.39 | −7.25 | −6.85 | −6.45 | 105.28 | 199.25 | 0.90 |
| 吉 林 | −5.21 | −3.80 | −23.92 | −19.30 | 15.97 | 201.15 | 1.27 |
| 黑龙江 | 12.45 | 3.96 | 7.67 | 8.51 | 50.33 | 203.25 | 0.99 |
| 上 海 | 12.81 | 7.85 | 1.01 | 10.67 | 71.49 | 113.36 | 1.05 |
| 江 苏 | 6.87 | 3.21 | 3.30 | 3.30 | 92.16 | 254.63 | 1.07 |
| 浙 江 | −1.70 | −0.08 | −2.01 | −1.21 | 43.15 | 138.08 | 1.00 |
| 安 徽 | 2.57 | 13.44 | 12.37 | 14.19 | 17.01 | 163.16 | 1.03 |
| 福 建 | −1.11 | 0.11 | −2.17 | 0.00 | 67.60 | 145.57 | 1.00 |
| 江 西 | −13.36 | −9.64 | −7.57 | −7.03 | 127.47 | 130.78 | 1.05 |
| 山 东 | 6.60 | 3.91 | 3.75 | 4.00 | 101.66 | 194.20 | 0.97 |

# 评价主要财务指标表（二星级饭店）

| | 偿债能力状况 | | | | 发展能力状况 | | |
|---|---|---|---|---|---|---|---|
| 应收账款周转率（次） | 资产负债率(%) | 流动比率(%) | 速动比率(%) | 长期资产适合率(%) | 销售增长率(%) | 资本积累率(%) | 总资产增长率(%) |
| 8.18 | 44.98 | 102.92 | 95.66 | 126.85 | −0.82 | 2.28 | 3.53 |
| 13.95 | 64.58 | 82.87 | 78.45 | 113.10 | 5.94 | 1.11 | 4.10 |
| 6 738.82 | 59.36 | 231.66 | 231.50 | 1 338.06 | 16.96 | 44.59 | 146.15 |
| 12.21 | 53.66 | 116.67 | 94.58 | 136.71 | −8.74 | −3.29 | −4.29 |
| 3.99 | 51.30 | 105.39 | 97.07 | 140.12 | −15.93 | −10.74 | −27.11 |
| 1.75 | 40.72 | 96.65 | 77.36 | 116.63 | −15.33 | 12.18 | 1.52 |
| 129.68 | 52.42 | 114.90 | 112.44 | 1 136.04 | −3.21 | −12.76 | −9.71 |
| 10.03 | 26.28 | 24.92 | 16.28 | 85.78 | 24.97 | 15.55 | 14.13 |
| 12.75 | 68.17 | 35.83 | 35.82 | 40.72 | −3.28 | −0.04 | −0.38 |
| 36.64 | 50.74 | 132.86 | 130.42 | 302.61 | 1.92 | 5.06 | 3.09 |
| 49.00 | 69.17 | 77.09 | 67.57 | 84.36 | 0.47 | −3.81 | −3.64 |
| 10.20 | 29.30 | 123.96 | 110.99 | 172.98 | −3.40 | 8.92 | 3.55 |
| 4.43 | 16.70 | 43.54 | 22.16 | 90.00 | 2.04 | 2.61 | −0.19 |
| 9.83 | 38.75 | 125.54 | 119.39 | 164.62 | 8.06 | −0.28 | 1.60 |
| 9.28 | 16.16 | 585.50 | 571.21 | — | −2.08 | −12.52 | −10.70 |
| 17.55 | 41.17 | 164.31 | 145.43 | 182.02 | −5.07 | 8.99 | −2.73 |

| 地区 | 财务效益 | | | | 资产营运状况 | | |
|---|---|---|---|---|---|---|---|
| | 净资产收益率(%) | 总资产报酬率(%) | 营业利润率(%) | 成本费用利润率(%) | 总资产周转率(%) | 流动资产周转率(%) | 存货周转率(次) |
| 河南 | –0.97 | –0.42 | –0.76 | –0.82 | 62.89 | 227.15 | 0.96 |
| 湖北 | 9.06 | 6.36 | 9.70 | 10.41 | 60.69 | 155.50 | 1.05 |
| 湖南 | 7.70 | 6.77 | –7.41 | 8.02 | 51.88 | 196.19 | 1.00 |
| 广东 | 9.99 | 7.89 | 10.88 | 12.86 | 68.60 | 107.79 | 1.01 |
| 广西 | 0.86 | 0.86 | 2.22 | 3.02 | 28.60 | 57.86 | 0.94 |
| 海南 | –4.38 | –0.83 | –1.84 | –1.23 | 65.97 | 104.13 | 1.08 |
| 重庆 | –0.54 | 0.22 | –0.10 | 0.10 | 109.88 | 272.60 | 1.01 |
| 四川 | 2.91 | 2.22 | 3.60 | 4.45 | 31.12 | 57.78 | 1.00 |
| 贵州 | 3.84 | 2.55 | 4.45 | 4.57 | 57.37 | 132.13 | 0.62 |
| 云南 | 1.61 | 1.67 | 5.45 | 5.68 | 21.57 | 178.13 | 1.25 |
| 陕西 | –2.41 | –0.80 | –4.42 | –1.93 | 65.59 | 225.16 | 1.00 |
| 甘肃 | –5.52 | –3.38 | –21.69 | –14.46 | 20.65 | 84.36 | 0.97 |
| 青海 | 4.89 | 4.01 | 12.43 | 17.87 | 25.66 | 73.79 | 1.03 |
| 宁夏 | 10.26 | 2.97 | 3.79 | 3.94 | 78.18 | 82.84 | 1.03 |
| 新疆 | –7.64 | –0.84 | –14.46 | –10.09 | 23.06 | 72.66 | 1.06 |
| 西藏 | — | — | — | — | — | — | — |

续表

| | 偿债能力状况 | | | | 发展能力状况 | | |
|---|---|---|---|---|---|---|---|
| 应收账款周转率（次） | 资产负债率(%) | 流动比率(%) | 速动比率(%) | 长期资产适合率(%) | 销售增长率(%) | 资本积累率(%) | 总资产增长率(%) |
| 5.15 | 40.03 | 81.41 | 73.28 | 105.22 | -8.60 | 2.00 | -2.04 |
| 4.83 | 41.57 | 99.68 | 91.55 | 109.24 | 0.95 | -8.54 | 3.54 |
| 8.90 | 42.48 | 106.77 | 94.53 | 108.15 | -0.29 | 10.14 | 11.56 |
| 34.62 | 31.22 | 197.24 | 193.85 | 223.33 | -4.36 | 9.21 | 4.96 |
| 7.66 | 14.62 | 249.28 | 246.37 | 151.68 | -15.86 | 0.68 | 0.39 |
| 8.05 | 82.88 | 79.34 | 71.82 | 58.28 | 11.80 | -8.44 | 11.84 |
| 22.61 | 63.21 | 156.54 | 111.85 | 197.29 | -1.95 | 6.39 | 25.78 |
| 6.54 | 59.13 | 121.41 | 115.94 | 165.27 | -4.59 | 0.67 | 11.42 |
| 4.78 | 36.98 | 137.41 | 127.90 | 135.71 | -6.74 | 0.45 | -0.95 |
| 7.56 | 27.93 | 67.55 | 60.92 | 105.56 | 18.46 | 2.75 | 0.60 |
| 10.65 | 42.36 | 85.29 | 75.26 | 122.25 | -0.11 | -1.28 | -3.78 |
| 5.06 | 36.18 | 75.50 | 68.21 | 97.72 | -3.71 | -3.75 | 4.04 |
| 1.50 | 21.18 | 169.04 | 152.73 | 128.07 | 4.53 | 3.46 | 1.88 |
| 4.56 | 68.84 | 136.90 | 113.10 | 540.52 | 42.39 | 10.82 | -4.93 |
| 4.60 | 66.26 | 84.54 | 81.69 | 120.50 | 19.74 | -7.47 | 4.11 |
| — | — | — | — | — | — | — | — |

# 2016 年度全国旅游行业经济效益

| 地 区 | 财务效益 | | | | 资产营运状况 | | |
|---|---|---|---|---|---|---|---|
| | 净资产收益率(%) | 总资产报酬率(%) | 营业利润率(%) | 成本费用利润率(%) | 总资产周转率(%) | 流动资产周转率(%) | 存货周转率(次) |
| 全 国 | 14.18 | 9.52 | 8.10 | 12.20 | 79.78 | 152.34 | 1.03 |
| 北 京 | — | — | — | — | — | — | — |
| 天 津 | — | — | — | — | — | — | — |
| 河 北 | 0.47 | 1.03 | -11.21 | 0.49 | 77.65 | 108.66 | 1.11 |
| 山 西 | — | — | — | — | — | — | — |
| 内蒙古 | — | — | — | — | — | — | — |
| 辽 宁 | — | — | — | — | — | — | — |
| 吉 林 | — | — | — | — | — | — | — |
| 黑龙江 | — | — | — | — | — | — | — |
| 上 海 | — | — | — | — | — | — | — |
| 江 苏 | — | — | — | — | — | — | — |
| 浙 江 | 17.36 | 18.44 | 11.08 | 12.46 | 166.46 | 166.46 | — |
| 安 徽 | -7.54 | -6.04 | -12.94 | -11.37 | 47.06 | 163.79 | 0.81 |
| 福 建 | 4.36 | 5.48 | 2.54 | 2.61 | 211.31 | 413.47 | 1.07 |
| 江 西 | — | — | — | — | — | — | — |
| 山 东 | — | — | — | — | — | — | — |

# 评价主要财务指标表（一星级饭店）

| | 偿债能力状况 | | | | 发展能力状况 | | |
|---|---|---|---|---|---|---|---|
| 应收账款周转率（次） | 资　产负债率(%) | 流动比率(%) | 速动比率(%) | 长期资产适合率(%) | 销　售增长率(%) | 资　本积累率(%) | 总资产增长率(%) |
| 6.81 | 39.52 | 150.09 | 132.84 | 199.93 | 1.85 | 16.29 | 32.19 |
| — | — | — | — | — | — | — | — |
| — | — | — | — | — | — | — | — |
| 5.70 | 29.75 | 312.15 | 227.08 | 257.17 | 7.52 | 0.47 | −7.61 |
| — | — | — | — | — | — | — | — |
| — | — | — | — | — | — | — | — |
| — | — | — | — | — | — | — | — |
| — | — | — | — | — | — | — | — |
| — | — | — | — | — | — | — | — |
| — | — | — | — | — | — | — | — |
| — | — | — | — | — | — | — | — |
| — | 1.39 | 7 181.37 | 7 181.37 | — | −1.32 | 19.01 | 19.46 |
| 27.54 | 20.92 | 149.56 | 147.30 | 115.68 | 1.52 | −7.26 | −4.68 |
| 31.95 | 7.92 | 660.49 | 548.73 | 193.14 | 9.03 | 4.46 | 5.44 |
| — | — | — | — | — | — | — | — |
| — | — | — | — | — | — | — | — |

| 地区 | 财务效益 | | | | 资产营运状况 | | |
|---|---|---|---|---|---|---|---|
| | 净资产收益率(%) | 总资产报酬率(%) | 营业利润率(%) | 成本费用利润率(%) | 总资产周转率(%) | 流动资产周转率(%) | 存货周转率(次) |
| 河南 | — | — | — | — | — | — | — |
| 湖北 | — | — | — | — | — | — | — |
| 湖南 | -7.51 | -4.74 | -5.34 | -5.07 | 88.91 | 191.15 | 0.87 |
| 广东 | — | — | — | — | — | — | — |
| 广西 | — | — | — | — | — | — | — |
| 海南 | 59.64 | 26.17 | 78.40 | 155.60 | 33.39 | 66.48 | 0.95 |
| 重庆 | — | — | — | — | — | — | — |
| 四川 | — | — | — | — | — | — | — |
| 贵州 | 35.83 | 34.48 | 29.19 | 41.22 | 118.13 | 999.46 | 0.87 |
| 云南 | 0.86 | 0.54 | 2.49 | 2.56 | 21.58 | 616.22 | 1.09 |
| 陕西 | — | — | — | — | — | — | — |
| 甘肃 | — | — | — | — | — | — | — |
| 青海 | — | — | — | — | — | — | — |
| 宁夏 | — | — | — | — | — | — | — |
| 新疆 | — | — | — | — | — | — | — |
| 西藏 | — | — | — | — | — | — | — |

续表

| | 偿债能力状况 | | | | 发展能力状况 | | |
|---|---|---|---|---|---|---|---|
| 应收账款周转率(次) | 资产负债率(%) | 流动比率(%) | 速动比率(%) | 长期资产适合率(%) | 销售增长率(%) | 资本积累率(%) | 总资产增长率(%) |
| — | — | — | — | — | — | — | — |
| — | — | — | — | — | — | — | — |
| 4.25 | 38.67 | 126.44 | 126.44 | 120.00 | -21.98 | 3.37 | 9.76 |
| — | — | — | — | — | — | — | — |
| — | — | — | — | — | — | — | — |
| 2.35 | 64.10 | 95.20 | 94.22 | 372.85 | 0.84 | 47.00 | 167.09 |
| — | — | — | — | — | — | — | — |
| — | — | — | — | — | — | — | — |
| — | 4.58 | 283.33 | 273.33 | 109.65 | -27.24 | -31.62 | -30.61 |
| — | 9.97 | 46.13 | 30.75 | 102.64 | 34.91 | 184.98 | 6.02 |
| — | — | — | — | — | — | — | — |
| — | — | — | — | — | — | — | — |
| — | — | — | — | — | — | — | — |
| — | — | — | — | — | — | — | — |
| — | — | — | — | — | — | — | — |
| — | — | — | — | — | — | — | — |

# 2016 年度全国旅游行业经济效益

| 地　区 | 财务效益 | | | | 资产营运状况 | | |
|---|---|---|---|---|---|---|---|
| | 净资产收益率(%) | 总资产报酬率(%) | 营　业利润率(%) | 成本费用利润率(%) | 总资产周转率(%) | 流动资产周转率(%) | 存　货周转率(次) |
| 全　国 | 5.50 | 3.68 | 8.07 | 9.15 | 36.95 | 90.70 | 1.02 |
| 北　京 | -0.72 | 0.19 | 0.56 | 0.82 | 22.30 | 83.47 | 0.98 |
| 天　津 | — | — | — | — | — | — | — |
| 河　北 | 2.56 | 0.73 | 2.24 | 1.81 | 41.47 | 188.08 | 0.98 |
| 山　西 | -160.87 | -9.69 | -22.32 | -19.10 | 42.14 | 42.05 | 0.87 |
| 内蒙古 | -4.89 | -3.91 | -1.96 | -1.92 | 199.39 | 1 137.63 | 1.05 |
| 辽　宁 | -5.67 | -3.43 | -11.89 | -10.26 | 29.87 | 96.74 | 0.99 |
| 吉　林 | -2.02 | -1.35 | -13.06 | -11.26 | 11.35 | 42.33 | 0.98 |
| 黑龙江 | — | — | — | — | — | — | — |
| 上　海 | 13.75 | 8.29 | 14.80 | 18.68 | 47.82 | 89.50 | 0.97 |
| 江　苏 | 6.07 | 3.90 | 10.90 | 11.13 | 38.70 | 104.04 | 1.08 |
| 浙　江 | -0.92 | 1.17 | -0.77 | -0.62 | 36.28 | 97.87 | 1.00 |
| 安　徽 | 1.26 | 0.25 | 1.21 | 2.30 | 11.10 | 21.29 | 1.15 |
| 福　建 | 3.13 | 3.44 | 3.87 | 4.61 | 53.84 | 208.74 | 1.21 |
| 江　西 | 4.89 | 3.53 | 3.48 | 4.03 | 90.85 | 168.31 | 1.03 |
| 山　东 | -8.90 | -5.78 | -19.38 | -10.97 | 46.08 | 117.55 | 0.96 |

# 评价主要财务指标表（未评星级饭店）

| | 偿债能力状况 | | | | 发展能力状况 | | |
|---|---|---|---|---|---|---|---|
| 应收账款周转率（次） | 资产负债率(%) | 流动比率(%) | 速动比率(%) | 长期资产适合率(%) | 销售增长率(%) | 资本积累率(%) | 总资产增长率(%) |
| 9.05 | 49.80 | 123.68 | 116.42 | 159.92 | 4.48 | 7.32 | 6.42 |
| 67.86 | 42.40 | 137.22 | 135.71 | 129.76 | −4.34 | 0.29 | −0.31 |
| — | — | — | — | — | — | — | — |
| 13.23 | 87.83 | 97.16 | 89.13 | 105.81 | 13.08 | 2.05 | 341.45 |
| 5.96 | 98.38 | 94.81 | 89.49 | 24.12 | −0.49 | −77.88 | 5.18 |
| 367.62 | 22.45 | 96.01 | 71.62 | 98.86 | 11.17 | −4.78 | 0.85 |
| 7.04 | 40.38 | 96.86 | 90.64 | 136.89 | −0.02 | −5.69 | −2.98 |
| 8.74 | 28.08 | 89.22 | 85.25 | 124.38 | −23.97 | −1.51 | −2.16 |
| — | — | — | — | — | — | — | — |
| 3.91 | 47.34 | 159.98 | 146.58 | 187.06 | 4.52 | 13.77 | 7.12 |
| 24.37 | 38.04 | 115.11 | 113.14 | 147.33 | 13.10 | 6.07 | 4.29 |
| 10.46 | 61.48 | 105.78 | 101.81 | 162.65 | 0.49 | 0.90 | 0.46 |
| 16.65 | 79.40 | 66.24 | 65.75 | 67.44 | 45.59 | 6.15 | −0.43 |
| 12.08 | 54.06 | 164.70 | 144.12 | 163.54 | 19.33 | 23.75 | 6.66 |
| 4.37 | 29.38 | 188.50 | 185.73 | 662.95 | 12.36 | 3.09 | 4.60 |
| 14.35 | 33.22 | 120.73 | 99.97 | 123.18 | −3.29 | −8.33 | −4.27 |

| 地 区 | 财务效益 | | | | 资产营运状况 | | |
|---|---|---|---|---|---|---|---|
| | 净资产收益率(%) | 总资产报酬率(%) | 营 业利润率(%) | 成本费用利润率(%) | 总资产周转率(%) | 流动资产周转率(%) | 存 货周转率(次) |
| 河 南 | −0.38 | −0.25 | −2.47 | −1.05 | 29.34 | 170.21 | 1.06 |
| 湖 北 | −1.86 | 0.03 | −3.00 | −3.01 | 14.34 | 36.55 | 1.00 |
| 湖 南 | −10.24 | −2.20 | −32.37 | −24.48 | 11.58 | 83.87 | 1.01 |
| 广 东 | 6.98 | 4.45 | 10.83 | 12.40 | 38.95 | 93.47 | 1.01 |
| 广 西 | −37.92 | −10.70 | −32.75 | −147.10 | 6.94 | 44.39 | 2.00 |
| 海 南 | 21.36 | 13.95 | 21.84 | 27.93 | 63.92 | 89.22 | 0.98 |
| 重 庆 | −2.23 | 0.43 | −1.73 | −3.56 | 20.81 | 58.32 | 0.99 |
| 四 川 | −1.71 | 1.01 | −2.92 | −2.95 | 21.32 | 48.81 | 1.00 |
| 贵 州 | −5.51 | −0.28 | −9.19 | −8.17 | 20.17 | 36.41 | 1.07 |
| 云 南 | −6.48 | −2.28 | −12.25 | −11.44 | 23.95 | 72.90 | 1.09 |
| 陕 西 | 11.76 | 5.34 | 18.30 | 26.73 | 22.70 | 78.58 | 1.16 |
| 甘 肃 | 2.73 | 2.91 | 6.12 | 6.54 | 47.36 | 225.48 | 1.02 |
| 青 海 | 0.83 | 0.57 | 10.21 | 11.19 | 5.59 | 10.73 | 1.36 |
| 宁 夏 | 99.08 | 33.07 | 36.44 | 58.28 | 89.22 | 111.92 | 0.90 |
| 新 疆 | 28.28 | 20.19 | 20.97 | 26.52 | 96.33 | 141.54 | 1.01 |
| 西 藏 | — | — | — | — | — | — | — |

续表

| | 偿债能力状况 | | | | 发展能力状况 | | |
|---|---|---|---|---|---|---|---|
| 应收账款周转率（次） | 资　产负债率(%) | 流动比率(%) | 速动比率(%) | 长期资产适合率(%) | 销　售增长率(%) | 资　本积累率(%) | 总资产增长率(%) |
| 11.90 | 16.26 | 123.00 | 110.38 | 108.11 | 13.85 | 6.60 | 4.83 |
| 15.36 | 62.69 | 77.36 | 75.49 | 122.62 | 4.65 | 2.90 | 13.49 |
| 6.63 | 64.63 | 29.23 | 26.99 | 70.64 | -1.96 | -9.74 | -2.83 |
| 29.44 | 49.40 | 119.45 | 113.84 | 182.94 | 0.92 | 0.26 | 3.61 |
| 13.06 | 72.23 | 18.07 | 16.56 | 81.78 | — | -31.87 | 8.93 |
| 16.97 | 33.56 | 222.10 | 219.85 | 276.87 | -5.36 | 19.11 | 13.72 |
| 14.95 | 62.29 | 154.11 | 150.52 | 170.83 | -3.96 | 5.01 | -4.52 |
| 8.44 | 57.32 | 161.53 | 103.61 | 174.05 | 7.76 | 13.39 | 10.09 |
| 14.74 | 61.10 | 246.49 | 243.56 | 883.72 | 25.18 | 56.29 | 9.94 |
| 19.60 | 51.65 | 48.52 | 44.80 | 75.90 | -25.40 | 13.52 | 10.23 |
| 6.53 | 57.79 | 56.08 | 50.55 | 143.59 | 52.94 | 19.89 | 18.63 |
| 29.51 | 9.50 | 158.33 | 122.08 | 113.45 | 5.81 | 174.73 | 115.09 |
| 30.62 | 33.28 | 159.47 | 159.24 | 155.98 | 51.08 | 0.83 | 3.34 |
| 623.30 | 59.10 | 138.92 | 135.57 | 342.34 | 3.84 | 129.83 | 31.59 |
| 11.38 | 24.95 | 287.53 | 283.19 | 312.56 | 1.11 | 32.93 | 18.81 |
| — | — | — | — | — | — | — | — |

# 2016 年度全国旅游行业经济效益

| 地 区 | 财务效益 | | | | 资产营运状况 | | |
|---|---|---|---|---|---|---|---|
| | 净资产收益率(%) | 总资产报酬率(%) | 营业利润率(%) | 成本费用利润率(%) | 总资产周转率(%) | 流动资产周转率(%) | 存货周转率(次) |
| 全 国 | 6.65 | 4.70 | 7.25 | 9.49 | 37.45 | 75.59 | 1.04 |
| 北 京 | 7.43 | 4.63 | 2.90 | 3.18 | 100.03 | 275.41 | 1.00 |
| 天 津 | — | — | — | — | — | — | — |
| 河 北 | 23.88 | 19.66 | 45.93 | 95.95 | 32.61 | 300.81 | 2.00 |
| 山 西 | — | — | — | — | — | — | — |
| 内蒙古 | — | — | — | — | — | — | — |
| 辽 宁 | 1.84 | 0.75 | 7.14 | 8.10 | 9.93 | 14.28 | 1.98 |
| 吉 林 | 1.83 | 2.28 | 8.51 | 19.74 | 7.66 | 13.55 | 1.07 |
| 黑龙江 | — | — | — | — | — | — | — |
| 上 海 | 4.35 | 4.28 | 6.89 | 10.37 | 26.76 | 79.10 | 1.06 |
| 江 苏 | 1.36 | 2.65 | -13.41 | 2.09 | 17.39 | 48.99 | 1.09 |
| 浙 江 | 6.32 | 4.46 | 6.99 | 6.92 | 45.03 | 52.13 | 1.12 |
| 安 徽 | 3.14 | 5.32 | 19.31 | 24.05 | 21.65 | 59.81 | 1.03 |
| 福 建 | 15.29 | 6.85 | 2.24 | 2.77 | 197.58 | 377.93 | 1.07 |
| 江 西 | 9.45 | 7.64 | 15.71 | 17.23 | 27.75 | 102.85 | 1.04 |
| 山 东 | 0.94 | 1.58 | 5.10 | 7.61 | 15.15 | 79.99 | 1.08 |

# 评价主要财务指标表（旅游集团）

| | 偿债能力状况 | | | | 发展能力状况 | | |
|---|---|---|---|---|---|---|---|
| 应收账款周转率（次） | 资产负债率（%） | 流动比率（%） | 速动比率（%） | 长期资产适合率（%） | 销售增长率（%） | 资本积累率（%） | 总资产增长率（%） |
| 14.78 | 61.08 | 129.23 | 80.14 | 226.34 | 11.74 | 12.69 | 18.77 |
| 20.78 | 60.21 | 77.00 | 65.73 | 189.26 | 7.43 | 37.43 | 33.18 |
| — | — | — | — | — | — | — | — |
| 6.07 | 35.40 | 131.32 | 111.86 | 207.95 | 0.67 | 27.12 | 22.86 |
| — | — | — | — | — | — | — | — |
| — | — | — | — | — | — | — | — |
| — | 61.78 | 149.56 | 149.38 | 187.66 | 16.40 | 1.94 | 15.12 |
| 12.73 | 65.02 | 296.40 | 233.52 | 461.83 | 3.16 | 2.12 | 5.82 |
| — | — | — | — | — | — | — | — |
| 20.14 | 67.57 | 85.56 | 84.23 | 179.88 | 29.61 | 5.77 | 34.84 |
| 9.72 | 59.65 | 114.57 | 86.13 | 133.29 | 6.06 | 22.46 | 9.36 |
| 15.61 | 61.96 | 129.23 | 85.40 | 202.79 | 15.68 | 6.16 | 4.15 |
| 37.09 | 44.99 | 183.10 | 109.93 | 241.24 | 7.03 | 23.51 | –5.46 |
| 14.12 | 74.22 | 111.94 | 111.83 | 134.74 | 15.98 | 35.98 | 34.94 |
| 40.60 | 56.05 | 138.29 | 119.51 | 165.37 | 4.17 | 9.23 | 7.46 |
| 10.32 | 33.21 | 130.95 | 103.95 | 395.93 | 18.01 | 3.41 | 11.83 |

| 地区 | 财务效益 | | | | 资产营运状况 | | |
|---|---|---|---|---|---|---|---|
| | 净资产收益率(%) | 总资产报酬率(%) | 营业利润率(%) | 成本费用利润率(%) | 总资产周转率(%) | 流动资产周转率(%) | 存货周转率(次) |
| 河南 | 11.40 | 11.93 | 14.64 | 16.73 | 71.88 | 221.68 | 1.04 |
| 湖北 | 2.10 | 2.65 | 7.29 | 11.87 | 8.63 | 24.60 | 0.98 |
| 湖南 | 15.56 | 6.09 | 13.18 | 14.80 | 44.81 | 69.81 | 0.99 |
| 广东 | 16.56 | 7.73 | 17.85 | 23.48 | 35.25 | 51.15 | 1.03 |
| 广西 | 2.42 | 1.77 | -5.81 | 1.78 | 17.98 | 117.96 | 0.96 |
| 海南 | — | — | — | — | — | — | — |
| 重庆 | 1.29 | 1.81 | -12.35 | 7.47 | 8.47 | 20.41 | 1.10 |
| 四川 | 5.73 | 5.00 | 13.21 | 15.00 | 19.58 | 40.86 | 1.08 |
| 贵州 | 8.89 | 0.94 | 0.41 | 5.44 | 17.34 | 38.90 | 1.28 |
| 云南 | 8.62 | 7.03 | 24.96 | 33.06 | 22.60 | 65.88 | 1.04 |
| 陕西 | 0.79 | 3.44 | -1.91 | 3.43 | 23.48 | 39.21 | 1.10 |
| 甘肃 | — | — | — | — | — | — | — |
| 青海 | 2.62 | -95.44 | 4.34 | 6.82 | 16.21 | 0.95 | 2.20 |
| 宁夏 | — | — | — | — | — | — | — |
| 新疆 | — | — | — | — | — | — | — |
| 西藏 | — | — | — | — | — | — | — |

续表

| | 偿债能力状况 | | | | 发展能力状况 | | |
|---|---|---|---|---|---|---|---|
| 应收账款周转率(次) | 资产负债率(%) | 流动比率(%) | 速动比率(%) | 长期资产适合率(%) | 销售增长率(%) | 资本积累率(%) | 总资产增长率(%) |
| 141.60 | 41.53 | 433.53 | 413.83 | 205.86 | 9.34 | 12.09 | 56.71 |
| 15.40 | 67.80 | 122.63 | 103.12 | 314.93 | –3.23 | –1.99 | 16.76 |
| 7.91 | 65.55 | 297.49 | 160.71 | 325.05 | 0.54 | 9.91 | 11.52 |
| 63.58 | 67.44 | 144.09 | 54.59 | 257.04 | 7.90 | 13.62 | 22.66 |
| 4.20 | 35.65 | 116.57 | 92.17 | 193.42 | –0.84 | –1.59 | –4.56 |
| — | — | — | — | — | — | — | — |
| 2.96 | 52.66 | 321.85 | 125.64 | 275.78 | 16.73 | 14.09 | 7.52 |
| 4.57 | 54.30 | 232.59 | 139.12 | 248.12 | 16.84 | 3.97 | 1.27 |
| 21.77 | 92.39 | 203.89 | 202.89 | 445.31 | 32.45 | 4.48 | –3.86 |
| 41.86 | 47.62 | 152.18 | 149.48 | 198.09 | 4.27 | 2.90 | 2.75 |
| 2.43 | 66.32 | 174.85 | 141.13 | 236.74 | 19.12 | 16.27 | 24.59 |
| — | — | — | — | — | — | — | — |
| 77.43 | 79.62 | 77.43 | 172.96 | –5.68 | 4.85 | 22.51 | — |
| — | — | — | — | — | — | — | — |
| — | — | — | — | — | — | — | — |
| — | — | — | — | — | — | — | — |

# 2016 年度全国旅游行业经济效益

| 地区 | 财务效益 | | | | 资产营运状况 | | |
|---|---|---|---|---|---|---|---|
| | 净资产收益率(%) | 总资产报酬率(%) | 营业利润率(%) | 成本费用利润率(%) | 总资产周转率(%) | 流动资产周转率(%) | 存货周转率(次) |
| 全国 | 3.27 | 2.92 | 9.76 | 14.30 | 14.70 | 39.42 | 1.06 |
| 北京 | 1.80 | 1.87 | 7.54 | 10.78 | 14.09 | 54.90 | 1.02 |
| 天津 | −2.80 | −0.67 | −25.15 | −17.23 | 6.62 | 33.14 | 1.08 |
| 河北 | 4.68 | 3.28 | 5.95 | 8.42 | 31.28 | 99.38 | 1.07 |
| 山西 | −2.14 | −0.25 | −13.67 | −8.44 | 10.81 | 37.03 | 0.89 |
| 内蒙古 | −6.44 | −2.42 | −30.35 | −21.45 | 10.66 | 32.81 | 1.00 |
| 辽宁 | 24.27 | 6.27 | 32.85 | 59.22 | 14.57 | 33.29 | 1.05 |
| 吉林 | 2.29 | 1.45 | 3.41 | 14.98 | 9.13 | 29.28 | 0.98 |
| 黑龙江 | 7.40 | 6.59 | 4.74 | 6.56 | 66.27 | 165.26 | 0.88 |
| 上海 | 14.13 | 7.59 | 24.79 | 40.80 | 21.40 | 57.24 | 1.09 |
| 江苏 | 0.85 | 0.83 | 4.88 | 8.08 | 4.73 | 10.06 | 1.08 |
| 浙江 | −0.35 | 1.13 | −0.99 | 1.17 | 14.13 | 37.72 | 1.03 |
| 安徽 | −1.85 | 0.36 | −9.96 | −5.67 | 8.05 | 18.03 | 0.78 |
| 福建 | 1.09 | 2.23 | 5.42 | 9.04 | 10.23 | 20.64 | 0.98 |
| 江西 | 3.70 | 2.83 | 6.17 | 9.81 | 20.03 | 51.55 | 1.06 |
| 山东 | 7.46 | 4.59 | 14.25 | 18.66 | 24.61 | 69.54 | 1.04 |

# 评价主要财务指标表（全部旅游景区）

| | 偿债能力状况 | | | | 发展能力状况 | | |
|---|---|---|---|---|---|---|---|
| 应收账款周转率（次） | 资产负债率（%） | 流动比率（%） | 速动比率（%） | 长期资产适合率（%） | 销售增长率（%） | 资本积累率（%） | 总资产增长率（%） |
| 7.91 | 57.78 | 116.20 | 96.82 | 214.02 | 4.74 | 14.46 | 12.98 |
| 1.88 | 46.89 | 140.05 | 138.96 | 218.25 | 11.83 | 1.75 | 2.86 |
| 17.22 | 49.35 | 62.06 | 61.69 | 178.88 | 6.64 | –1.81 | 5.51 |
| 9.33 | 59.58 | 80.83 | 76.53 | 127.67 | –6.68 | 4.60 | 8.26 |
| 7.78 | 49.55 | 77.35 | 75.28 | 154.38 | –9.05 | 10.66 | 9.33 |
| 3.49 | 46.45 | 69.04 | 62.02 | 252.80 | 7.62 | 140.25 | 81.34 |
| 59.99 | 75.10 | 86.23 | 70.35 | 175.77 | 5.31 | 36.50 | 16.62 |
| 4.60 | 47.38 | 71.57 | 69.94 | 110.01 | 12.92 | –13.05 | –4.32 |
| 8.19 | 40.89 | 87.35 | 81.06 | 183.01 | –20.73 | 8.78 | –4.95 |
| 30.61 | 59.39 | 100.39 | 80.11 | 159.33 | 15.60 | 11.47 | 2.00 |
| 4.15 | 66.07 | 141.97 | 117.54 | 310.28 | 3.81 | 14.57 | 14.17 |
| 5.54 | 59.65 | 127.41 | 112.95 | 242.14 | 5.28 | 11.36 | 14.70 |
| 6.92 | 57.72 | 132.91 | 77.07 | 244.80 | –34.88 | 12.76 | 18.62 |
| 3.18 | 52.86 | 160.55 | 75.39 | 420.88 | 0.31 | 3.24 | 1.67 |
| 7.42 | 54.29 | 99.74 | 78.28 | 274.68 | 20.55 | 6.42 | 4.78 |
| 12.51 | 57.17 | 87.72 | 56.52 | 169.71 | 5.11 | 11.29 | 8.19 |

| 地　区 | 财务效益 | | | | 资产营运状况 | | |
|---|---|---|---|---|---|---|---|
| | 净资产收益率(%) | 总资产报酬率(%) | 营　业利润率(%) | 成本费用利润率(%) | 总资产周转率(%) | 流动资产周转率(%) | 存　货周转率(次) |
| 河　南 | 1.77 | 3.35 | 8.18 | 10.12 | 16.15 | 82.71 | 1.01 |
| 湖　北 | 4.39 | 3.59 | 13.05 | 19.05 | 16.15 | 61.68 | 1.04 |
| 湖　南 | 9.73 | 7.78 | 29.83 | 45.41 | 20.45 | 50.52 | 1.13 |
| 广　东 | 7.90 | 4.29 | 9.96 | 14.54 | 22.37 | 73.49 | 1.02 |
| 广　西 | 6.03 | 4.11 | 9.47 | 15.48 | 22.85 | 49.15 | 1.03 |
| 海　南 | 10.59 | 9.49 | 34.95 | 53.19 | 26.30 | 76.78 | 1.09 |
| 重　庆 | 0.93 | 1.40 | −1.45 | 5.41 | 7.52 | 18.37 | 1.08 |
| 四　川 | 4.63 | 3.54 | 8.35 | 11.33 | 26.07 | 124.45 | 1.49 |
| 贵　州 | −0.38 | 0.25 | −22.25 | −4.69 | 3.24 | 9.86 | 0.93 |
| 云　南 | 1.05 | 1.43 | −3.25 | 5.98 | 8.69 | 18.90 | 1.04 |
| 陕　西 | −0.65 | 0.94 | −3.72 | −0.66 | 14.00 | 26.59 | 1.07 |
| 甘　肃 | 10.64 | 25.88 | 27.85 | 40.70 | 21.83 | 70.13 | 1.03 |
| 青　海 | 1.23 | 0.97 | −31.33 | 10.62 | 5.30 | 23.41 | 1.12 |
| 宁　夏 | 3.00 | 3.27 | 11.61 | 16.88 | 15.38 | 49.25 | 0.98 |
| 新　疆 | −19.03 | 2.59 | 7.19 | 9.29 | 21.84 | 52.53 | 1.02 |
| 西　藏 | — | — | — | — | — | — | — |

续表

| | 偿债能力状况 | | | | 发展能力状况 | | |
|---|---|---|---|---|---|---|---|
| 应收账款周转率(次) | 资产负债率(%) | 流动比率(%) | 速动比率(%) | 长期资产适合率(%) | 销售增长率(%) | 资本积累率(%) | 总资产增长率(%) |
| 11.96 | 48.87 | 74.00 | 67.94 | 182.74 | 4.10 | 18.31 | 16.26 |
| 7.34 | 48.45 | 92.11 | 88.97 | 148.18 | 6.92 | 10.20 | 9.42 |
| 6.92 | 52.15 | 154.94 | 150.80 | 257.27 | 25.87 | 16.42 | 20.39 |
| 27.25 | 69.90 | 107.55 | 84.43 | 156.36 | –4.81 | 0.23 | 1.58 |
| 11.78 | 54.60 | 86.46 | 78.29 | 163.71 | 7.85 | 11.57 | 3.18 |
| 28.09 | 30.04 | 143.18 | 137.19 | 248.40 | 3.95 | 10.22 | 4.85 |
| 10.00 | 64.54 | 180.55 | 175.68 | 346.93 | 9.09 | 16.36 | 23.55 |
| 33.77 | 47.44 | 60.87 | 56.00 | 144.58 | 71.55 | 24.20 | 12.45 |
| 10.92 | 38.42 | 165.91 | 164.15 | 436.47 | –6.99 | 83.04 | 62.87 |
| 2.87 | 66.86 | 134.90 | 126.92 | 264.54 | 3.42 | 17.44 | 28.72 |
| 2.76 | 63.73 | 103.50 | 85.00 | 211.37 | 12.36 | 4.69 | 14.88 |
| 8.87 | 44.86 | 81.72 | 65.35 | 166.49 | 18.26 | 29.63 | 17.84 |
| 10.13 | 46.06 | 78.55 | 75.33 | 150.25 | –13.13 | 53.25 | 34.88 |
| 43.07 | 40.72 | 152.35 | 150.07 | 171.98 | –9.07 | 10.53 | 13.22 |
| 11.11 | 61.07 | 111.97 | 87.97 | 152.72 | –48.24 | 17.85 | 20.74 |
| — | — | — | — | — | — | — | — |

# 2016 年度全国旅游行业经济效益

| 地 区 | 财务效益 | | | | 资产营运状况 | | |
|---|---|---|---|---|---|---|---|
| | 净资产收益率(%) | 总资产报酬率(%) | 营 业利润率(%) | 成本费用利润率(%) | 总资产周转率(%) | 流动资产周转率(%) | 存 货周转率(次) |
| 全 国 | 2.32 | 2.59 | 6.48 | 11.12 | 12.01 | 31.74 | 1.04 |
| 北 京 | 13.26 | 12.45 | 24.64 | 33.79 | 48.27 | 173.84 | 1.14 |
| 天 津 | –24.95 | –4.18 | –21.46 | –20.58 | 21.14 | 52.83 | — |
| 河 北 | 0.17 | 0.97 | –8.49 | 1.41 | 12.83 | 51.53 | 1.02 |
| 山 西 | 0.16 | 1.21 | –2.70 | 2.44 | 7.64 | 21.16 | 1.13 |
| 内蒙古 | –8.86 | –4.41 | –44.61 | –29.76 | 11.14 | 31.99 | 0.95 |
| 辽 宁 | 33.60 | 7.83 | 42.20 | 73.36 | 17.90 | 52.14 | 1.10 |
| 吉 林 | 3.26 | 1.10 | 3.60 | 8.54 | 12.83 | 27.27 | 1.02 |
| 黑龙江 | 8.92 | 5.44 | 5.22 | 5.95 | 96.47 | 205.20 | 0.88 |
| 上 海 | 6.61 | 4.02 | –23.50 | 33.25 | 8.94 | 44.95 | 1.22 |
| 江 苏 | 1.45 | 0.70 | 9.07 | 14.48 | 4.26 | 7.34 | 1.09 |
| 浙 江 | –2.95 | 0.00 | –24.46 | –15.63 | 5.75 | 22.98 | 1.08 |
| 安 徽 | –1.88 | 0.47 | –13.22 | –9.49 | 6.61 | 11.04 | 0.91 |
| 福 建 | –2.31 | –0.03 | –8.89 | –5.20 | 13.40 | 29.52 | 1.00 |
| 江 西 | 3.80 | 2.93 | 7.18 | 11.03 | 16.06 | 50.26 | 1.10 |
| 山 东 | 8.90 | 5.21 | 13.95 | 18.83 | 28.21 | 65.43 | 0.98 |

# 评价主要财务指标表（自然类旅游景区）

| | 偿债能力状况 | | | | 发展能力状况 | | |
|---|---|---|---|---|---|---|---|
| 应收账款周转率（次） | 资产负债率(%) | 流动比率(%) | 速动比率(%) | 长期资产适合率(%) | 销售增长率(%) | 资本积累率(%) | 总资产增长率(%) |
| 9.74 | 60.87 | 119.98 | 101.18 | 239.64 | 4.23 | 19.26 | 18.69 |
| 319.16 | 34.70 | 92.49 | 91.41 | 189.11 | 31.33 | 10.12 | 14.66 |
| 30.03 | 81.22 | 70.34 | 68.99 | 93.68 | −1.53 | −19.84 | 3.46 |
| 2.56 | 47.56 | 57.70 | 54.68 | 121.89 | −12.81 | 5.69 | 9.61 |
| 11.71 | 52.90 | 100.76 | 98.91 | 198.13 | 17.18 | 22.44 | 13.07 |
| 2.49 | 39.97 | 80.64 | 75.23 | 463.69 | 8.31 | 183.31 | 103.04 |
| 69.24 | 75.08 | 103.32 | 99.38 | 221.41 | 6.16 | 61.38 | 25.86 |
| 2.91 | 75.27 | 77.38 | 76.58 | 109.85 | 15.88 | 2.53 | 29.92 |
| 8.83 | 33.39 | 116.70 | 107.36 | 231.19 | −21.77 | 10.92 | −9.91 |
| 34.24 | 49.54 | 53.96 | 29.16 | 320.83 | 11.85 | 32.06 | 0.97 |
| 5.11 | 67.72 | 219.53 | 169.35 | 448.74 | 7.48 | 21.90 | 25.46 |
| 16.80 | 60.25 | 97.49 | 91.56 | 218.89 | 6.57 | 11.48 | 19.27 |
| 13.88 | 56.16 | 165.67 | 82.28 | 334.86 | −15.78 | 8.99 | 12.53 |
| 8.37 | 57.12 | 104.24 | 92.94 | 259.32 | 9.66 | 2.40 | −4.02 |
| 5.86 | 60.70 | 69.53 | 51.51 | 254.64 | 34.62 | 8.11 | 5.18 |
| 9.55 | 62.20 | 85.46 | 59.57 | 145.00 | −1.60 | 6.32 | 7.09 |

| 地　区 | 财务效益 | | | | 资产营运状况 | | |
|---|---|---|---|---|---|---|---|
| | 净资产收益率(%) | 总资产报酬率(%) | 营　业利润率(%) | 成本费用利润率(%) | 总资产周转率(%) | 流动资产周转率(%) | 存　货周转率(次) |
| 河　南 | 0.37 | 3.03 | 2.76 | 5.11 | 11.93 | 60.99 | 0.97 |
| 湖　北 | 2.88 | 3.13 | 9.75 | 12.60 | 15.54 | 50.84 | 1.08 |
| 湖　南 | 15.67 | 12.30 | 33.96 | 54.38 | 29.30 | 70.29 | 1.16 |
| 广　东 | 2.72 | 2.47 | 0.80 | 4.09 | 17.79 | 83.63 | 1.02 |
| 广　西 | 15.97 | 8.47 | 26.11 | 37.09 | 27.95 | 70.77 | 1.05 |
| 海　南 | 7.62 | 7.05 | 35.56 | 52.68 | 19.55 | 52.53 | 1.20 |
| 重　庆 | 1.70 | 2.10 | 0.95 | 13.03 | 5.73 | 16.80 | 1.11 |
| 四　川 | 4.11 | 4.32 | 9.03 | 13.33 | 21.03 | 79.42 | 1.13 |
| 贵　州 | −1.65 | −0.31 | −104.43 | −28.68 | 1.55 | 4.31 | 1.04 |
| 云　南 | 1.15 | 1.46 | −4.98 | 6.06 | 8.91 | 21.85 | 1.07 |
| 陕　西 | −2.58 | 0.38 | −14.91 | −11.04 | 6.94 | 12.43 | 1.08 |
| 甘　肃 | 12.51 | 48.82 | 25.57 | 35.85 | 29.49 | 86.04 | 1.03 |
| 青　海 | 0.52 | 0.44 | 3.05 | 2.51 | 7.53 | 27.63 | 1.15 |
| 宁　夏 | −0.36 | — | −2.20 | −0.44 | 19.83 | 77.53 | 1.02 |
| 新　疆 | 5.71 | 4.00 | 9.52 | 15.20 | 18.89 | 71.23 | 1.12 |
| 西　藏 | — | — | — | — | — | — | — |

续表

| | 偿债能力状况 | | | | 发展能力状况 | | |
|---|---|---|---|---|---|---|---|
| 应收账款周转率(次) | 资产负债率(%) | 流动比率(%) | 速动比率(%) | 长期资产适合率(%) | 销售增长率(%) | 资本积累率(%) | 总资产增长率(%) |
| 7.27 | 50.76 | 73.19 | 70.96 | 175.49 | 4.89 | 6.66 | 16.08 |
| 5.42 | 53.58 | 113.95 | 111.28 | 196.41 | 14.40 | 11.21 | 10.20 |
| 91.18 | 51.47 | 150.21 | 148.85 | 212.89 | 32.63 | 25.56 | 28.04 |
| 47.14 | 83.64 | 71.27 | 50.62 | 151.34 | -8.91 | 2.84 | 3.65 |
| 12.10 | 60.30 | 60.57 | 60.53 | 256.55 | 11.72 | 47.59 | 68.02 |
| 32.39 | 24.59 | 150.46 | 148.84 | 370.11 | 3.30 | 10.12 | 5.44 |
| 7.27 | 57.33 | 106.21 | 104.53 | 375.41 | 8.06 | 23.61 | 11.07 |
| 23.00 | 51.05 | 84.40 | 80.36 | 134.78 | 6.71 | 4.78 | 3.40 |
| 4.22 | 44.73 | 163.84 | 162.04 | 342.80 | -9.18 | 83.17 | 67.43 |
| 2.90 | 69.12 | 118.33 | 108.10 | 330.36 | 3.05 | 26.78 | 51.61 |
| 3.68 | 63.96 | 114.48 | 98.38 | 291.24 | 29.91 | 3.83 | 20.83 |
| 15.15 | 42.34 | 100.11 | 72.90 | 160.45 | 32.31 | 40.42 | 43.39 |
| 141.40 | 54.19 | 47.20 | 47.18 | 90.42 | -29.46 | 502.88 | 91.18 |
| 29.73 | 31.66 | 182.95 | 175.61 | 143.55 | -11.83 | 9.31 | 8.68 |
| 8.58 | 59.62 | 110.65 | 102.88 | 221.43 | 30.92 | 31.83 | 22.60 |
| — | — | — | — | — | — | — | — |

# 2016 年度全国旅游行业经济效益

| 地区 | 财务效益 | | | | 资产营运状况 | | |
|---|---|---|---|---|---|---|---|
| | 净资产收益率(%) | 总资产报酬率(%) | 营业利润率(%) | 成本费用利润率(%) | 总资产周转率(%) | 流动资产周转率(%) | 存货周转率(次) |
| 全国 | 1.57 | 1.86 | 5.92 | 11.10 | 10.42 | 24.86 | 1.01 |
| 北京 | -6.68 | -1.35 | -6.80 | -6.50 | 32.55 | 62.56 | 1.02 |
| 天津 | -8.27 | -6.22 | -24.34 | -22.43 | 22.29 | 42.78 | 0.59 |
| 河北 | 2.41 | 1.44 | 15.87 | 31.35 | 4.43 | 10.94 | 1.07 |
| 山西 | -2.83 | -1.03 | -74.21 | -34.02 | 2.84 | 29.06 | 0.35 |
| 内蒙古 | -1.88 | -1.66 | -8.85 | -7.89 | 19.37 | 90.84 | 0.96 |
| 辽宁 | 1.76 | 2.01 | 8.38 | 10.39 | 20.44 | 96.18 | 0.88 |
| 吉林 | 4.72 | 1.22 | 13.18 | 15.18 | 9.25 | 17.33 | 1.03 |
| 黑龙江 | — | — | — | — | — | — | — |
| 上海 | 3.65 | 1.72 | 2.34 | 4.07 | 28.23 | 48.32 | 1.13 |
| 江苏 | 0.97 | 0.63 | 4.46 | 7.76 | 6.75 | 10.89 | 1.08 |
| 浙江 | -0.58 | 0.46 | -6.22 | -1.04 | 6.45 | 12.57 | 1.07 |
| 安徽 | 4.51 | 4.51 | 19.71 | 25.37 | 13.35 | 62.78 | 1.03 |
| 福建 | 0.78 | 2.61 | 5.59 | 9.86 | 6.95 | 13.78 | 0.97 |
| 江西 | 0.21 | 0.12 | -35.76 | 0.42 | 20.93 | 27.02 | 1.00 |
| 山东 | 10.06 | 9.64 | 24.05 | 32.06 | 37.57 | 123.02 | 1.01 |

# 评价主要财务指标表（文物类旅游景区）

| | 偿债能力状况 | | | | 发展能力状况 | | |
|---|---|---|---|---|---|---|---|
| 应收账款周转率（次） | 资产负债率(%) | 流动比率(%) | 速动比率(%) | 长期资产适合率(%) | 销售增长率(%) | 资本积累率(%) | 总资产增长率(%) |
| 4.50 | 48.54 | 158.76 | 119.01 | 339.79 | 0.75 | 19.17 | 14.70 |
| 269.62 | 64.34 | 190.45 | 188.53 | 220.37 | 5.90 | 2.85 | 5.32 |
| — | 19.17 | 263.91 | 259.48 | 162.60 | −0.77 | −0.62 | −11.44 |
| 25.64 | 50.72 | 102.30 | 98.62 | 144.65 | 3.59 | 2.53 | −1.59 |
| 4.43 | 42.91 | 21.16 | 20.14 | 96.61 | 1.92 | 0.72 | 10.98 |
| — | 11.37 | 135.29 | 134.64 | 103.95 | −39.20 | −1.86 | −1.94 |
| 34.13 | 16.09 | 124.17 | 101.65 | 170.94 | −31.15 | 1.80 | 1.88 |
| 2.82 | 73.00 | 68.56 | 66.49 | 58.87 | 92.45 | 10.31 | 0.69 |
| — | — | — | — | — | — | — | — |
| 717.58 | 71.98 | 105.51 | 27.88 | 534.28 | 29.75 | 3.71 | 17.98 |
| 1.14 | 65.55 | 132.40 | 116.80 | 454.08 | −3.51 | 0.74 | −2.36 |
| 29.75 | 73.15 | 152.03 | 149.40 | 344.50 | 15.53 | 18.99 | 16.21 |
| 3.66 | 59.78 | 158.63 | 130.52 | 255.11 | 1.57 | 4.57 | 8.36 |
| 1.47 | 49.27 | 295.58 | 80.54 | 647.99 | −7.58 | 2.71 | 2.96 |
| 21.18 | 43.34 | 315.24 | 315.24 | 463.03 | 4.08 | 0.20 | 0.59 |
| 15.16 | 35.14 | 160.61 | 115.91 | 152.65 | −1.66 | −4.53 | 1.83 |

| 地　区 | 财务效益 | | | | 资产营运状况 | | |
|---|---|---|---|---|---|---|---|
| | 净资产收益率(%) | 总资产报酬率(%) | 营　业利润率(%) | 成本费用利润率(%) | 总资产周转率(%) | 流动资产周转率(%) | 存　货周转率(次) |
| 河　南 | 2.92 | 4.09 | 11.26 | 12.58 | 25.76 | 105.45 | 0.97 |
| 湖　北 | -8.65 | -2.76 | -28.30 | -17.25 | 14.97 | 92.82 | 0.97 |
| 湖　南 | -1.48 | -0.89 | -35.30 | -18.21 | 4.26 | 12.97 | 1.13 |
| 广　东 | 8.77 | 7.96 | 7.04 | 14.43 | 56.88 | 162.03 | 1.06 |
| 广　西 | 4.00 | 4.51 | 6.39 | 10.63 | 45.32 | 85.19 | 1.01 |
| 海　南 | 4.86 | 3.96 | 13.19 | 15.27 | 29.88 | 30.97 | 1.11 |
| 重　庆 | -1.68 | -0.39 | -12.84 | -10.67 | 3.37 | 6.03 | 1.13 |
| 四　川 | 1.50 | 1.97 | 3.45 | 26.19 | 5.56 | 23.10 | 0.90 |
| 贵　州 | 0.65 | 0.58 | 14.75 | 17.49 | 3.59 | 14.75 | 0.78 |
| 云　南 | -2.41 | 0.23 | -9.53 | -2.78 | 22.03 | 89.06 | 1.04 |
| 陕　西 | 0.50 | 1.41 | -4.43 | 1.81 | 23.84 | 54.74 | 1.07 |
| 甘　肃 | 9.85 | 8.98 | 37.98 | 67.00 | 21.54 | 104.83 | 0.97 |
| 青　海 | 1.10 | 0.87 | -182.53 | 19.52 | 1.58 | 5.45 | 0.84 |
| 宁　夏 | 11.97 | 11.07 | 56.23 | 134.20 | 18.32 | 81.52 | 0.86 |
| 新　疆 | 18.78 | 18.60 | 60.40 | 155.86 | 30.13 | 59.67 | 0.80 |
| 西　藏 | — | — | — | — | — | — | — |

续表

| | 偿债能力状况 | | | | 发展能力状况 | | |
|---|---|---|---|---|---|---|---|
| 应收账款周转率(次) | 资产负债率(%) | 流动比率(%) | 速动比率(%) | 长期资产适合率(%) | 销售增长率(%) | 资本积累率(%) | 总资产增长率(%) |
| 38.60 | 24.62 | 160.19 | 150.69 | 281.76 | -4.95 | 11.95 | 8.66 |
| 4.73 | 61.82 | 37.11 | 35.64 | 75.61 | -4.75 | -9.24 | 3.99 |
| 172.08 | 29.93 | 444.21 | 442.50 | 1 052.32 | 12.24 | 16.04 | 21.56 |
| 25.51 | 32.12 | 132.44 | 124.54 | 213.05 | 11.61 | 23.75 | 26.75 |
| 25.70 | 15.07 | 369.94 | 369.94 | 709.42 | -17.33 | 2.63 | 6.48 |
| 116.32 | 28.59 | 340.05 | 146.88 | 2 580.85 | 46.76 | 4.98 | 38.22 |
| 6.71 | 79.53 | 256.00 | 255.33 | 796.45 | 9.68 | 31.70 | 103.14 |
| 6.05 | 21.78 | 170.31 | 153.35 | 456.18 | -12.20 | 46.66 | 35.57 |
| 223.46 | 25.33 | 179.64 | 179.52 | 1 131.74 | -13.37 | 93.68 | 59.91 |
| 5.13 | 70.68 | 43.02 | 42.40 | 70.95 | -2.74 | -1.83 | 7.85 |
| 5.62 | 61.31 | 95.35 | 85.46 | 145.10 | 0.22 | 5.01 | 19.21 |
| 19.73 | 9.22 | 430.15 | 428.36 | 158.11 | 14.59 | 11.70 | -17.01 |
| 2.53 | 41.09 | 317.22 | 293.59 | 250.89 | -26.19 | 1.14 | 6.72 |
| 47.75 | 16.35 | 187.69 | 183.11 | 132.50 | -1.42 | 11.50 | 5.85 |
| 13.22 | 7.94 | 687.14 | 687.14 | 239.66 | 54.35 | 20.73 | 20.13 |
| — | — | — | — | — | — | — | — |

# 2016 年度全国旅游行业经济效益

| 地区 | 财务效益 | | | | 资产营运状况 | | |
|---|---|---|---|---|---|---|---|
| | 净资产收益率(%) | 总资产报酬率(%) | 营业利润率(%) | 成本费用利润率(%) | 总资产周转率(%) | 流动资产周转率(%) | 存货周转率(次) |
| 全国 | 4.74 | 3.57 | 12.56 | 17.07 | 18.70 | 52.72 | 1.09 |
| 北京 | 1.58 | 1.57 | 8.05 | 13.53 | 9.32 | 42.17 | 0.99 |
| 天津 | -1.22 | 0.07 | -28.68 | -13.48 | 3.78 | 23.83 | 1.08 |
| 河北 | 10.34 | 5.38 | 7.28 | 8.56 | 54.06 | 193.50 | 1.08 |
| 山西 | -6.68 | -3.34 | -14.96 | -11.24 | 28.25 | 90.96 | 0.88 |
| 内蒙古 | 0.95 | 1.75 | 4.00 | 8.88 | 9.41 | 34.05 | 1.20 |
| 辽宁 | 13.31 | 4.20 | 10.28 | 38.39 | 9.83 | 17.14 | 1.00 |
| 吉林 | 2.03 | 1.68 | 2.99 | 23.37 | 6.62 | 33.53 | 0.92 |
| 黑龙江 | 3.99 | 8.62 | -1.37 | 13.88 | 13.32 | 57.25 | 0.91 |
| 上海 | 16.83 | 9.00 | 31.80 | 48.63 | 23.12 | 59.98 | 1.07 |
| 江苏 | 0.23 | 1.01 | 1.03 | 2.62 | 4.84 | 14.91 | 1.07 |
| 浙江 | 3.17 | 3.27 | 6.33 | 7.80 | 31.35 | 63.65 | 1.01 |
| 安徽 | -4.20 | -1.41 | -27.08 | -15.74 | 7.61 | 20.79 | 0.67 |
| 福建 | 7.75 | 4.59 | 24.45 | 35.19 | 16.06 | 29.31 | 0.98 |
| 江西 | 4.45 | 3.36 | 12.68 | 10.41 | 34.73 | 66.35 | 1.02 |
| 山东 | 6.56 | 3.89 | 12.94 | 16.82 | 21.98 | 67.81 | 1.07 |

# 评价主要财务指标表（主题类旅游景区）

| | 偿债能力状况 | | | | 发展能力状况 | | |
|---|---|---|---|---|---|---|---|
| 应收账款周转率（次） | 资产负债率(%) | 流动比率(%) | 速动比率(%) | 长期资产适合率(%) | 销售增长率(%) | 资本积累率(%) | 总资产增长率(%) |
| 7.86 | 57.10 | 103.23 | 87.65 | 172.20 | 5.75 | 8.61 | 6.89 |
| 1.04 | 45.45 | 135.83 | 134.92 | 220.05 | 8.87 | 0.98 | 1.78 |
| 10.93 | 44.97 | 56.21 | 56.20 | 198.47 | 17.07 | −0.62 | 6.38 |
| 13.54 | 69.74 | 83.96 | 78.47 | 124.04 | −6.26 | 5.28 | 12.84 |
| 6.65 | 47.70 | 89.62 | 85.20 | 153.17 | −22.66 | −1.59 | −1.79 |
| 84.06 | 62.64 | 49.38 | 39.66 | 107.30 | 10.78 | 60.23 | 46.97 |
| 45.92 | 76.31 | 75.33 | 51.98 | 99.00 | 5.53 | 11.89 | 5.29 |
| 51.11 | 22.72 | 54.36 | 50.32 | 110.50 | 8.58 | −16.66 | −22.24 |
| 4.83 | 53.10 | 54.60 | 51.72 | 130.50 | −4.75 | 4.14 | 4.39 |
| 27.05 | 59.79 | 109.10 | 100.72 | 136.77 | 14.11 | 7.89 | 0.47 |
| 9.50 | 64.24 | 84.83 | 78.17 | 208.02 | 2.61 | 10.36 | 6.43 |
| 4.31 | 51.27 | 154.55 | 121.44 | 249.47 | 3.91 | 9.10 | 7.15 |
| 7.86 | 58.66 | 92.19 | 64.05 | 188.41 | −55.78 | 20.83 | 30.67 |
| 16.14 | 58.12 | 93.88 | 49.68 | 223.29 | 1.16 | 6.79 | 6.94 |
| 10.86 | 33.47 | 229.54 | 177.84 | 305.01 | 4.67 | 4.54 | 4.69 |
| 14.58 | 56.98 | 86.01 | 52.39 | 182.10 | 10.24 | 15.70 | 9.22 |

| 地 区 | 财务效益 | | | | 资产营运状况 | | |
|---|---|---|---|---|---|---|---|
| | 净资产收益率(%) | 总资产报酬率(%) | 营业利润率(%) | 成本费用利润率(%) | 总资产周转率(%) | 流动资产周转率(%) | 存货周转率(次) |
| 河南 | 3.75 | 3.65 | 12.05 | 14.28 | 20.29 | 111.50 | 1.06 |
| 湖北 | 6.25 | 4.47 | 18.57 | 29.04 | 16.84 | 74.19 | 1.01 |
| 湖南 | 6.66 | 4.94 | 25.29 | 35.85 | 14.73 | 36.14 | 1.06 |
| 广东 | 10.17 | 6.59 | 17.50 | 24.67 | 27.90 | 66.09 | 1.02 |
| 广西 | 1.53 | 1.98 | -1.84 | 4.99 | 19.21 | 38.01 | 1.03 |
| 海南 | 17.63 | 14.03 | 34.54 | 54.01 | 38.69 | 126.55 | 1.02 |
| 重庆 | 0.17 | 0.89 | -2.33 | 1.34 | 10.45 | 22.76 | 1.06 |
| 四川 | 10.59 | 4.29 | 8.64 | 9.35 | 44.17 | 278.68 | 1.61 |
| 贵州 | 7.42 | 6.34 | 13.65 | 23.84 | 26.04 | 51.53 | 1.01 |
| 云南 | 1.11 | 1.47 | 1.25 | 7.77 | 7.40 | 13.38 | 1.01 |
| 陕西 | 3.98 | 2.13 | 3.26 | 5.94 | 27.36 | 58.24 | 1.06 |
| 甘肃 | 7.35 | 3.65 | 26.96 | 38.46 | 12.00 | 37.04 | 1.10 |
| 青海 | 4.24 | 5.17 | -15.01 | 12.23 | 22.78 | 129.46 | 1.46 |
| 宁夏 | -3.85 | 0.59 | -16.80 | -9.99 | 11.22 | 28.70 | 0.96 |
| 新疆 | -27.87 | 1.95 | 5.67 | 6.75 | 22.64 | 48.72 | 1.00 |
| 西藏 | — | — | — | — | — | — | — |

续表

| | 偿债能力状况 | | | | 发展能力状况 | | |
|---|---|---|---|---|---|---|---|
| 应收账款周转率(次) | 资产负债率(%) | 流动比率(%) | 速动比率(%) | 长期资产适合率(%) | 销售增长率(%) | 资本积累率(%) | 总资产增长率(%) |
| 19.35 | 51.24 | 65.31 | 53.51 | 178.04 | 6.24 | 44.55 | 18.30 |
| 11.22 | 42.37 | 79.85 | 76.17 | 120.99 | 1.45 | 10.39 | 8.99 |
| 2.38 | 57.47 | 142.62 | 135.23 | 263.13 | 14.92 | 7.03 | 12.95 |
| 20.16 | 52.26 | 171.23 | 143.54 | 162.25 | −1.46 | −1.18 | −1.22 |
| 10.77 | 53.14 | 101.53 | 86.35 | 129.00 | 9.31 | −1.22 | −18.19 |
| 25.19 | 40.18 | 128.36 | 117.18 | 152.03 | 4.35 | 10.54 | 3.53 |
| 14.08 | 69.31 | 328.46 | 313.97 | 294.31 | 9.74 | 4.92 | 28.56 |
| 74.49 | 67.23 | 32.38 | 29.55 | 73.94 | 128.46 | 7.34 | 2.56 |
| 19.67 | 37.93 | 150.49 | 144.60 | 201.91 | 2.85 | 18.23 | 24.36 |
| 2.58 | 62.48 | 185.94 | 181.87 | 218.75 | 5.53 | 6.96 | 2.33 |
| 2.10 | 64.07 | 81.63 | 54.93 | 129.70 | 7.57 | 6.88 | 0.59 |
| 3.12 | 62.63 | 53.36 | 44.55 | 195.17 | −9.97 | 26.87 | 7.28 |
| 5.22 | 22.99 | 271.10 | 230.25 | 124.59 | 115.93 | 22.21 | 17.33 |
| 64.35 | 58.72 | 137.29 | 136.72 | 256.77 | −12.77 | 10.56 | 20.44 |
| 12.10 | 62.21 | 110.55 | 83.03 | 136.47 | −55.63 | 13.77 | 20.18 |
| — | — | — | — | — | — | — | — |

# 2016 年度全国旅游行业经济效益

| 地 区 | 财务效益 | | | | 资产营运状况 | | |
|---|---|---|---|---|---|---|---|
| | 净资产收益率(%) | 总资产报酬率(%) | 营业利润率(%) | 成本费用利润率(%) | 总资产周转率(%) | 流动资产周转率(%) | 存货周转率(次) |
| 全 国 | 4.57 | 4.04 | 3.70 | 5.92 | 41.66 | 74.15 | 1.11 |
| 北 京 | 8.87 | 4.58 | 9.47 | 12.12 | 41.69 | 55.55 | 1.44 |
| 天 津 | −19.28 | −12.36 | −12.00 | −10.53 | 104.84 | 291.11 | 1.10 |
| 河 北 | −19.28 | −5.41 | −39.42 | −32.73 | 14.48 | 43.89 | 1.21 |
| 山 西 | −3.96 | −2.27 | −15.13 | −12.37 | 17.41 | 68.44 | 1.01 |
| 内蒙古 | 2.57 | 0.96 | −0.21 | 4.49 | 21.28 | 54.20 | 1.32 |
| 辽 宁 | −20.47 | −1.02 | −125.46 | −25.70 | 7.64 | 12.38 | 1.04 |
| 吉 林 | 1.20 | 0.86 | 16.35 | 22.22 | 3.18 | 11.16 | 1.09 |
| 黑龙江 | −1.06 | −0.84 | −4.29 | −4.11 | 19.55 | 45.24 | 1.28 |
| 上 海 | 13.60 | 1.06 | 1.20 | 1.69 | 63.50 | 67.90 | 1.37 |
| 江 苏 | 9.20 | 7.71 | 2.74 | 2.92 | 152.47 | 231.43 | 1.02 |
| 浙 江 | −4.43 | 8.07 | −38.69 | −13.03 | 7.98 | 17.12 | 0.74 |
| 安 徽 | 6.22 | 7.05 | 4.76 | 7.28 | 62.20 | 101.17 | 1.01 |
| 福 建 | 18.89 | 6.53 | 6.12 | 7.11 | 96.07 | 158.59 | 1.15 |
| 江 西 | −0.18 | 0.58 | −34.72 | −1.85 | 3.80 | 12.75 | 1.04 |
| 山 东 | 18.68 | 7.49 | 14.62 | 21.01 | 36.33 | 69.59 | 1.02 |

# 评价主要财务指标表（其他旅游企业）

| | 偿债能力状况 | | | | 发展能力状况 | | |
|---|---|---|---|---|---|---|---|
| 应收账款周转率（次） | 资产负债率（%） | 流动比率（%） | 速动比率（%） | 长期资产适合率（%） | 销售增长率（%） | 资本积累率（%） | 总资产增长率（%） |
| 10.73 | 64.82 | 127.83 | 110.77 | 268.48 | 19.69 | 23.54 | 37.88 |
| 3.32 | 59.76 | 120.37 | 117.42 | 461.92 | 11.13 | 51.73 | 18.00 |
| 17.64 | 37.48 | 123.20 | 120.58 | 1 631.36 | 12.04 | −16.32 | −11.37 |
| 5.77 | 70.52 | 112.69 | 77.87 | 125.45 | 30.07 | −15.56 | 13.69 |
| 4.51 | 26.10 | 111.91 | 105.62 | 116.24 | 24.95 | 2.64 | 0.64 |
| 7.72 | 51.97 | 60.07 | 55.91 | 85.43 | 0.15 | 66.21 | −6.64 |
| 18.28 | 82.02 | 194.21 | 191.23 | 190.94 | 11.58 | −17.89 | 24.26 |
| 5.22 | 64.61 | 46.53 | 43.21 | 1 218.27 | 72.84 | 1.70 | 8.51 |
| — | 21.60 | 158.76 | 158.76 | 119.32 | 129.64 | −1.05 | 1.32 |
| 5.56 | 94.60 | 99.29 | 98.53 | 102.04 | 65.82 | 14.54 | 89.94 |
| 20.43 | 63.85 | 111.54 | 81.95 | 209.36 | 2.40 | 9.35 | 1.75 |
| 19.35 | 63.75 | 200.95 | 198.41 | 269.83 | −39.32 | 16.04 | −1.82 |
| 4.65 | 47.84 | 240.61 | 185.84 | 377.05 | 3.89 | 40.17 | 22.38 |
| 20.73 | 70.26 | 101.75 | 81.98 | 183.12 | 42.15 | 43.27 | 11.16 |
| 9.19 | 46.77 | 101.21 | 52.86 | 694.36 | 1.97 | −1.68 | −0.82 |
| 17.27 | 71.42 | 98.04 | 91.31 | 145.47 | 16.20 | 75.36 | 81.97 |

| 地区 | 财务效益 | | | | 资产营运状况 | | |
|---|---|---|---|---|---|---|---|
| | 净资产收益率(%) | 总资产报酬率(%) | 营业利润率(%) | 成本费用利润率(%) | 总资产周转率(%) | 流动资产周转率(%) | 存货周转率(次) |
| 河南 | 0.37 | 0.69 | 0.67 | 2.82 | 12.93 | 31.21 | 1.11 |
| 湖北 | 1.67 | 2.61 | −7.26 | 14.15 | 5.30 | 11.48 | 1.12 |
| 湖南 | −0.68 | 2.61 | 8.65 | 8.88 | 24.00 | 85.88 | 0.95 |
| 广东 | −3.80 | −0.61 | −25.43 | −15.69 | 5.32 | 8.69 | 1.22 |
| 广西 | 22.47 | 17.88 | 52.72 | 109.18 | 34.64 | 40.27 | 1.03 |
| 海南 | 23.16 | 21.03 | 17.26 | 20.93 | 116.91 | 168.74 | 1.05 |
| 重庆 | 7.35 | 4.24 | 0.20 | 5.77 | 62.98 | 152.28 | 1.07 |
| 四川 | 4.98 | 3.94 | 9.53 | 13.57 | 19.36 | 40.31 | 0.95 |
| 贵州 | 2.61 | 1.79 | −19.41 | 71.36 | 2.01 | 6.31 | 1.13 |
| 云南 | −5.51 | −1.90 | −27.22 | −17.66 | 9.47 | 15.10 | 0.97 |
| 陕西 | −1.67 | −0.89 | −7.70 | −9.90 | 8.53 | 27.95 | 0.91 |
| 甘肃 | 5.02 | 2.64 | 5.36 | 12.70 | 16.60 | 29.43 | 1.01 |
| 青海 | 1.15 | 1.16 | 1.66 | 8.46 | 13.97 | 18.93 | 1.50 |
| 宁夏 | −9.59 | −7.33 | −87.26 | −24.75 | 16.89 | 82.90 | 1.14 |
| 新疆 | 4.33 | 2.25 | 5.62 | 6.87 | 33.19 | 56.22 | 0.92 |
| 西藏 | −12.94 | −3.54 | −26.72 | −22.92 | 15.83 | 51.56 | 1.01 |

续表

| | 偿债能力状况 | | | | 发展能力状况 | | |
|---|---|---|---|---|---|---|---|
| 应收账款周转率（次） | 资产负债率（%） | 流动比率（%） | 速动比率（%） | 长期资产适合率（%） | 销售增长率（%） | 资本积累率（%） | 总资产增长率（%） |
| 0.44 | 58.18 | 83.22 | 78.31 | 149.96 | 65.44 | 0.53 | 9.03 |
| 5.96 | 53.32 | 275.48 | 244.45 | 347.27 | 48.09 | 77.47 | 53.93 |
| 96.60 | 62.21 | 52.81 | 52.07 | 88.95 | −22.51 | −15.95 | 6.38 |
| 42.29 | 72.51 | 86.33 | 55.36 | 234.31 | −15.00 | −2.59 | 6.63 |
| 9.05 | 29.30 | 297.31 | 295.74 | 690.34 | 7.02 | 25.32 | 13.43 |
| 1 283.86 | 32.68 | 354.13 | 196.04 | 344.15 | 9.54 | 4.64 | −1.56 |
| 20.13 | 52.75 | 96.01 | 61.46 | 346.10 | 11.50 | 50.61 | 32.88 |
| 8.36 | 65.28 | 153.10 | 134.20 | 326.03 | −6.40 | 4.17 | 35.88 |
| 7.50 | 42.45 | 219.40 | 218.31 | 1 538.07 | 83.38 | 64.83 | 146.22 |
| 55.20 | 68.51 | 145.57 | 109.58 | 295.88 | −6.16 | 15.07 | 125.34 |
| 1.09 | 39.72 | 210.82 | 209.05 | 187.94 | −12.87 | 36.12 | 41.77 |
| 2.67 | 70.15 | 436.90 | 361.94 | 373.48 | 3.17 | 1.52 | 104.45 |
| 46.94 | 3.37 | 2 261.42 | 2 258.77 | 377.03 | 49.22 | −0.84 | −4.96 |
| 61.76 | 18.93 | 115.75 | 115.75 | 114.29 | −3.00 | −9.15 | −8.26 |
| 6.06 | 60.13 | 102.89 | 64.21 | 144.23 | −4.96 | 4.49 | 6.16 |
| 13.16 | 66.31 | 80.32 | 71.58 | 181.33 | −10.09 | −12.15 | 1.48 |

# 2016 年度全国旅游行业经济效益

| 地区 | 人均增加值(元) | | | | |
|---|---|---|---|---|---|
| | 全国旅游行业 | 旅行社 | 旅游饭店 | 旅游景区 | 旅游集团 |
| 全国 | 123 886.89 | 62 215.10 | 100 386.51 | 145 019.68 | 190 297.61 |
| 北京 | 150 964.93 | 117 831.03 | 166 093.02 | 180 565.23 | 148 220.30 |
| 天津 | 91 722.79 | 74 108.43 | 109 812.01 | 99 896.88 | — |
| 河北 | 60 052.83 | 42 414.50 | 61 212.35 | 112 465.13 | 353 086.22 |
| 山西 | 40 368.51 | 36 542.77 | 37 024.08 | 53 046.72 | — |
| 内蒙古 | 12 785.52 | 3 083.67 | 69 633.63 | 16 712.05 | — |
| 辽宁 | 92 554.76 | 74 068.19 | 60 259.40 | 156 920.49 | 113 795.67 |
| 吉林 | 101 667.28 | 44 946.07 | 93 536.47 | 93 939.24 | 222 134.90 |
| 黑龙江 | 86 402.03 | 45 890.92 | 43 586.10 | 159 089.77 | — |
| 上海 | 176 713.71 | 123 736.06 | 197 812.34 | 353 305.58 | 151 646.21 |
| 江苏 | 118 635.26 | 86 964.60 | 95 019.18 | 194 522.39 | 174 897.03 |
| 浙江 | 73 501.22 | 31 427.37 | 61 367.27 | 98 396.32 | 439 088.53 |
| 安徽 | 93 334.47 | 35 453.59 | 63 148.24 | 58 329.46 | 158 584.09 |
| 福建 | 96 317.35 | 61 267.25 | 78 026.92 | 141 839.26 | 146 082.81 |
| 江西 | 65 032.25 | 40 806.01 | 57 625.12 | 78 309.75 | 374 797.20 |
| 山东 | 122 653.06 | 59 558.52 | 108 986.26 | 157 500.57 | 170 047.52 |

# 评价补充财务指标表（全部旅游企业）

| | 人均财政贡献（元） | | | | | |
|---|---|---|---|---|---|---|
| 其他旅游企业 | 全国旅游行业 | 旅行社 | 旅游饭店 | 旅游景区 | 旅游集团 | 其他旅游企业 |
| 153 348.95 | 22 830.89 | 9 737.39 | 13 091.72 | 19 657.30 | 49 048.01 | 33 549.20 |
| 83 877.13 | 20 144.16 | 24 448.27 | 26 462.08 | 28 959.57 | 15 987.41 | 10 907.08 |
| 1 475.33 | 10 710.78 | 5 714.19 | 12 239.66 | 9 106.20 | — | 9 769.45 |
| -182 837.34 | 7 791.84 | 2 987.10 | 8 092.70 | 11 622.24 | 12 014.30 | 4 546.31 |
| 17 087.30 | 3 785.10 | 2 120.99 | 3 829.64 | 5 667.42 | — | 1 642.37 |
| 67 569.70 | 6 614.76 | 1 721.81 | 10 170.40 | 8 324.16 | — | 10 188.78 |
| 20 857.29 | 10 305.54 | 9 865.05 | 9 287.27 | 11 177.23 | 6 996.85 | 23 722.02 |
| 48 657.30 | 18 766.62 | 3 714.84 | 8 286.76 | 7 931.63 | 89 743.35 | 2 070.22 |
| 42 670.13 | 11 150.65 | 5 259.50 | 4 955.78 | 21 322.33 | — | 408.14 |
| 271 983.31 | 30 861.27 | 20 710.11 | 24 396.56 | 41 905.30 | 36 279.90 | 55 761.95 |
| 194 814.33 | 13 733.86 | 8 002.13 | 10 840.90 | 18 320.06 | 27 395.37 | 48 074.66 |
| 83 263.07 | 9 449.91 | 2 628.17 | 6 350.99 | 17 480.58 | 22 082.89 | 4 152.35 |
| 147 925.97 | 25 891.26 | 2 702.44 | 8 354.33 | 14 669.12 | 45 244.52 | 77 045.66 |
| 153 322.67 | 15 322.91 | 7 057.83 | 8 552.26 | 22 807.05 | 18 578.66 | 46 005.77 |
| 62 555.36 | 7 297.86 | 4 601.86 | 7 304.26 | 7 122.08 | 27 051.44 | 4 498.22 |
| 203 688.54 | 18 800.51 | 7 463.77 | 10 417.19 | 29 013.44 | 44 511.55 | 10 522.19 |

| 地区 | 人均增加值(元) | | | | |
|---|---|---|---|---|---|
| | 全国旅游行业 | 旅行社 | 旅游饭店 | 旅游景区 | 旅游集团 |
| 河南 | 73 501.22 | 31 427.37 | 61 367.27 | 98 396.32 | 439 088.53 |
| 湖北 | 91 749.14 | 61 684.88 | 65 252.74 | 130 385.88 | 154 624.39 |
| 湖南 | 95 057.38 | 36 448.28 | 47 956.52 | 194 328.96 | 142 792.25 |
| 广东 | 217 116.76 | 74 444.10 | 105 047.23 | 195 532.74 | 529 014.34 |
| 广西 | 99 231.89 | 56 555.25 | 84 090.34 | 85 495.46 | 131 621.52 |
| 海南 | 183 831.21 | 51 856.51 | 124 793.81 | 261 953.37 | — |
| 重庆 | 103 500.92 | 62 275.97 | 95 470.97 | 97 482.79 | 153 144.91 |
| 四川 | 126 032.91 | 72 602.25 | 90 366.53 | 171 951.39 | 271 238.90 |
| 贵州 | 89 289.26 | 52 201.14 | 78 629.13 | 88 972.20 | 165 611.22 |
| 云南 | 109 918.57 | 49 678.31 | 68 418.70 | 114 615.88 | 419 590.41 |
| 陕西 | 76 805.01 | 37 219.66 | 64 616.28 | 72 723.95 | 98 454.49 |
| 甘肃 | 82 654.82 | 54 800.74 | 78 468.41 | 107 915.56 | — |
| 青海 | 68 325.14 | 41 829.14 | 67 896.95 | 106 382.16 | 113 445.25 |
| 宁夏 | 90 384.57 | 40 366.23 | 62 270.04 | 131 136.94 | — |
| 新疆 | 58 772.38 | 46 519.69 | 98 888.07 | — | — |
| 西藏 | 68 195.42 | 74 365.89 | 81 651.49 | 10 854.28 | — |

续表

| 其他旅游企业 | 人均财政贡献（元） | | | | | |
|---|---|---|---|---|---|---|
| | 全国旅游行业 | 旅行社 | 旅游饭店 | 旅游景区 | 旅游集团 | 其他旅游企业 |
| 83 263.07 | 9 449.91 | 2 628.17 | 6 350.99 | 17 480.58 | 22 082.89 | 4 152.35 |
| 164 819.47 | 11 664.95 | 7 201.15 | 8 417.57 | 17 166.75 | 19 706.96 | 16 189.26 |
| 88 809.75 | 17 873.97 | 3 882.94 | 8 361.43 | 40 060.67 | 25 616.91 | 15 005.29 |
| 149 365.91 | 62 663.02 | 9 877.74 | 14 769.05 | 20 308.19 | 220 614.20 | 93 169.15 |
| 207 520.11 | 12 861.33 | 5 632.54 | 15 996.42 | 11 501.19 | 16 207.06 | 4 265.37 |
| 464 144.52 | 23 517.30 | 6 397.04 | 17 737.84 | 28 814.44 | — | 62 015.09 |
| 103 983.44 | 13 918.35 | 5 084.63 | 11 647.30 | 10 542.15 | 24 019.72 | 23 108.02 |
| 125 696.38 | 15 883.24 | 11 013.12 | 10 089.26 | 18 768.54 | 45 679.69 | 10 254.39 |
| 144 123.50 | 12 213.60 | 5 947.21 | 10 241.57 | 10 600.74 | 40 888.07 | 1 859.35 |
| 57 209.39 | 19 835.58 | 6 654.34 | 9 410.06 | 18 336.96 | 101 364.49 | 3 938.49 |
| 28 219.33 | 10 887.53 | 3 518.81 | 6 765.52 | 12 128.70 | 15 645.80 | 22 238.01 |
| 128 970.89 | 7 256.14 | 5 125.55 | 6 108.83 | 11 704.91 | — | 16 321.65 |
| 50 488.77 | 6 086.90 | 2 397.89 | 7 457.03 | 13 238.70 | 1 207.91 | 3 385.83 |
| 103 671.33 | 12 755.67 | 5 453.22 | 6 349.33 | 21 124.20 | — | 17 084.63 |
| 11 573.94 | 4 457.80 | 1 285.71 | 8 150.64 | — | — | 689.67 |
| 92 374.06 | 15 615.06 | 7 306.31 | 10 967.74 | 36 868.72 | — | 15 970.23 |

# 2016 年度全国旅游行业经济效益

| 地　区 | 入境旅游收入比率(%) | 自联入境旅游收入比率(%) | 国内旅游收入比率(%) |
| --- | --- | --- | --- |
| 全　国 | 6.81 | 2.45 | 50.31 |
| 北　京 | 6.96 | 2.91 | 32.71 |
| 天　津 | 19.11 | 18.74 | 39.65 |
| 河　北 | 5.25 | 0.11 | 63.49 |
| 山　西 | 9.06 | 2.22 | 53.26 |
| 内蒙古 | 4.54 | 0.98 | 62.45 |
| 辽　宁 | 13.70 | 2.10 | 35.76 |
| 吉　林 | 30.81 | 25.21 | 40.38 |
| 黑龙江 | 21.71 | 14.99 | 45.37 |
| 上　海 | 3.06 | 1.07 | 47.23 |
| 江　苏 | 1.22 | 0.28 | 52.97 |
| 浙　江 | 3.55 | 1.07 | 57.02 |
| 安　徽 | 10.09 | 4.17 | 81.50 |
| 福　建 | 11.28 | 3.67 | 60.93 |
| 江　西 | 12.37 | 0.07 | 84.61 |
| 山　东 | 14.82 | 2.45 | 49.29 |

# 评价补充财务指标表（全部旅行社）

| 出境旅游收入比率（%） | 自联入境旅游收入毛利率（%） | 国内旅游收入毛利率（%） | 出境旅游收入毛利率（%） |
|---|---|---|---|
| 42.88 | 5.90 | 5.20 | 5.03 |
| 60.33 | 13.93 | 5.62 | 6.62 |
| 41.25 | 0.04 | 1.52 | 0.83 |
| 31.26 | –0.50 | 6.74 | 8.49 |
| 37.68 | 2.55 | 3.76 | 2.97 |
| 33.01 | 13.36 | 8.23 | 6.35 |
| 50.54 | 4.90 | 6.58 | 6.03 |
| 28.80 | 0.87 | 12.24 | 4.02 |
| 32.92 | 5.42 | 9.06 | 8.53 |
| 49.70 | 11.03 | 3.94 | 5.13 |
| 45.82 | 11.10 | 3.66 | 1.24 |
| 39.43 | 4.10 | 8.40 | 5.08 |
| 8.41 | 3.25 | 7.31 | 11.46 |
| 27.80 | 4.37 | 3.79 | 4.28 |
| 3.02 | 2.72 | 5.85 | 7.76 |
| 35.90 | 10.76 | 7.73 | 6.71 |

| 地　区 | 入境旅游收入比率(%) | 自联入境旅游收入比率(%) | 国内旅游收入比率(%) |
|---|---|---|---|
| 河　南 | 12.62 | 3.07 | 60.31 |
| 湖　北 | 10.22 | 0.87 | 55.62 |
| 湖　南 | 12.35 | 1.64 | 76.32 |
| 广　东 | 6.41 | 1.20 | 49.88 |
| 广　西 | 17.35 | 8.40 | 64.73 |
| 海　南 | 5.54 | 2.07 | 91.62 |
| 重　庆 | 4.25 | 1.70 | 59.31 |
| 四　川 | 8.14 | 2.38 | 46.33 |
| 贵　州 | 8.16 | 1.34 | 68.12 |
| 云　南 | 11.83 | 1.43 | 68.90 |
| 陕　西 | 17.19 | 6.20 | 51.29 |
| 甘　肃 | 12.60 | 4.29 | 61.80 |
| 青　海 | 10.13 | 1.73 | 53.85 |
| 宁　夏 | 5.17 | 1.09 | 53.33 |
| 新　疆 | 8.28 | 2.09 | 52.28 |
| 西　藏 | 6.82 | 1.64 | 93.18 |

续表

| 出境旅游收入比率（%） | 自联入境旅游收入毛利率（%） | 国内旅游收入毛利率（%） | 出境旅游收入毛利率（%） |
|---|---|---|---|
| 27.06 | 9.35 | 6.47 | 5.65 |
| 34.16 | 5.71 | 7.63 | 4.65 |
| 11.33 | 3.38 | 6.75 | 6.49 |
| 43.71 | 7.38 | 6.92 | 5.47 |
| 17.92 | 14.39 | 5.03 | 2.30 |
| 2.85 | 1.28 | 4.57 | 11.78 |
| 36.44 | 4.19 | 3.28 | 9.98 |
| 45.53 | 6.78 | 4.25 | 7.07 |
| 23.71 | 17.65 | 4.97 | 2.80 |
| 19.27 | 2.75 | 4.44 | 3.20 |
| 31.52 | 7.36 | 4.24 | 3.04 |
| 25.60 | 4.72 | 6.72 | 2.61 |
| 36.02 | 13.91 | 11.77 | 5.94 |
| 41.51 | 12.01 | 6.39 | 21.19 |
| 39.44 | 7.84 | 19.00 | 35.50 |
| — | 7.45 | 7.92 | — |

# 2016 年度全国旅游行业经济效益

| 地 区 | 入境旅游收入比率(%) | 自联入境旅游收入比率(%) | 国内旅游收入比率(%) |
|---|---|---|---|
| 全 国 | 6.47 | 2.76 | 38.73 |
| 北 京 | 5.54 | 2.79 | 25.16 |
| 天 津 | 19.05 | 18.95 | 39.23 |
| 河 北 | 5.60 | 0.14 | 52.77 |
| 山 西 | 10.52 | 2.52 | 42.70 |
| 内蒙古 | 4.36 | 0.23 | 40.05 |
| 辽 宁 | 14.03 | 2.18 | 33.59 |
| 吉 林 | 33.80 | 27.70 | 31.76 |
| 黑龙江 | 22.61 | 15.84 | 41.79 |
| 上 海 | 1.98 | 0.83 | 34.70 |
| 江 苏 | 0.41 | 0.27 | 47.84 |
| 浙 江 | 3.17 | 1.64 | 29.98 |
| 安 徽 | 11.71 | 9.96 | 53.91 |
| 福 建 | 14.08 | 4.65 | 47.85 |
| 江 西 | 22.83 | 0.14 | 71.39 |
| 山 东 | 16.64 | 2.67 | 41.32 |

# 评价补充财务指标表（经营出境游旅行社）



| 出境旅游收入比率（%） | 自联入境旅游收入毛利率（%） | 国内旅游收入毛利率（%） | 出境旅游收入毛利率（%） |
|---|---|---|---|
| 54.80 | 5.36 | 4.30 | 5.01 |
| 69.30 | 14.19 | 5.54 | 6.62 |
| 41.72 | 0.04 | 1.36 | 0.83 |
| 41.63 | –0.64 | 5.24 | 8.48 |
| 46.78 | 2.22 | 2.52 | 2.95 |
| 55.60 | 9.22 | 6.58 | 6.35 |
| 52.38 | 4.90 | 6.16 | 6.04 |
| 34.44 | 0.58 | 13.59 | 4.02 |
| 35.60 | 5.50 | 8.10 | 8.53 |
| 63.32 | 9.38 | 3.16 | 5.13 |
| 51.75 | 12.08 | 1.38 | 1.19 |
| 66.85 | 4.25 | 8.28 | 5.08 |
| 34.39 | 3.48 | 8.89 | 11.25 |
| 38.07 | 4.55 | 3.86 | 4.26 |
| 5.78 | 2.72 | 3.32 | 7.50 |
| 42.04 | 12.12 | 7.31 | 6.40 |

| 地　区 | 入境旅游收入比率(%) | 自联入境旅游收入比率(%) | 国内旅游收入比率(%) |
|---|---|---|---|
| 河　南 | 16.99 | 3.39 | 41.78 |
| 湖　北 | 11.87 | 1.11 | 43.43 |
| 湖　南 | 15.27 | — | 51.24 |
| 广　东 | 5.72 | 1.48 | 38.87 |
| 广　西 | 31.82 | 17.46 | 25.58 |
| 海　南 | 12.13 | 5.28 | 77.93 |
| 重　庆 | 4.04 | 2.08 | 50.42 |
| 四　川 | 7.50 | 2.75 | 40.53 |
| 贵　州 | 9.83 | 1.94 | 56.34 |
| 云　南 | 9.41 | 2.67 | 35.77 |
| 陕　西 | 16.35 | 4.95 | 38.43 |
| 甘　肃 | 9.37 | 5.87 | 46.89 |
| 青　海 | 5.86 | 2.47 | 31.66 |
| 宁　夏 | 4.70 | 1.42 | 40.70 |
| 新　疆 | 4.06 | 2.75 | 40.51 |
| 西　藏 | 8.77 | 8.77 | 91.23 |

续表

| 出境旅游收入比率(%) | 自联入境旅游收入毛利率(%) | 国内旅游收入毛利率(%) | 出境旅游收入毛利率(%) |
|---|---|---|---|
| 41.23 | 4.94 | 3.95 | 5.65 |
| 44.70 | 5.50 | 7.19 | 4.60 |
| 33.49 | — | 11.16 | 6.49 |
| 55.41 | 7.27 | 7.16 | 5.39 |
| 42.59 | 15.85 | 11.94 | 2.30 |
| 9.94 | 1.66 | 4.08 | 8.61 |
| 45.54 | 4.04 | 2.74 | 9.99 |
| 51.97 | 7.24 | 3.22 | 7.23 |
| 33.84 | 17.66 | 4.68 | 2.85 |
| 54.82 | 2.74 | 7.83 | 3.18 |
| 45.23 | 3.17 | 2.83 | 3.04 |
| 43.73 | 4.73 | 4.76 | 2.60 |
| 62.48 | 15.88 | 7.83 | 5.94 |
| 54.60 | 11.76 | 5.72 | 21.19 |
| 55.43 | 6.71 | 30.07 | 35.50 |
| — | — | 8.72 | — |

# 2016 年度全国旅游行业经济效益

| 地 区 | 入境旅游收入比率(%) | 自联入境旅游收入比率(%) | 国内旅游收入比率(%) |
|---|---|---|---|
| 全 国 | 8.01 | 1.38 | 90.69 |
| 北 京 | 16.57 | 3.67 | 83.43 |
| 天 津 | 24.05 | — | 75.95 |
| 河 北 | 4.20 | 0.01 | 95.80 |
| 山 西 | 3.11 | 1.00 | 96.35 |
| 内蒙古 | 4.81 | 2.07 | 94.98 |
| 辽 宁 | 5.56 | 0.24 | 89.19 |
| 吉 林 | 15.60 | 12.50 | 84.40 |
| 黑龙江 | 10.65 | 4.60 | 89.35 |
| 上 海 | 7.01 | 1.93 | 92.99 |
| 江 苏 | 6.85 | 0.34 | 88.77 |
| 浙 江 | 4.09 | 0.25 | 95.91 |
| 安 徽 | 9.57 | 2.33 | 90.23 |
| 福 建 | 3.70 | 1.02 | 96.30 |
| 江 西 | 0.95 | — | 99.05 |
| 山 东 | 8.68 | 1.68 | 76.09 |

# 评价补充财务指标表（经营非出境游旅行社）



| 出境旅游收入比率(%) | 自联入境旅游收入毛利率(%) | 国内旅游收入毛利率(%) | 出境旅游收入毛利率(%) |
|---|---|---|---|
| 1.30 | 9.67 | 6.55 | 9.03 |
| — | 12.62 | 5.79 | — |
| — | — | 8.85 | — |
| — | 6.68 | 9.22 | — |
| 0.53 | 5.89 | 6.01 | 10.12 |
| 0.21 | 14.04 | 9.24 | 4.05 |
| 5.25 | 5.09 | 10.45 | 1.70 |
| 0.01 | 4.16 | 9.66 | 45.02 |
| — | 2.20 | 14.60 | — |
| — | 13.60 | 5.01 | — |
| 4.38 | 5.82 | 12.24 | 5.57 |
| — | 2.62 | 8.46 | — |
| 0.19 | 2.94 | 7.01 | 23.75 |
| — | 2.14 | 3.70 | — |
| — | — | 7.84 | — |
| 15.23 | 3.50 | 8.49 | 9.65 |

| 地 区 | 入境旅游收入比率(%) | 自联入境旅游收入比率(%) | 国内旅游收入比率(%) |
|---|---|---|---|
| 河 南 | 4.27 | 2.45 | 95.73 |
| 湖 北 | 4.85 | 0.10 | 95.13 |
| 湖 南 | 10.85 | 2.48 | 89.15 |
| 广 东 | 8.99 | 0.19 | 90.96 |
| 广 西 | 6.83 | 1.81 | 93.17 |
| 海 南 | 2.89 | 0.78 | 97.11 |
| 重 庆 | 5.11 | 0.18 | 94.60 |
| 四 川 | 10.78 | 0.82 | 70.41 |
| 贵 州 | 4.55 | 0.06 | 93.77 |
| 云 南 | 13.14 | 0.76 | 86.74 |
| 陕 西 | 19.13 | 9.09 | 80.87 |
| 甘 肃 | 17.16 | 2.06 | 82.83 |
| 青 海 | 15.95 | 0.72 | 84.05 |
| 宁 夏 | 6.64 | 0.03 | 93.36 |
| 新 疆 | 18.69 | 0.47 | 81.31 |
| 西 藏 | 6.64 | 0.98 | 93.36 |

续表

| 出境旅游收入比率（%） | 自联入境旅游收入毛利率（%） | 国内旅游收入毛利率（%） | 出境旅游收入毛利率（%） |
|---|---|---|---|
| — | 20.99 | 8.58 | — |
| 0.01 | 13.49 | 8.27 | 557.42 |
| — | 3.38 | 5.46 | — |
| 0.05 | 10.56 | 6.54 | 320.19 |
| — | 4.11 | 3.65 | — |
| — | 0.24 | 4.72 | — |
| 0.29 | 11.32 | 4.43 | 2.16 |
| 18.81 | 0.45 | 6.71 | 5.19 |
| 1.68 | 17.04 | 5.35 | 0.69 |
| 0.12 | 2.76 | 3.69 | 8.35 |
| — | 12.60 | 5.78 | — |
| 0.01 | 4.67 | 8.29 | 83.54 |
| — | 4.72 | 13.80 | — |
| — | 52.50 | 7.32 | — |
| — | 24.16 | 5.40 | — |
| — | 13.62 | 7.85 | — |

# 2016 年度全国旅游行业经济效益

| 地　区 | 平均客房出租率（%） | 平均房价（元） | 房费收入比　率（%） | 餐饮收入比　率（%） |
|---|---|---|---|---|
| 全　国 | 40.76 | 360.59 | 45.85 | 39.57 |
| 北　京 | 64.43 | 519.73 | 49.32 | 31.35 |
| 天　津 | 49.83 | 394.63 | 48.05 | 37.96 |
| 河　北 | 14.19 | 256.09 | 35.61 | 46.35 |
| 山　西 | 38.58 | 232.52 | 40.54 | 46.93 |
| 内蒙古 | 41.74 | 237.23 | 40.21 | 48.95 |
| 辽　宁 | 46.83 | 393.64 | 43.20 | 42.19 |
| 吉　林 | 14.79 | 290.12 | 46.64 | 44.19 |
| 黑龙江 | 48.14 | 198.29 | 67.91 | 24.91 |
| 上　海 | 69.47 | 561.42 | 54.52 | 33.26 |
| 江　苏 | 24.83 | 364.77 | 38.08 | 53.90 |
| 浙　江 | 55.54 | 360.57 | 33.15 | 42.07 |
| 安　徽 | 21.99 | 218.09 | 40.40 | 51.50 |
| 福　建 | 55.55 | 330.18 | 41.37 | 39.34 |
| 江　西 | 52.42 | 247.64 | 64.96 | 31.22 |
| 山　东 | 13.73 | 312.40 | 39.40 | 48.23 |

# 评价补充财务指标表（全部旅游饭店）

| 商品收入比率(%) | 娱乐收入比率(%) | 餐饮毛利率(%) | 商品毛利率(%) | 娱乐毛利率(%) |
|---|---|---|---|---|
| 3.47 | 0.81 | 45.53 | 12.56 | 61.96 |
| 0.71 | 0.67 | 53.72 | 29.76 | 67.27 |
| 0.48 | 1.62 | 43.47 | 37.96 | 74.75 |
| 2.68 | 1.08 | 39.72 | 32.60 | 28.42 |
| 1.64 | 0.74 | 14.74 | 15.86 | 88.64 |
| 0.34 | 0.78 | 32.81 | –21.71 | 81.21 |
| 1.48 | 0.69 | 44.10 | 50.55 | 89.03 |
| 0.59 | 0.16 | 41.19 | 21.70 | –89.24 |
| 0.17 | 0.45 | 40.17 | 18.61 | 87.68 |
| 1.07 | 0.14 | 56.93 | 27.21 | 82.07 |
| 0.94 | 0.90 | 50.06 | 27.95 | 78.28 |
| 15.36 | 0.79 | 47.35 | 10.69 | 73.15 |
| 1.04 | 0.53 | 44.36 | 15.99 | 63.12 |
| 8.98 | 2.44 | 41.15 | 11.41 | 50.78 |
| 0.46 | 0.07 | 39.00 | 6.49 | 18.34 |
| 1.91 | 0.47 | 41.44 | 31.31 | 85.00 |

| 地 区 | 平均客房出租率（%） | 平均房价（元） | 房费收入比 率（%） | 餐饮收入比 率（%） |
|---|---|---|---|---|
| 河 南 | 59.35 | 205.59 | 44.09 | 42.35 |
| 湖 北 | 40.52 | 244.20 | 49.51 | 40.41 |
| 湖 南 | 60.71 | 193.68 | 45.89 | 45.66 |
| 广 东 | 57.19 | 441.50 | 47.08 | 38.90 |
| 广 西 | 56.25 | 256.07 | 55.76 | 32.92 |
| 海 南 | 59.24 | 518.14 | 62.87 | 29.73 |
| 重 庆 | 52.13 | 323.16 | 44.87 | 35.51 |
| 四 川 | 52.63 | 281.13 | 46.14 | 41.22 |
| 贵 州 | 20.47 | 311.74 | 56.83 | 35.55 |
| 云 南 | 31.05 | 195.14 | 53.89 | 32.23 |
| 陕 西 | 50.83 | 254.63 | 43.19 | 45.02 |
| 甘 肃 | 46.05 | 225.82 | 51.79 | 40.87 |
| 青 海 | 33.03 | 294.42 | 48.95 | 41.45 |
| 宁 夏 | 42.11 | 268.98 | 48.43 | 43.43 |
| 新 疆 | 46.01 | 250.35 | 45.28 | 44.99 |
| 西 藏 | 48.87 | 272.19 | 60.33 | 21.85 |

续表

| 商品收入比率(%) | 娱乐收入比率(%) | 餐饮毛利率(%) | 商品毛利率(%) | 娱乐毛利率(%) |
|---|---|---|---|---|
| 2.24 | 1.16 | 23.73 | -151.64 | 34.91 |
| 1.06 | 0.79 | 28.02 | 17.63 | 77.07 |
| 1.09 | 1.29 | 27.65 | 8.21 | 30.43 |
| 1.34 | 1.39 | 51.39 | 44.06 | 64.46 |
| 0.14 | 0.28 | 36.19 | -213.46 | 18.01 |
| 0.37 | 0.32 | 46.13 | 41.73 | 12.43 |
| 7.18 | 0.69 | 44.60 | 16.00 | 45.72 |
| 1.05 | 1.61 | 43.27 | 6.47 | 59.25 |
| 1.76 | 0.16 | 40.04 | 13.87 | 14.15 |
| 2.17 | 1.53 | 30.23 | -4.08 | 55.89 |
| 1.12 | 0.38 | 35.61 | 19.36 | 47.29 |
| 1.11 | 0.11 | 19.43 | 1.90 | -0.63 |
| 3.07 | 0.21 | 48.87 | -6.43 | 40.66 |
| 1.70 | 0.06 | 28.55 | 7.62 | 23.82 |
| 0.44 | 0.52 | 34.82 | -9.34 | 53.96 |
| 0.05 | — | 22.97 | -5.58 | — |

# 2016年度全国旅游行业经济效益

| 地区 | 平均客房出租率(%) | 平均房价(元) | 房费收入比率(%) | 餐饮收入比率(%) |
|---|---|---|---|---|
| 全国 | 42.09 | 618.44 | 47.24 | 41.02 |
| 北京 | 68.53 | 788.32 | 50.52 | 35.35 |
| 天津 | 54.79 | 517.91 | 51.95 | 40.13 |
| 河北 | 53.40 | 343.52 | 34.05 | 47.84 |
| 山西 | 25.93 | 414.79 | 41.68 | 48.72 |
| 内蒙古 | 59.06 | 453.68 | 43.60 | 46.19 |
| 辽宁 | 48.69 | 598.71 | 45.93 | 41.32 |
| 吉林 | 56.49 | 478.42 | 51.60 | 45.48 |
| 黑龙江 | 74.02 | 315.74 | 95.00 | 5.00 |
| 上海 | 73.29 | 930.29 | 50.92 | 36.73 |
| 江苏 | 10.78 | 474.22 | 39.38 | 53.18 |
| 浙江 | 55.79 | 555.03 | 37.93 | 52.17 |
| 安徽 | 40.84 | 321.59 | 45.78 | 42.86 |
| 云南 | 60.55 | 311.49 | 61.37 | 34.19 |
| 福建 | 57.63 | 490.54 | 39.56 | 38.68 |
| 江西 | 59.55 | 418.19 | 67.20 | 32.76 |
| 山东 | 45.45 | 599.00 | 46.14 | 42.89 |

# 评价补充财务指标表（五星级饭店）



| 商品收入比率(%) | 娱乐收入比率(%) | 餐饮毛利率(%) | 商品毛利率(%) | 娱乐毛利率(%) |
|---|---|---|---|---|
| 1.56 | 0.75 | 54.24 | 32.76 | 71.37 |
| 0.21 | 0.64 | 61.20 | 32.46 | 91.37 |
| 0.20 | 1.84 | 49.95 | 66.69 | 68.66 |
| 4.97 | 3.29 | 47.94 | 58.69 | 1.95 |
| 0.42 | 0.60 | -21.29 | 24.58 | 89.61 |
| 0.31 | 2.25 | 38.54 | 36.19 | 98.32 |
| 2.01 | 0.33 | 46.90 | 60.49 | 96.33 |
| 0.43 | — | 51.59 | 73.68 | — |
| — | — | 65.00 | — | — |
| 1.42 | 0.17 | 59.93 | 37.63 | 88.26 |
| 1.60 | 0.54 | 55.13 | 30.91 | 54.91 |
| 0.73 | 0.92 | 55.22 | 47.57 | 81.31 |
| 0.79 | 0.08 | 46.60 | -28.64 | 40.39 |
| 1.02 | 0.01 | 57.32 | 13.03 | 99.79 |
| 12.32 | 2.33 | 45.19 | 16.95 | 63.34 |
| — | — | 50.04 | — | — |
| 2.06 | 0.98 | 57.82 | 69.74 | 91.29 |

| 地　区 | 平均客房出租率(%) | 平均房价(元) | 房费收入比　率(%) | 餐饮收入比　率(%) |
|---|---|---|---|---|
| 河　南 | 57.31 | 452.34 | 46.15 | 40.66 |
| 湖　北 | 54.94 | 512.20 | 51.60 | 39.58 |
| 湖　南 | 47.73 | 329.44 | 45.14 | 44.95 |
| 广　东 | 59.62 | 592.86 | 43.98 | 42.09 |
| 广　西 | 68.08 | 428.70 | 57.97 | 35.27 |
| 海　南 | 68.51 | 720.30 | 64.55 | 30.49 |
| 重　庆 | 52.74 | 508.73 | 45.73 | 39.55 |
| 四　川 | 50.52 | 543.39 | 50.33 | 36.95 |
| 贵　州 | 62.05 | 531.02 | 53.38 | 40.42 |
| 云　南 | — | — | — | — |
| 陕　西 | 61.92 | 543.48 | 46.83 | 46.87 |
| 甘　肃 | 51.09 | 401.19 | 67.44 | 28.09 |
| 青　海 | 39.69 | 621.81 | 52.73 | 40.81 |
| 宁　夏 | 39.87 | 880.82 | 65.75 | 23.19 |
| 新　疆 | 50.76 | 407.45 | 39.05 | 44.92 |
| 西　藏 | — | — | — | — |

续表



| 商品收入比　率(%) | 娱乐收入比　率(%) | 餐　饮毛利率(%) | 商　品毛利率(%) | 娱　乐毛利率(%) |
|---|---|---|---|---|
| 0.54 | 1.91 | 39.76 | –157.88 | 82.38 |
| — | 0.15 | 53.40 | –24.81 | 26.95 |
| — | 0.96 | 48.93 | 68.65 | 26.45 |
| 1.20 | 1.29 | 53.98 | 53.95 | 71.09 |
| — | — | 28.19 | — | — |
| 0.32 | 0.11 | 45.10 | 50.08 | –14.89 |
| 0.74 | 0.44 | 48.65 | 47.21 | 43.40 |
| 0.08 | 2.87 | 59.19 | 73.36 | 94.98 |
| 2.05 | — | 64.18 | 31.27 | — |
| — | — | — | — | — |
| 0.36 | 0.03 | 54.89 | 55.19 | 92.89 |
| — | — | 23.30 | — | — |
| 2.15 | — | 64.73 | 26.60 | — |
| — | — | 23.47 | — | — |
| 0.62 | 0.25 | 27.20 | 48.31 | 24.69 |
| — | — | — | — | — |

# 2016 年度全国旅游行业经济效益

| 地　区 | 平均客房出租率(%) | 平均房价(元) | 房费收入比　率(%) | 餐饮收入比　率(%) |
|---|---|---|---|---|
| 全　国 | 38.79 | 329.78 | 43.31 | 37.63 |
| 北　京 | 68.14 | 476.85 | 48.48 | 27.11 |
| 天　津 | 44.82 | 352.09 | 46.90 | 34.81 |
| 河　北 | 7.49 | 268.77 | 34.67 | 40.56 |
| 山　西 | 34.37 | 251.90 | 36.25 | 50.11 |
| 内蒙古 | 45.77 | 302.68 | 44.23 | 49.72 |
| 辽　宁 | 52.57 | 344.56 | 43.99 | 39.43 |
| 吉　林 | 56.48 | 290.56 | 44.96 | 44.26 |
| 黑龙江 | 42.38 | 273.81 | 59.99 | 30.39 |
| 上　海 | 69.41 | 515.85 | 56.32 | 30.47 |
| 江　苏 | 55.27 | 306.13 | 35.70 | 54.73 |
| 浙　江 | 59.47 | 360.89 | 25.67 | 34.79 |
| 安　徽 | 49.42 | 226.41 | 40.64 | 52.23 |
| 福　建 | 56.42 | 292.39 | 45.47 | 42.58 |
| 江　西 | 53.49 | 260.89 | 67.68 | 31.79 |
| 山　东 | 11.91 | 301.39 | 37.33 | 45.61 |

# 评价补充财务指标表（四星级饭店）

| 商品收入比率(%) | 娱乐收入比率(%) | 餐饮毛利率(%) | 商品毛利率(%) | 娱乐毛利率(%) |
|---|---|---|---|---|
| 6.93 | 0.90 | 44.83 | 9.06 | 60.42 |
| 0.57 | 0.63 | 52.05 | 31.27 | 76.92 |
| 0.79 | 1.88 | 52.77 | 31.96 | 96.93 |
| 2.75 | 0.26 | 41.77 | 14.10 | 77.35 |
| 1.63 | 1.77 | 38.30 | 35.34 | 98.69 |
| 0.04 | — | 47.60 | –475.13 | — |
| 1.34 | 0.14 | 41.76 | 40.93 | 71.79 |
| 0.82 | 0.12 | 43.11 | 6.75 | 98.96 |
| 0.01 | — | 46.18 | 25.27 | — |
| 1.00 | 0.08 | 54.57 | 8.82 | 79.68 |
| 0.83 | 0.84 | 50.41 | 11.28 | 77.64 |
| 33.69 | 0.57 | 45.70 | 9.71 | 74.85 |
| 0.66 | 0.70 | 48.75 | 22.47 | 72.80 |
| 1.14 | 3.43 | 38.64 | 26.53 | 42.82 |
| 0.19 | 0.04 | 39.70 | –9.30 | 97.09 |
| 1.89 | 0.17 | 39.64 | 28.67 | 64.32 |

| 地　区 | 平均客房出租率(%) | 平均房价(元) | 房费收入比　率(%) | 餐饮收入比　率(%) |
|---|---|---|---|---|
| 河　南 | 58.64 | 236.87 | 48.10 | 38.35 |
| 湖　北 | 27.35 | 262.88 | 48.53 | 39.12 |
| 湖　南 | 59.20 | 235.92 | 46.21 | 42.10 |
| 广　东 | 56.97 | 378.48 | 47.55 | 37.16 |
| 广　西 | 59.30 | 210.33 | 50.99 | 36.04 |
| 海　南 | 58.70 | 247.74 | 63.03 | 26.28 |
| 重　庆 | 51.98 | 322.92 | 50.65 | 35.84 |
| 四　川 | 51.93 | 305.37 | 47.00 | 40.64 |
| 贵　州 | 57.36 | 310.25 | 57.37 | 33.05 |
| 云　南 | 15.16 | 217.15 | 46.55 | 34.04 |
| 陕　西 | 52.59 | 278.88 | 45.88 | 43.58 |
| 甘　肃 | 51.34 | 262.71 | 52.17 | 40.58 |
| 青　海 | 40.08 | 318.92 | 44.98 | 41.74 |
| 宁　夏 | 41.32 | 278.34 | 43.86 | 49.75 |
| 新　疆 | 44.11 | 262.98 | 46.52 | 47.51 |
| 西　藏 | 49.40 | 275.20 | 60.43 | 23.73 |

续表

| 商品收入比率(%) | 娱乐收入比率(%) | 餐饮毛利率(%) | 商品毛利率(%) | 娱乐毛利率(%) |
|---|---|---|---|---|
| 1.80 | 1.27 | 33.34 | −228.50 | 35.18 |
| 0.97 | 1.50 | 46.31 | 13.59 | 92.00 |
| 0.80 | 2.35 | 31.13 | 36.89 | 26.99 |
| 1.17 | 2.43 | 47.89 | 39.10 | 52.16 |
| 0.17 | — | 50.16 | 10.84 | — |
| 0.34 | 0.45 | 53.36 | 81.78 | 98.34 |
| 0.76 | 1.10 | 50.78 | 47.16 | 42.67 |
| 0.47 | 0.86 | 43.66 | 29.58 | 66.74 |
| 2.04 | 0.07 | 12.85 | −41.11 | 32.28 |
| 2.31 | 2.09 | 32.10 | 21.49 | 52.90 |
| 1.14 | 0.25 | 46.27 | 48.93 | 40.53 |
| 0.61 | 0.04 | 27.91 | −33.39 | 31.12 |
| 3.84 | 0.45 | 43.45 | −1.79 | 40.00 |
| 1.70 | 0.12 | 26.55 | −30.00 | 23.82 |
| 0.17 | 1.32 | 46.68 | 25.61 | 56.48 |
| 0.02 | — | 21.10 | −32.55 | — |

# 2016 年度全国旅游行业经济效益

| 地　区 | 平均客房出租率(%) | 平均房价（元） | 房费收入比　率(%) | 餐饮收入比　率(%) |
|---|---|---|---|---|
| 全　国 | 38.69 | 216.06 | 44.14 | 41.84 |
| 北　京 | 58.49 | 354.67 | 50.18 | 29.68 |
| 天　津 | 56.21 | 286.52 | 39.17 | 38.59 |
| 河　北 | 47.16 | 167.65 | 35.47 | 57.49 |
| 山　西 | 45.45 | 198.98 | 42.32 | 44.61 |
| 内蒙古 | 39.68 | 184.65 | 37.41 | 47.18 |
| 辽　宁 | 39.56 | 209.84 | 38.57 | 46.97 |
| 吉　林 | 5.37 | 170.81 | 41.82 | 52.57 |
| 黑龙江 | 45.66 | 146.41 | 66.81 | 26.09 |
| 上　海 | 62.50 | 333.57 | 47.43 | 32.14 |
| 江　苏 | 54.41 | 214.10 | 30.48 | 61.51 |
| 浙　江 | 52.81 | 239.14 | 38.63 | 44.06 |
| 安　徽 | 8.76 | 155.30 | 35.94 | 56.43 |
| 福　建 | 49.04 | 202.91 | 41.82 | 42.74 |
| 江　西 | 50.09 | 205.59 | 61.65 | 29.51 |
| 山　东 | 11.24 | 213.46 | 38.08 | 55.05 |

# 评价补充财务指标表（三星级饭店）

| 商品收入比率(%) | 娱乐收入比率(%) | 餐饮毛利率(%) | 商品毛利率(%) | 娱乐毛利率(%) |
|---|---|---|---|---|
| 2.23 | 0.82 | 30.21 | 8.53 | 46.72 |
| 1.20 | 0.55 | 37.96 | 28.08 | 24.02 |
| 0.69 | 1.56 | 8.06 | 35.05 | 31.79 |
| 0.78 | 1.01 | 34.30 | 16.81 | 79.91 |
| 2.07 | 0.05 | 10.64 | 4.02 | −210.67 |
| 0.62 | 0.78 | 24.86 | −15.66 | 57.64 |
| 1.55 | 0.12 | 38.86 | 30.86 | −47.62 |
| 0.45 | 0.27 | 30.76 | 29.09 | 37.50 |
| 0.42 | 1.16 | 30.65 | 18.37 | 87.68 |
| 2.05 | 0.64 | 38.45 | 7.98 | 70.25 |
| 0.36 | 0.66 | 39.53 | 23.33 | 85.41 |
| 1.15 | 1.19 | 36.05 | 16.62 | 50.85 |
| 1.88 | 0.12 | 28.51 | 19.83 | 47.61 |
| 0.51 | 3.11 | 27.64 | 31.29 | 40.62 |
| 0.92 | 0.14 | 33.78 | 9.26 | −3.12 |
| 1.61 | 0.34 | 38.96 | 34.37 | 81.58 |

| 地 区 | 平均客房出租率(%) | 平均房价(元) | 房费收入比率(%) | 餐饮收入比率(%) |
|---|---|---|---|---|
| 河 南 | 60.14 | 157.34 | 39.72 | 49.41 |
| 湖 北 | 55.91 | 173.50 | 48.92 | 43.45 |
| 湖 南 | 62.68 | 164.83 | 43.86 | 49.21 |
| 广 东 | 57.55 | 288.82 | 47.95 | 35.80 |
| 广 西 | 48.69 | 155.87 | 58.44 | 22.80 |
| 海 南 | 47.08 | 129.56 | 49.08 | 39.85 |
| 重 庆 | 53.65 | 188.67 | 34.47 | 27.95 |
| 四 川 | 55.29 | 213.81 | 41.99 | 43.46 |
| 贵 州 | 57.11 | 185.19 | 63.62 | 26.85 |
| 云 南 | 51.17 | 146.95 | 57.21 | 30.07 |
| 陕 西 | 47.22 | 179.40 | 42.93 | 44.15 |
| 甘 肃 | 42.72 | 184.98 | 48.55 | 43.13 |
| 青 海 | 27.43 | 178.86 | 49.30 | 43.73 |
| 宁 夏 | 44.21 | 152.59 | 42.57 | 48.58 |
| 新 疆 | 47.02 | 189.13 | 49.46 | 43.65 |
| 西 藏 | 46.59 | 266.89 | 59.23 | 13.31 |

续表

| 商品收入比率(%) | 娱乐收入比率(%) | 餐饮毛利率(%) | 商品毛利率(%) | 娱乐毛利率(%) |
|---|---|---|---|---|
| 2.49 | 0.67 | 17.31 | -122.03 | -3.14 |
| 1.77 | 0.36 | -14.59 | 18.91 | 60.84 |
| 1.35 | 0.99 | 22.42 | 17.62 | 45.73 |
| 2.20 | 0.92 | 46.00 | 31.38 | 52.53 |
| 0.52 | 1.79 | 19.67 | -384.34 | 18.01 |
| 0.08 | 0.48 | 28.34 | 35.38 | 52.06 |
| 26.51 | 0.48 | 37.80 | 13.33 | 54.97 |
| 2.40 | 1.71 | 36.66 | 4.72 | 43.78 |
| 3.02 | 0.67 | 32.40 | 75.45 | 13.99 |
| 1.39 | 2.31 | 16.01 | -62.64 | 57.31 |
| 1.50 | 0.97 | 14.13 | 23.76 | 47.58 |
| 1.82 | 0.23 | 13.37 | 12.26 | 24.80 |
| 3.02 | 0.04 | 43.59 | -44.64 | 53.76 |
| 2.89 | — | 33.48 | 41.90 | — |
| 0.60 | 0.13 | 28.07 | -79.43 | 84.09 |
| 0.20 | — | 38.83 | 5.55 | — |

# 2016 年度全国旅游行业经济效益

| 地　区 | 平均客房出租率(%) | 平均房价(元) | 房费收入比　率(%) | 餐饮收入比　率(%) |
|---|---|---|---|---|
| 全　国 | 52.35 | 170.45 | 44.98 | 37.59 |
| 北　京 | 59.22 | 271.87 | 44.96 | 35.39 |
| 天　津 | 58.88 | 232.34 | 71.90 | — |
| 河　北 | 36.67 | 190.10 | 31.94 | 65.11 |
| 山　西 | 37.06 | 142.67 | 61.46 | 33.77 |
| 内蒙古 | 32.86 | 108.35 | 29.06 | 64.48 |
| 辽　宁 | 55.72 | 153.11 | 60.84 | 22.64 |
| 吉　林 | 34.94 | 136.64 | 62.57 | 30.46 |
| 黑龙江 | 72.92 | 59.76 | 78.91 | 17.57 |
| 上　海 | 71.69 | 287.79 | 57.96 | 26.83 |
| 江　苏 | 43.93 | 181.35 | 45.48 | 38.82 |
| 浙　江 | 49.34 | 175.09 | 41.40 | 19.42 |
| 安　徽 | 64.27 | 44.39 | 36.62 | 37.66 |
| 福　建 | 67.31 | 164.19 | 29.55 | 50.48 |
| 江　西 | 39.11 | 27.54 | 39.75 | 59.91 |
| 山　东 | 41.13 | 126.08 | 32.69 | 63.67 |

# 评价补充财务指标表（二星级饭店）

| 商品收入比率(%) | 娱乐收入比率(%) | 餐饮毛利率(%) | 商品毛利率(%) | 娱乐毛利率(%) |
|---|---|---|---|---|
| 3.49 | 0.55 | 17.51 | -18.21 | 18.93 |
| 5.72 | 0.67 | 45.85 | 19.20 | 63.80 |
| 0.25 | — | — | 49.89 | — |
| 1.78 | — | -39.46 | 17.63 | — |
| 2.50 | 0.02 | -33.05 | 9.19 | — |
| — | — | 9.20 | — | — |
| 1.78 | — | 49.21 | 56.21 | — |
| — | — | -40.28 | — | — |
| — | — | 25.56 | — | — |
| 2.16 | — | 33.65 | 1.61 | — |
| 0.04 | — | 47.67 | 15.96 | — |
| 1.50 | 0.44 | 15.12 | -40.49 | 12.83 |
| 10.13 | 11.75 | 12.88 | 32.15 | 20.29 |
| 14.71 | — | 21.50 | 34.89 | — |
| — | — | -15.84 | — | — |
| 2.07 | — | 44.36 | -17.92 | — |

| 地　区 | 平均客房出租率(%) | 平均房价(元) | 房费收入比　率(%) | 餐饮收入比　率(%) |
|---|---|---|---|---|
| 河　南 | 57.59 | 151.94 | 45.64 | 35.00 |
| 湖　北 | 58.68 | 129.73 | 50.51 | 41.62 |
| 湖　南 | 65.27 | 141.68 | 52.78 | 41.08 |
| 广　东 | 59.39 | 225.10 | 45.17 | 18.88 |
| 广　西 | 41.70 | 139.23 | 63.83 | — |
| 海　南 | 33.02 | 88.38 | 61.27 | 15.28 |
| 重　庆 | 34.68 | 135.93 | 28.84 | 65.91 |
| 四　川 | 56.79 | 132.56 | 38.91 | 52.06 |
| 贵　州 | 60.14 | 145.33 | 55.30 | 32.21 |
| 云　南 | 48.93 | 107.37 | 45.50 | 31.51 |
| 陕　西 | 50.28 | 162.89 | 31.17 | 53.35 |
| 甘　肃 | 44.54 | 185.29 | 51.64 | 44.58 |
| 青　海 | 33.37 | 116.73 | 76.38 | 23.41 |
| 宁　夏 | 25.01 | 66.03 | 83.16 | 16.84 |
| 新　疆 | 36.19 | 142.23 | 70.49 | 22.98 |
| 西　藏 | 47.62 | 122.86 | 100.00 | — |

续表

| 商品收入比　率(%) | 娱乐收入比　率(%) | 餐　饮毛利率(%) | 商　品毛利率(%) | 娱　乐毛利率(%) |
|---|---|---|---|---|
| 5.18 | 1.51 | -65.75 | -193.75 | -11.31 |
| 2.31 | 0.82 | 10.86 | 23.83 | -81.02 |
| 2.75 | 0.08 | 33.15 | -52.24 | -748.66 |
| 1.17 | 0.15 | 31.04 | 17.60 | 43.84 |
| — | — | — | — | — |
| 0.16 | 16.30 | 75.13 | -79.77 | 56.19 |
| 0.47 | — | 4.95 | 40.89 | — |
| 1.66 | 0.80 | 35.41 | 24.32 | 43.81 |
| 0.96 | — | 33.91 | 14.14 | — |
| 10.03 | 2.51 | -2.88 | -10.31 | 61.72 |
| 4.84 | — | 26.94 | -38.32 | — |
| 1.72 | 0.04 | 1.61 | 22.73 | -753.83 |
| — | — | 3.08 | — | — |
| — | — | 46.56 | — | — |
| 0.52 | — | -16.31 | 52.97 | — |
| — | — | — | — | — |

# 2016 年度全国旅游行业经济效益

| 地 区 | 平均客房出租率(%) | 平均房价(元) | 房费收入比 率(%) | 餐饮收入比 率(%) |
|---|---|---|---|---|
| 全 国 | 57.77 | 122.35 | 33.48 | 50.50 |
| 北 京 | — | — | — | — |
| 天 津 | — | — | — | — |
| 河 北 | 52.96 | 107.34 | 29.00 | 69.13 |
| 山 西 | — | — | — | — |
| 内蒙古 | — | — | — | — |
| 辽 宁 | — | — | — | — |
| 吉 林 | — | — | — | — |
| 黑龙江 | — | — | — | — |
| 上 海 | 46.92 | 122.64 | 30.88 | 69.12 |
| 江 苏 | — | — | — | — |
| 浙 江 | 57.78 | 307.03 | 47.40 | 52.60 |
| 安 徽 | 61.89 | 70.01 | 58.23 | — |
| 福 建 | 63.25 | 63.24 | 4.11 | 58.89 |
| 江 西 | — | — | — | — |
| 山 东 | — | — | — | — |

# 评价补充财务指标表（一星级饭店）

| 商品收入比率(%) | 娱乐收入比率(%) | 餐饮毛利率(%) | 商品毛利率(%) | 娱乐毛利率(%) |
|---|---|---|---|---|
| 12.26 | — | 34.97 | 31.18 | — |
| — | — | — | — | — |
| — | — | — | — | — |
| 1.87 | — | 42.00 | 32.00 | — |
| — | — | — | — | — |
| — | — | — | — | — |
| — | — | — | — | — |
| — | — | — | — | — |
| — | — | — | — | — |
| — | — | 18.66 | — | — |
| — | — | — | — | — |
| — | — | 30.22 | — | — |
| — | — | — | — | — |
| 36.99 | — | 40.17 | 35.00 | — |
| — | — | — | — | — |
| — | — | — | — | — |

| 地　区 | 平均客房出租率(%) | 平均房价(元) | 房费收入比　率(%) | 餐饮收入比　率(%) |
|---|---|---|---|---|
| 河　南 | — | — | — | — |
| 湖　北 | — | — | — | — |
| 湖　南 | 76.12 | 118.95 | 59.89 | 33.58 |
| 广　东 | — | — | — | — |
| 广　西 | — | — | — | — |
| 海　南 | 49.60 | 160.00 | 70.35 | 5.86 |
| 重　庆 | — | — | — | — |
| 四　川 | — | — | — | — |
| 贵　州 | 59.14 | — | — | — |
| 云　南 | 45.87 | — | — | — |
| 陕　西 | — | — | — | — |
| 甘　肃 | — | — | — | — |
| 青　海 | — | — | — | — |
| 宁　夏 | — | — | — | — |
| 新　疆 | — | — | — | — |
| 西　藏 | — | — | — | — |

续表

| 商品收入比 率(%) | 娱乐收入比 率(%) | 餐 饮毛利率(%) | 商 品毛利率(%) | 娱 乐毛利率(%) |
| --- | --- | --- | --- | --- |
| — | — | — | — | — |
| — | — | — | — | — |
| 4.92 | — | 21.02 | -16.43 | — |
| — | — | — | — | — |
| — | — | — | — | — |
| — | — | 62.26 | — | — |
| — | — | — | — | — |
| — | — | — | — | — |
| 100.00 | — | — | 29.19 | — |
| — | — | — | — | — |
| — | — | — | — | — |
| — | — | — | — | — |
| — | — | — | — | — |
| — | — | — | — | — |
| — | — | — | — | — |
| — | — | — | — | — |

# 2016 年度全国旅游行业经济效益

| 地 区 | 平均客房出租率(%) | 平均房价(元) | 房费收入比 率(%) | 餐饮收入比 率(%) |
|---|---|---|---|---|
| 全 国 | 45.67 | 384.16 | 50.06 | 37.79 |
| 北 京 | 53.72 | 365.27 | 41.95 | 31.83 |
| 天 津 | 46.40 | 461.58 | 52.04 | 44.58 |
| 河 北 | 46.92 | 320.82 | 44.03 | 46.68 |
| 山 西 | 35.95 | 266.33 | 52.12 | 32.22 |
| 内蒙古 | 42.43 | 96.39 | 85.51 | 13.95 |
| 辽 宁 | 39.40 | 542.14 | 36.01 | 48.21 |
| 吉 林 | 34.12 | 400.61 | 52.91 | 14.50 |
| 黑龙江 | — | — | — | — |
| 上 海 | 68.51 | 391.31 | 61.69 | 28.95 |
| 江 苏 | 57.67 | 397.28 | 41.86 | 50.84 |
| 浙 江 | 53.91 | 363.32 | 40.64 | 45.46 |
| 安 徽 | 40.85 | 300.30 | 31.28 | 64.79 |
| 福 建 | 59.43 | 360.79 | 38.11 | 31.28 |
| 江 西 | 57.78 | 196.32 | 58.96 | 39.83 |
| 山 东 | 36.56 | 302.60 | 33.04 | 58.85 |

# 评价补充财务指标表（未评星级饭店）

| 商品收入比率(%) | 娱乐收入比率(%) | 餐饮毛利率(%) | 商品毛利率(%) | 娱乐毛利率(%) |
|---|---|---|---|---|
| 2.13 | 0.81 | 48.10 | 12.40 | 66.64 |
| 1.88 | 2.18 | 46.68 | 53.14 | 2.48 |
| 0.01 | — | 49.06 | 97.51 | — |
| 1.05 | 0.53 | 45.00 | 19.30 | 94.39 |
| 0.07 | — | 55.07 | 60.36 | — |
| 0.54 | — | −635.95 | 13.09 | — |
| 0.05 | 3.79 | 46.24 | 28.55 | 93.02 |
| 0.01 | 0.83 | −1.62 | −472.56 | −416.01 |
| — | — | — | — | — |
| 0.18 | 0.03 | 56.56 | −0.14 | 71.51 |
| 0.34 | 1.58 | 47.69 | 49.54 | 88.91 |
| 2.82 | 0.83 | 47.57 | 28.91 | 90.45 |
| 2.56 | 0.96 | 73.28 | 47.55 | 50.00 |
| 22.37 | 0.43 | 51.68 | 1.58 | 75.46 |
| 0.24 | — | 38.59 | 49.00 | — |
| 2.72 | 1.15 | 11.88 | −79.77 | 90.03 |

| 地　区 | 平均客房出租率(%) | 平均房价(元) | 房费收入比　率(%) | 餐饮收入比　率(%) |
|---|---|---|---|---|
| 河　南 | 63.20 | 149.90 | 36.79 | 36.43 |
| 湖　北 | 49.24 | 167.42 | 49.41 | 37.38 |
| 湖　南 | 57.73 | 262.03 | 55.09 | 41.82 |
| 广　东 | 54.45 | 471.06 | 51.41 | 37.51 |
| 广　西 | 22.66 | 267.85 | 82.54 | 3.35 |
| 海　南 | 52.91 | 556.67 | 60.67 | 28.42 |
| 重　庆 | 53.15 | 368.08 | 55.68 | 32.64 |
| 四　川 | 44.34 | 266.02 | 52.71 | 38.97 |
| 贵　州 | 5.72 | 331.86 | 56.67 | 38.55 |
| 云　南 | 37.00 | 210.76 | 60.20 | 24.91 |
| 陕　西 | 50.50 | 152.10 | 32.05 | 40.92 |
| 甘　肃 | 38.40 | 271.80 | 61.67 | 27.07 |
| 青　海 | 20.78 | 288.37 | 74.11 | 18.84 |
| 宁　夏 | 33.45 | 93.18 | 95.08 | — |
| 新　疆 | 45.21 | 333.55 | 42.03 | 44.89 |
| 西　藏 | — | — | — | — |

续表

| 商品收入比率(%) | 娱乐收入比率(%) | 餐饮毛利率(%) | 商品毛利率(%) | 娱乐毛利率(%) |
|---|---|---|---|---|
| 5.07 | 1.36 | 50.81 | 0.17 | 39.19 |
| 2.30 | 0.75 | 29.26 | 21.74 | 43.97 |
| — | 0.31 | 0.73 | — | 55.73 |
| 1.24 | 1.07 | 52.51 | 45.22 | 78.51 |
| — | — | 57.48 | — | — |
| 0.53 | 0.67 | 48.58 | 21.51 | -6.37 |
| 1.52 | 1.14 | 32.44 | 33.04 | 48.19 |
| 1.13 | 2.60 | 35.51 | -75.35 | -31.71 |
| — | 0.19 | 44.38 | 6.79 | 3.99 |
| 0.51 | 0.18 | -10.63 | 19.56 | 66.89 |
| 0.27 | 0.06 | 19.92 | 28.93 | 18.05 |
| 0.02 | — | 27.31 | -822.87 | — |
| — | — | 11.36 | — | — |
| 4.92 | — | — | 29.35 | — |
| — | — | 50.10 | — | — |
| — | — | — | — | — |

# 2016 年度全国旅游行业经济效益

| 地　区 | 景区门票收入比率(%) | 景区餐饮收入比率(%) | 景区商品收入比率(%) | 景区娱乐收入比率(%) |
| --- | --- | --- | --- | --- |
| 全　国 | 44.95 | 8.56 | 25.29 | 1.28 |
| 北　京 | 55.21 | 4.67 | 0.92 | 4.47 |
| 天　津 | 53.44 | 1.35 | 3.08 | 0.46 |
| 河　北 | 3.29 | 0.89 | 93.11 | 0.05 |
| 山　西 | 49.36 | 13.02 | 6.36 | 0.60 |
| 内蒙古 | 55.65 | 22.55 | 2.06 | 4.81 |
| 辽　宁 | 48.71 | 17.42 | 6.17 | 0.16 |
| 吉　林 | 51.68 | 10.65 | 8.94 | 1.17 |
| 黑龙江 | 46.28 | 25.13 | 1.86 | 0.04 |
| 上　海 | 52.97 | 10.00 | 14.40 | 0.54 |
| 江　苏 | 50.77 | 13.18 | 11.30 | 1.00 |
| 浙　江 | 57.61 | 7.16 | 10.58 | 1.22 |
| 安　徽 | 65.84 | 7.56 | 2.38 | 0.18 |
| 福　建 | 48.41 | 4.26 | 24.85 | 0.41 |
| 江　西 | 69.14 | 10.96 | 1.15 | 0.73 |
| 山　东 | 42.52 | 4.34 | 36.91 | 2.27 |

# 评价补充财务指标表（全部旅游景区）

| 其他旅游收入比率(%) | 景区餐饮收入毛利率(%) | 景区商品收入毛利率(%) | 景区娱乐收入毛利率(%) | 平均门票价格（元） |
|---|---|---|---|---|
| 19.91 | 35.14 | 21.54 | 15.93 | 37.67 |
| 34.73 | 56.36 | 57.79 | 80.57 | 29.21 |
| 41.67 | 68.61 | 14.43 | 20.00 | 35.82 |
| 2.66 | 38.79 | 18.33 | 78.02 | 27.49 |
| 30.65 | 78.39 | 69.07 | 24.70 | 30.00 |
| 14.92 | 31.99 | 57.72 | −13.59 | 38.13 |
| 27.54 | 61.41 | 70.92 | 64.17 | 90.73 |
| 27.55 | −41.90 | 48.74 | 12.90 | 78.33 |
| 26.68 | 8.43 | 50.58 | 90.85 | 28.14 |
| 22.09 | 45.69 | 32.67 | 39.63 | 64.29 |
| 23.74 | 44.59 | 31.58 | 65.42 | 17.10 |
| 23.42 | 22.88 | 15.62 | −0.60 | 19.81 |
| 24.04 | 40.20 | 39.69 | 21.64 | 31.55 |
| 22.07 | 54.78 | 36.63 | 58.10 | 20.57 |
| 18.02 | 28.36 | 23.36 | 47.97 | 89.32 |
| 13.96 | −4.68 | 16.83 | 9.35 | 25.77 |

| 地 区 | 景区门票收入比率(%) | 景区餐饮收入比率(%) | 景区商品收入比率(%) | 景区娱乐收入比率(%) |
|---|---|---|---|---|
| 河 南 | 72.85 | 4.92 | 5.00 | 0.91 |
| 湖 北 | 59.68 | 11.98 | 6.64 | 2.51 |
| 湖 南 | 67.10 | 4.82 | 4.85 | 0.15 |
| 广 东 | 60.38 | 11.15 | 4.72 | 2.39 |
| 广 西 | 75.09 | 3.44 | 0.46 | 0.37 |
| 海 南 | 56.05 | 8.72 | 3.35 | — |
| 重 庆 | 38.08 | 12.88 | 21.68 | 2.62 |
| 四 川 | 39.66 | 10.36 | 7.13 | 1.35 |
| 贵 州 | 37.97 | 28.49 | 16.41 | 3.87 |
| 云 南 | 68.63 | 4.94 | 3.52 | 0.06 |
| 陕 西 | 38.66 | 10.91 | 3.69 | 1.02 |
| 甘 肃 | 47.20 | 16.06 | 24.07 | 0.26 |
| 青 海 | 69.45 | 3.25 | 3.46 | — |
| 宁 夏 | 47.06 | 3.80 | 3.43 | 16.00 |
| 新 疆 | 17.06 | 59.29 | 12.41 | 1.12 |
| 西 藏 | 45.34 | — | 0.50 | — |

续表

| 其他旅游收入比率(%) | 景区餐饮收入毛利率(%) | 景区商品收入毛利率(%) | 景区娱乐收入毛利率(%) | 平均门票价格(元) |
|---|---|---|---|---|
| 16.32 | 15.11 | 32.82 | –82.86 | 50.66 |
| 19.19 | 38.15 | 28.73 | 47.35 | 27.32 |
| 23.07 | 30.60 | 48.37 | 24.18 | 61.40 |
| 21.37 | 43.92 | 50.88 | 33.91 | 72.82 |
| 20.64 | –303.10 | 55.12 | 78.76 | 38.60 |
| 31.88 | 54.94 | 51.07 | — | 69.40 |
| 24.74 | 22.39 | 15.18 | –234.68 | 33.97 |
| 41.51 | 16.66 | 38.83 | 50.92 | 42.82 |
| 13.26 | 46.73 | 77.01 | –135.69 | 32.52 |
| 22.85 | 24.45 | 19.72 | 42.36 | 51.72 |
| 45.71 | 31.66 | 32.17 | 36.33 | 18.01 |
| 12.40 | 6.63 | –147.92 | –43.67 | 55.02 |
| 23.84 | –188.75 | 34.09 | — | 221.69 |
| 29.71 | 34.54 | 50.13 | 39.71 | 38.75 |
| 10.13 | 22.85 | 81.77 | 24.31 | 37.73 |
| 54.16 | — | –225.36 | — | 111.29 |

# 2016 年度全国旅游行业经济效益

| 地 区 | 景区门票收入比率(%) | 景区餐饮收入比率(%) | 景区商品收入比率(%) | 景区娱乐收入比率(%) |
|---|---|---|---|---|
| 全 国 | 58.71 | 11.12 | 4.57 | 1.55 |
| 北 京 | 43.51 | 1.66 | 0.12 | 2.35 |
| 天 津 | 54.43 | — | — | — |
| 河 北 | 81.12 | 4.44 | 2.66 | 1.43 |
| 山 西 | 57.74 | 6.01 | 2.32 | 0.05 |
| 内蒙古 | 49.50 | 30.82 | 0.82 | 2.68 |
| 辽 宁 | 37.56 | 22.81 | 7.70 | 0.20 |
| 吉 林 | 40.30 | 18.06 | 4.45 | 1.83 |
| 黑龙江 | 59.60 | 15.88 | 4.10 | 0.11 |
| 上 海 | 35.13 | 37.84 | 2.15 | 8.34 |
| 江 苏 | 46.88 | 11.92 | 12.15 | 0.85 |
| 浙 江 | 59.86 | 8.59 | 1.08 | 0.70 |
| 安 徽 | 54.55 | 8.74 | 3.02 | 0.12 |
| 福 建 | 63.96 | 8.75 | 0.58 | 0.48 |
| 江 西 | 81.97 | 9.33 | 1.10 | 0.37 |
| 山 东 | 60.53 | 7.35 | 3.40 | 3.85 |

# 评价补充财务指标表（自然类旅游景区）

| 其他旅游收入比率（%） | 景区餐饮收入毛利率（%） | 景区商品收入毛利率（%） | 景区娱乐收入毛利率（%） | 平均门票价格（元） |
|---|---|---|---|---|
| 24.04 | 28.31 | 8.32 | 30.44 | 34.53 |
| 52.37 | 21.42 | 47.54 | 96.30 | 33.91 |
| 45.57 | — | — | — | 66.01 |
| 10.36 | 35.54 | 37.00 | 74.53 | 31.22 |
| 33.89 | 29.06 | 49.21 | 72.21 | 22.21 |
| 16.19 | 34.41 | 43.02 | –79.70 | 38.22 |
| 31.74 | 61.63 | 73.19 | 66.82 | 76.24 |
| 35.36 | 4.11 | 13.42 | –1.58 | 50.16 |
| 20.32 | 66.09 | 54.60 | 90.85 | 36.57 |
| 16.53 | 39.39 | 33.20 | 9.09 | 12.83 |
| 28.20 | 27.51 | 22.99 | 31.89 | 19.15 |
| 29.77 | 18.04 | 33.54 | –27.46 | 13.54 |
| 33.58 | 50.74 | 30.47 | 71.82 | 30.05 |
| 26.23 | 63.63 | 37.67 | 18.69 | 23.89 |
| 7.23 | 3.37 | –38.86 | –3.12 | 80.53 |
| 24.87 | 10.07 | 38.47 | 36.56 | 14.03 |

| 地　区 | 景区门票收入比率(%) | 景区餐饮收入比率(%) | 景区商品收入比率(%) | 景区娱乐收入比率(%) |
|---|---|---|---|---|
| 河　南 | 67.96 | 3.72 | 0.36 | 0.63 |
| 湖　北 | 58.28 | 12.99 | 9.09 | 2.16 |
| 湖　南 | 74.14 | 1.88 | 0.19 | 0.01 |
| 广　东 | 64.64 | 15.55 | 4.37 | 0.55 |
| 广　西 | 81.63 | 3.21 | — | — |
| 海　南 | 65.21 | 6.42 | 2.84 | — |
| 重　庆 | 54.94 | 17.36 | 1.52 | 0.74 |
| 四　川 | 52.69 | 12.42 | 9.19 | 0.97 |
| 贵　州 | 45.70 | 23.57 | 8.57 | 4.48 |
| 云　南 | 50.71 | 7.01 | 6.49 | 0.13 |
| 陕　西 | 51.27 | 12.55 | 1.68 | 3.07 |
| 甘　肃 | 37.72 | 23.71 | 26.62 | 0.38 |
| 青　海 | 74.45 | 2.23 | 2.24 | — |
| 宁　夏 | 34.64 | 6.45 | 2.93 | 49.21 |
| 新　疆 | 41.11 | 9.61 | 4.68 | 4.85 |
| 西　藏 | 45.34 | — | 0.50 | — |

续表

| 其他旅游收入比率(%) | 景区餐饮收入毛利率(%) | 景区商品收入毛利率(%) | 景区娱乐收入毛利率(%) | 平均门票价格(元) |
|---|---|---|---|---|
| 27.33 | 18.32 | 49.06 | -25.46 | 43.11 |
| 17.49 | 34.82 | 26.13 | 57.96 | 42.85 |
| 23.79 | 21.38 | 12.86 | 19.25 | 70.39 |
| 14.89 | 34.08 | 51.60 | 34.98 | 71.80 |
| 15.16 | -759.12 | 21.87 | — | 39.29 |
| 25.53 | 58.63 | 59.54 | — | 59.52 |
| 25.44 | 24.73 | -228.49 | 72.62 | 47.95 |
| 24.74 | -19.84 | 22.13 | 76.23 | 37.69 |
| 17.68 | 44.75 | 55.67 | -70.10 | 32.19 |
| 35.66 | 31.67 | 16.40 | 42.36 | 38.81 |
| 31.43 | 23.38 | 27.01 | 31.58 | 18.54 |
| 11.57 | 5.15 | -217.25 | -45.22 | 36.32 |
| 21.09 | -344.54 | 13.15 | — | 878.00 |
| 6.77 | 43.48 | 58.74 | 38.59 | 27.48 |
| 39.76 | 19.11 | 41.42 | 23.02 | 44.93 |
| 54.16 | — | -225.36 | — | 111.29 |

# 2016 年度全国旅游行业经济效益

| 地　区 | 景区门票收入比率(%) | 景区餐饮收入比率(%) | 景区商品收入比率(%) | 景区娱乐收入比率(%) |
|---|---|---|---|---|
| 全　国 | 51.54 | 8.49 | 17.35 | 0.84 |
| 北　京 | 1.07 | — | 97.33 | — |
| 天　津 | 99.15 | 0.49 | 0.36 | — |
| 河　北 | 21.77 | — | 72.24 | — |
| 山　西 | 41.35 | 20.09 | 8.15 | 0.89 |
| 内蒙古 | 87.41 | 0.36 | 1.35 | 1.17 |
| 辽　宁 | 42.61 | 13.60 | 26.81 | 1.20 |
| 吉　林 | 81.54 | 3.57 | — | — |
| 黑龙江 | — | — | — | — |
| 上　海 | 81.75 | 0.87 | 1.84 | — |
| 江　苏 | 47.30 | 14.17 | 13.58 | — |
| 浙　江 | 71.79 | — | 10.25 | 5.13 |
| 安　徽 | 83.38 | 1.84 | 0.82 | — |
| 福　建 | 37.12 | 2.35 | 17.78 | 0.15 |
| 江　西 | 69.29 | 4.89 | — | — |
| 山　东 | 29.74 | 1.09 | 9.49 | 0.01 |

# 评价补充财务指标表（文物类旅游景区）

| 其他旅游收入比率(%) | 景区餐饮收入毛利率(%) | 景区商品收入毛利率(%) | 景区娱乐收入毛利率(%) | 平均门票价格(元) |
| --- | --- | --- | --- | --- |
| 21.78 | 49.72 | 39.70 | 28.49 | 24.77 |
| 1.60 | — | 19.50 | — | 1.16 |
| — | 83.43 | 52.39 | — | 48.71 |
| 6.00 | — | 88.22 | — | 19.67 |
| 29.53 | 92.37 | 85.49 | 94.21 | 52.35 |
| 9.71 | 9.92 | 67.37 | 94.35 | 32.71 |
| 15.77 | 41.71 | 38.83 | 38.07 | 28.15 |
| 14.89 | 44.67 | — | — | 26.60 |
| — | — | — | — | — |
| 15.54 | -53.22 | 49.91 | — | 50.07 |
| 24.95 | 55.62 | 23.25 | — | 13.10 |
| 12.83 | — | 42.93 | -0.39 | 19.58 |
| 13.95 | 28.63 | 51.25 | — | 51.46 |
| 42.60 | 21.08 | 41.01 | 73.17 | 10.78 |
| 25.82 | -174.63 | — | — | 38.68 |
| 59.67 | 59.63 | 52.28 | -17.05 | 12.87 |

| 地　区 | 景区门票收入比率(%) | 景区餐饮收入比率(%) | 景区商品收入比率(%) | 景区娱乐收入比率(%) |
|---|---|---|---|---|
| 河　南 | 85.55 | 0.51 | 2.36 | 0.47 |
| 湖　北 | 81.03 | 2.77 | 3.26 | — |
| 湖　南 | 62.90 | 5.58 | 5.20 | 0.63 |
| 广　东 | 28.13 | 0.47 | 5.71 | — |
| 广　西 | 100.00 | — | — | — |
| 海　南 | — | — | — | — |
| 重　庆 | 13.58 | 13.47 | — | — |
| 四　川 | 41.75 | 17.18 | 25.52 | 4.21 |
| 贵　州 | 31.81 | 39.36 | 19.65 | — |
| 云　南 | 76.82 | 1.64 | — | — |
| 陕　西 | 32.58 | 23.82 | 4.28 | — |
| 甘　肃 | 91.07 | 2.53 | 0.52 | 0.02 |
| 青　海 | 51.74 | — | 37.81 | — |
| 宁　夏 | 69.50 | 2.74 | — | 1.76 |
| 新　疆 | 100.00 | — | — | — |
| 西　藏 | — | — | — | — |

续表

| 其他旅游收入比率(%) | 景区餐饮收入毛利率(%) | 景区商品收入毛利率(%) | 景区娱乐收入毛利率(%) | 平均门票价格(元) |
|---|---|---|---|---|
| 11.11 | -156.76 | 17.16 | -180.10 | 40.93 |
| 12.94 | -29.45 | 23.22 | — | 34.80 |
| 25.68 | 31.97 | 33.91 | 50.00 | 14.07 |
| 65.69 | 15.50 | 79.09 | — | 7.14 |
| — | — | — | — | 18.94 |
| — | — | — | — | — |
| 72.95 | 15.00 | — | — | 6.12 |
| 11.34 | 35.20 | 52.58 | 53.40 | 30.47 |
| 9.18 | 50.00 | 93.95 | — | 66.18 |
| 21.54 | 32.73 | — | — | 17.67 |
| 39.31 | 32.78 | 24.90 | — | 24.09 |
| 5.87 | 59.22 | 39.53 | 50.00 | 188.99 |
| 10.45 | — | 63.03 | — | 87.12 |
| 26.00 | -14.76 | — | 70.00 | 56.41 |
| — | — | — | — | 31.50 |
| — | — | — | — | — |

# 2016 年度全国旅游行业经济效益

| 地　区 | 景区门票收入比率(%) | 景区餐饮收入比率(%) | 景区商品收入比率(%) | 景区娱乐收入比率(%) |
|---|---|---|---|---|
| 全　国 | 37.73 | 7.39 | 35.90 | 1.21 |
| 北　京 | 45.27 | 7.51 | 1.00 | 6.60 |
| 天　津 | 43.71 | 3.14 | 7.29 | 1.10 |
| 河　北 | 1.16 | 0.81 | 95.57 | 0.01 |
| 山　西 | 54.24 | 3.51 | 35.71 | 4.05 |
| 内蒙古 | 67.55 | 6.05 | 4.91 | 9.79 |
| 辽　宁 | 83.33 | 1.05 | 0.38 | — |
| 吉　林 | 62.94 | 2.69 | 14.43 | 0.49 |
| 黑龙江 | 37.26 | 31.40 | 0.35 | — |
| 上　海 | 57.56 | 9.56 | 8.79 | 0.26 |
| 江　苏 | 55.02 | 13.99 | 9.97 | 1.40 |
| 浙　江 | 51.71 | 7.82 | 19.28 | 0.63 |
| 安　徽 | 58.09 | 12.45 | 3.41 | 0.42 |
| 福　建 | 44.19 | 2.08 | 49.23 | 0.55 |
| 江　西 | 57.02 | 13.46 | 1.38 | 1.19 |
| 山　东 | 39.51 | 3.92 | 46.73 | 2.10 |

# 评价补充财务指标表（主题类旅游景区）

| 其他旅游收入比率(%) | 景区餐饮收入毛利率(%) | 景区商品收入毛利率(%) | 景区娱乐收入毛利率(%) | 平均门票价格(元) |
|---|---|---|---|---|
| 17.76 | 37.73 | 21.19 | 6.02 | 44.71 |
| 39.63 | 59.87 | 52.61 | 77.67 | 25.78 |
| 44.76 | 68.18 | 14.08 | 20.00 | 19.93 |
| 2.44 | 39.25 | 18.02 | 89.33 | 23.41 |
| 2.49 | 40.80 | 30.18 | -213.52 | 40.31 |
| 11.70 | 5.13 | 63.05 | 25.73 | 41.84 |
| 15.24 | 60.55 | 46.96 | — | 133.90 |
| 19.44 | -394.15 | 60.95 | 73.13 | 166.81 |
| 30.99 | -11.33 | 18.75 | — | 22.52 |
| 23.83 | 46.74 | 43.43 | 81.65 | 78.18 |
| 19.62 | 53.98 | 43.52 | 82.70 | 16.97 |
| 20.55 | 27.71 | 10.76 | 26.19 | 38.82 |
| 25.63 | 35.05 | 44.46 | 8.87 | 20.52 |
| 3.94 | 52.73 | 35.48 | 82.41 | 33.76 |
| 26.95 | 56.38 | 70.19 | 62.93 | 148.91 |
| 7.73 | -12.40 | 15.88 | -1.41 | 39.73 |

| 地　区 | 景区门票收入比率(%) | 景区餐饮收入比率(%) | 景区商品收入比率(%) | 景区娱乐收入比率(%) |
|---|---|---|---|---|
| 河　南 | 73.48 | 7.17 | 9.69 | 1.27 |
| 湖　北 | 60.38 | 11.06 | 3.10 | 3.22 |
| 湖　南 | 55.62 | 9.71 | 12.64 | 0.35 |
| 广　东 | 59.01 | 8.66 | 4.91 | 3.75 |
| 广　西 | 68.93 | 3.73 | 0.85 | 0.68 |
| 海　南 | 48.94 | 10.50 | 3.75 | — |
| 重　庆 | 26.50 | 9.61 | 36.93 | 4.07 |
| 四　川 | 32.12 | 7.95 | 2.57 | 1.02 |
| 贵　州 | 44.59 | 8.00 | 16.73 | 12.33 |
| 云　南 | 86.14 | 3.22 | 0.55 | — |
| 陕　西 | 33.52 | 7.76 | 4.58 | 0.19 |
| 甘　肃 | 9.94 | 0.15 | 58.89 | 0.06 |
| 青　海 | 9.90 | 19.58 | — | — |
| 宁　夏 | 38.03 | 2.46 | 6.86 | 0.05 |
| 新　疆 | 8.14 | 75.35 | 14.97 | 0.03 |
| 西　藏 | — | — | — | — |

续表

| 其他旅游收入比率(%) | 景区餐饮收入毛利率(%) | 景区商品收入毛利率(%) | 景区娱乐收入毛利率(%) | 平均门票价 格(元) |
|---|---|---|---|---|
| 8.39 | 17.09 | 33.38 | −97.39 | 64.60 |
| 22.24 | 45.35 | 40.91 | 36.37 | 17.51 |
| 21.67 | 33.52 | 49.69 | 21.09 | 60.91 |
| 23.67 | 56.00 | 48.89 | 33.80 | 93.07 |
| 25.80 | 27.69 | 55.18 | 78.76 | 39.45 |
| 36.82 | 53.19 | 46.08 | — | 83.81 |
| 22.90 | 19.60 | 22.45 | −275.13 | 24.70 |
| 56.34 | 40.54 | 46.18 | 35.87 | 54.97 |
| 18.35 | 14.94 | 41.43 | −159.70 | 17.69 |
| 10.08 | 10.27 | 49.07 | — | 65.70 |
| 53.95 | 37.66 | 34.34 | 74.64 | 16.88 |
| 30.97 | −513.91 | 30.53 | −37.14 | 16.50 |
| 70.52 | 59.52 | — | — | 2.96 |
| 52.60 | 62.68 | 46.97 | 50.00 | 32.80 |
| 1.51 | 22.99 | 85.53 | 89.33 | 31.72 |
| — | — | — | — | — |

**责任编辑**：王　军
**责任印制**：冯冬青

**图书在版编目（CIP）数据**

2017中国旅游财务信息年鉴 / 中华人民共和国国家旅游局编. -- 北京 : 中国旅游出版社, 2017.12
ISBN 978-7-5032-5959-3

Ⅰ. ①2… Ⅱ. ①中… Ⅲ. ①旅游业－财务信息－中国－2017－年鉴 Ⅳ. ①F592.6-54

中国版本图书馆CIP数据核字（2017）第323649号

**书　　名**：2017中国旅游财务信息年鉴

**作　　者**：中华人民共和国国家旅游局编
**出版发行**：中国旅游出版社
（北京建国门内大街甲9号　邮编：100005）
http://www.cttp.net.cn　E-mail:cttp@cnta.gov.cn
营销中心电话：010-85166503
**排　　版**：北京旅教文化传播有限公司
**经　　销**：全国各地新华书店
**印　　刷**：北京工商事务印刷有限公司
**版　　次**：2017年12月第1版　2017年12月第1次印刷
**开　　本**：787毫米×1092毫米　1/16
**印　　张**：15
**字　　数**：200千
**定　　价**：68.00元
**ISBN**　978-7-5032-5959-3